# 巴黎文學
# 散步地圖

*Paris Littéraire*

繆詠華

# 巴黎、文學、散步、地圖

這是一本四不像，你要稱它大雜繪也行。

我原本覺得「巴黎文學散步地圖」這個書名太直白，不過，說實在的，這還真是一本有巴黎、有文學、有散步、有地圖的《巴黎文學散步地圖》。

其實我很喜歡寫巴黎，可是我只想寫我想寫的巴黎；其實我不想寫法國文學史，我沒那個能耐，可是不可避免的，我還是一路跌跌撞撞，或多或少，從中世紀寫到了二十世紀；其實我討厭走路，我懶，我尤其討厭走在醜陋的地方，可是我偏喜歡在巴黎散步；其實我是個路癡，可是在這幅巴黎文學散步地圖上遊走，即使沒有圖名、圖例、方位和比例尺，我還是不會迷路。

我常常在想，寫序，究竟該一鼓作氣，趁著正有感覺的時候，跟正文一起完成比較好呢？還是把稿子擺個數月，跳出情境，沉澱情感，以便造成距離的美感或增加理性思辨的空間呢？我選擇了擺上數個月——但感覺依然濃烈。

我記得《長眠在巴黎》一書出版的時候，有朋友頗為不解，「哪個出版社會願意出『這種書』？」「貓頭鷹。」「噢，怪不得。」是的，就是「貓頭鷹」；這次，還是「貓頭鷹」。謝謝貓頭鷹出版社願意幫我出第二本書，願意幫我再出一本「這種書」。謝謝文編和美編的悉心付出。謝謝幫我補拍好多照片、一路扶持我的良師益友白婷。謝謝友情相挺讓我登出許多照片的諸位朋友和各文學家之友協會。

其實在書寫《長眠在巴黎》之際，我也同步構思這部作品。先經歷他們的死，再回溯他們的生，死與生，生與死，發生在巴黎，結束也在巴黎，永遠都在巴黎，

• 巴黎聖母院的嘎咕鬼戲看巴黎，古今多少事，都付笑談中。

這樣就成了個完美的圓，挺不賴的。

　　我老喜歡笑那些自不量力的人「小孩玩大車」，只不過這會兒，我自己倒也成了「歐巴桑推大車」。笑～

書於二〇一二年五月二十日

## ❖ 十九世紀・自然主義與英美作家

## ❖ 二十世紀・意識流、超現實派、存在主義

## ❖ 二十世紀・自然主義、科幻、失落的一代

## ❖ 索引

**01**：按年代與順序編排

**-1**：地址存疑、僅為相關人物地址、後世紀念處

＊ 灰色圖標有些無法標示在地圖上，因該道路今已不存。

# 阿貝拉＆哀綠綺思

*Pierre Abélard et Héloïse*

◆ 1079-1142，法國神學家和經院哲學家
◆ 1101-1164

　　哀綠綺思和她的老師阿貝拉這一對戀情不見容於當時社會的中世紀師生，最後雖免不了以悲劇收場，但兩人之間纏綿悱惻的魚雁往返卻傳唱千古，從中世紀流傳至今。

　　這個哀怨動人的師生戀故事發生在修女街十號 ⓵、唱經員街一號 ⓶ 以及塞納河岸間的三角地帶。實際探訪的話，可以發現在附近花堤岸九號及十一號 ⓷ 之間的一扇大門上，有兩個現代浮雕裝飾，圖案正是這對中世紀師生戀人。不過這對苦命鴛鴦當初住過的建築物早已摧毀了，取而代之的建築物是一八四九年興建的。

　　除此之外，在第九區的洛雷特聖母院街也可以看到好幾棟興建於十九世紀前半期的建築，均以他們兩人為裝飾圖案。比如洛雷特聖母院街五十四號的牆上 ➊、附近雅典街三號之一 ➋ 的雕花鐵門淺浮雕，均以哀綠綺思和阿貝拉為裝飾圖案。

➋ 左邊門扉上的阿貝拉。

➋ 右邊門扉上的哀綠綺思。

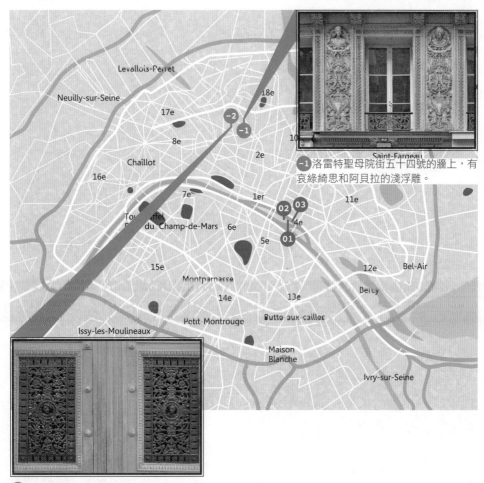

**−1** 洛雷特聖母院街五十四號的牆上，有哀綠綺思和阿貝拉的淺浮雕。

**−2** 雅典街三號之一的鐵門淺浮雕以這對苦命戀人為雕飾。

**−1** 54, Rue Notre-Dame-de-Lorette, 75009 (M12, Saint-Georges)
**−2** 3 bis, Rue d´Athènes, 75009 (M13, Liège)

**01** 10, Rue Chanoinesse, 75004 (M4, Cité)
**02** 1, Rue des Chantres, 75004 (M4, Cité)
**03** 9 et 11 Quai aux Fleurs, 75004 (M4, Cité)

# 維庸
*François Villon*

◆ 1431-1463，法國抒情詩人
◆ 《小遺言集》、《大遺言集》

　　弗朗索瓦・維庸是一位宛如惡魔的中世紀抒情詩人，相傳他酗酒鬧事，打架偷盜，可說是無惡不作。換成今日的用語就是痞子詩人。維庸對死亡尤其感興趣，一生代表作即《小遺言集》（*Le Lais*）和《大遺言集》（*Le Testament*）。

　　據傳，維庸曾在《大遺言集》中作詩歌頌「不利洗滌噴泉」，並邀友人暢飲噴泉髒水，因而為「不利洗滌噴泉」憑添了幾許詩意。「不利洗滌噴泉」的水來自巴黎北郊美麗城一帶，水質不良，不利洗滌，故得此名。原本位於龐畢度中心現址，一九三七年才遷至聖馬汀路和威尼斯路轉角 04。

　　維庸的一生充滿了傳奇，先是在一四六三年被巴黎法院判處絞刑，後改為逐出巴黎並流放十年，從此之後音訊全無，行蹤至今成謎。

　　神祕如維庸，再加上已經是好幾百年前的風流人物，探訪其蹤跡想當然是倍感困難，不禁讓人發出「昔日維庸，如今安在？」之感嘆。這句話也並非原創，而是改編自維庸的〈古美人歌〉名句「去年白雪，如今安在？」維庸在這首詩作裡感嘆往昔神話傳奇中的美人，就如同白雪飄落、了無香跡。

　　維庸常出入拉丁區的保羅・朗傑凡方場 05 和索邦大學東邊的聖雅克街一帶 06。今聖雅克街一六三號之一 07 的酒肆，就是維庸最常買醉的地方。

04 不利洗滌噴泉。昔日不利洗滌的髒水已經乾涸，不再流淌。如今即便是詩興大發，想喝髒水也沒得喝了。

05 維庸經常出入的拉丁區保羅・朗傑凡方場立有一尊他的石雕。

06 聖雅克街，巴黎最古老的街道之一。這條街道自十三世紀就存在，羅馬時代曾是出城的長路，也是當時城內的主要幹道。

07 聖雅克街一六三號之一，昔日維庸最常買醉的酒肆。如今是「避風港餐廳」，正門及內部部分裝潢仍保留十六世紀風貌。

04 Croisement de la Rue Saint Martin et la Rue de Venise, 75001 (M11, Rambuteau)

05 Square Paul Langevin, 20, Rue Monge, 75005 (M10, Cardinal Lemoine)

06 Rue Saint-Jacques, 75005 (RER B, Luxembourg)

07 163 bis, Rue Saint Jacques, 75005 (RER B, Luxembourg)

# 拉伯雷
## *François Rabelais*

◆ 1490-1553，法國文藝復興作家
◆ 《巨人傳》

---

十六世紀文藝復興初期作家弗朗索瓦・拉伯雷最為後人稱道的是他的長篇巨作《巨人傳》（*Pantagruel*）。

一五三二年，《巨人傳》第一部出版，一年後又出版了第二部，當時拉伯雷將本名「François Rabelais」倒過來拼寫，變成「阿爾戈弗里・納齊埃（Alcofribas Nasier）」，並以此當作假名出書。

《巨人傳》出版後大受城市資產階級和社會下層人民歡迎，卻慘遭教會和貴族極端仇視，被法院宣布為淫書，遭到禁止。

一五四五年，在法王弗朗索瓦一世的特許發行證保護之下，拉伯雷以真名出版了《巨人傳》第三部。但弗朗索瓦一世於兩年後駕崩，拉伯雷的小說再度被列為禁書，不但出版商被燒死，拉伯雷也被迫外逃，直到一五五〇年才獲准返回法國。

拉伯雷回國後擔任宗教職務，利用業餘時間為窮人治病。隨後他又擔任教職，並在學校教書期間完成了《巨人傳》第四部和第五部，使得這部小說的創作期長達二十餘年。

一五三三年，拉伯雷逝世於聖保羅花園街八號❽。今日在該街二號與修士堤岸❶交叉處設有紀念牌。

至於拉伯雷《巨人傳》一書中的主角巨人高康大，他在巴黎「造成轟動」的地點，就是向來帶有濃厚傳奇色彩的巴黎聖母院鐘樓❾。話說高康大登上鐘樓頂端，路上行人還以為天上會掉下來什麼禮物，沒想到卻是高康大的「甘霖」從天而降。

・插畫家多雷（Gustave Doré）筆下的高康大。

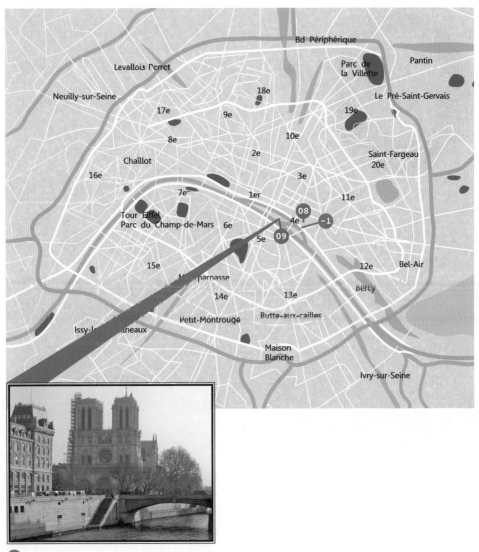

09 巴黎聖母院。

-1 Quai des Célestins, 75004 (M7, Pont-Marie)

08 8, Rue des Jardins Saint-Paul, 75004 (M7, Pont-Marie)

09 6, Place du Paris Notre-Dame, 75004 (M4, Cité)

# 洪薩
*Pierre de Ronsard*

◆ 1524-1585，法國文藝復興詩人
◆ 七星詩社首領
◆ 《愛情》

　　皮耶‧德‧洪薩是以保衛和發揚法蘭西語言為宗旨的「七星詩社」首領，他在莫爾逢杜街，即今日的侯蘭街⑩坐擁豪宅。據說宅中不僅內院和花園花木扶疏，扶手欄杆更是雕飾精美，裝飾了兩頭石獅的豪華大門也氣派無比。

　　七星詩社的成員常在花園的樹影下高談闊論，主張統一法蘭西民族語言，反對用拉丁語和外國語進行創作，但可以用希臘和拉丁語辭彙改造舊字或另創新辭等方法，豐富和發展法蘭西民族語言。七星詩社的成員還在林間小徑吟詩作對，大力提倡最能代表法國詩歌特色、每行十二音的亞歷山大詩體。

　　拉伯雷和七星詩社社員這些當時的文人，平日都很喜歡去「松果之家」聚會⑪。

　　昔日的侯蘭街人文薈萃，除了十六世紀的洪薩，到了十七世紀時，「我思故我在」的大哲學家笛卡爾（René Descartes），以及可與其相提並論，集物理、數學、哲學、神學於一身的思想家巴斯卡（Blaise Pascal）均曾是侯蘭街名流。

　　笛卡爾分別於一六四四、一六四七、一六四八年住過今日的侯蘭街十四號－1，但十七世紀的街名為新聖德田山街。當時巴斯卡則住在同條街二十二號－2，並於該處過世。

－1一九八七年，為了紀念笛卡爾《方法論》三百五十週年，遂在侯蘭街十四號牆壁掛上此牌。牌上刻有笛卡爾名言：「我這會兒一隻腳在一個國家，另一隻腳在另一個國家，我找到了快樂的法門；自由，就會快樂。」

**10** 人文薈萃的侯蘭街。

Chaillot

**-1** 侯蘭街十四號，昔日笛卡爾住所。

**11** 松果之家。

**-1** 【舊】Rue Neuve-Saint-Étienne-du-Mont
【今】14, Rue Rollin, 75005 (M7, Place Monge)
**-2** 22, Rue Rollin, 75005 (M7, Place Monge)

**10** 【舊】Rue des Morfondus
【今】Rue Rollin, 75005 (M7, Place Monge)
**11** Maison de la Pomme de Pin. 1, Place de la Contrescarpe, 75005 (M7, Place Monge)

# 蒙田
*Michel de Montaigne*

◆ 1533-1592，法國文藝復興作家
◆ 《隨筆》

　　文藝復興時期作家米榭・德・蒙田以三卷《隨筆》（*Essais*）留名後世。蒙田並不是土生土長的巴黎人，而是出生在法國西南邊的波爾多附近，也只有少年時期曾在巴黎（一說為法國南部的土魯斯）研習法律，跟巴黎的淵源看似不深。但蒙田卻寫下了動人的巴黎愛情宣言：「自小，巴黎便占據我心。我就是因為這座偉大的城市才成為法國人。巴黎之所以偉大，尤其是因為其五光十色，無與倫比。巴黎是法蘭西的榮耀，是全世界最高尚的裝飾。」

　　在蒙田論述演進中，懷疑主義扮演過相當重要角色。一五七六年，蒙田請人製作了一個「我知道什麼？」（Que-sais-je?）的紀念章，代表他一路走來，為了尋求真理所秉持的懷疑態度。天平兩邊呈現平衡狀態，象徵非常難以評斷。

　　現今，在索邦大學對面的保羅・潘樂維廣場上 ●-1，大咧咧「坐」著一座蒙田的雕像。這座蒙田雕像是由蘭多斯基（Paul Landowski）於一九三三年所製。當初原為石像，後於一九八九年改成銅塑。

　　由於就在索邦大學對面，來往的學生與路人相信，只要摸一摸蒙田曉起來的右腳便可實現夢想。這也是為什麼蒙田右腳的顏色會特別閃亮的原因。銅雕基座上則刻著蒙田對巴黎的「愛情宣言」。

・ 蒙田請人製作的「我知道什麼？」
紀念章。

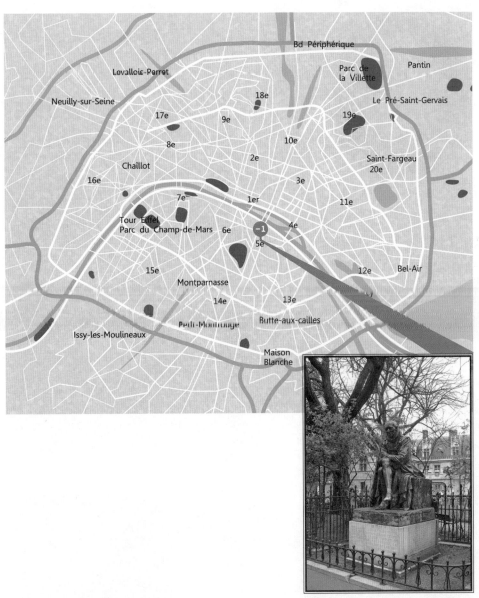

-1 保羅・潘樂維廣場上的蒙田雕像。

-1 Place Paul Painlevé, 75005 (M10, Cluny-La Sorbonne)

# 高乃依
*Pierre Corneille*

◆ 1606-1684，法國悲劇之父
◆ 《熙德》、《賀拉斯》、《波利耶克特》、《西拿》

皮耶‧高乃依為來自盧昂的職業律師，當時他寫的幾齣戲劇，引起了悲劇演員蒙多利（Montdory）的注意，將這些劇作搬到巴黎的舞台上演。

一六二九年，樞機主教黎胥留權傾一時，是法王路易十三跟前的大紅人。黎胥留鼓勵蒙多利將巡迴劇團安置在巴黎瑪黑劇院，高乃依也因此被延攬進入樞機主教座下，成為奉黎胥留之命、創作教化人心劇作的「五作家社」一員。

一六三五年，高乃依發表不朽的悲劇《熙德》（*Le Cid*）卻備受爭議。《熙德》上演後轟動一時，演出次日，「美似熙德」就成了巴黎街頭最夯的流行語；高乃依也因而享有「法國悲劇之父」之美譽。

可惜高乃依的運氣差，戲運也差，由於沒有遵守古典戲劇奉為圭臬的三一律（時間、地點、動作之統一），受到黎胥留一手創立的法蘭西學院口誅筆伐，只得暫時引退，四年後才宣告復出。

高乃依復出後，發表了三部恪遵三一律的悲劇：《賀拉斯》（*Horace*）、《波利耶克特》（*Polyeucte*）、《西拿》（*Cinna*），與《熙德》並稱為高乃依經典四部曲，是為高乃依的創作高峰期。之後，太陽王路易十四時期的豪氣逐漸耗散，宮廷沉湎於逸樂享受，上行下效，社會風氣敗壞，高乃依式的英雄主義已喚不起觀眾的熱情。

一六六二到一六六四年，高乃依住在貴斯公爵（le Duc de Guise）的宅邸 01。他也曾在阿戎堆街六號 02 住過兩年，並於一六八四年在此地過世。

• 法蘭西劇院迴廊牆上的高乃依浮雕。

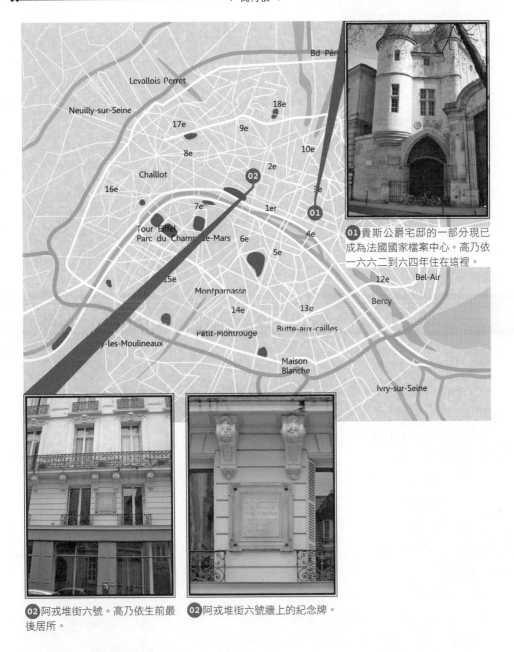

**01** 貴斯公爵宅邸的一部分現已成為法國國家檔案中心。高乃依一六六二到六四年住在這裡。

**02** 阿戎堆街六號。高乃依生前最後居所。

**02** 阿戎堆街六號牆上的紀念牌。

**01** 58, Rue des Archives, 75003 (M11, Rambuteau)

**02** 6, Rue d´Argenteuil, 75001 (M7, M14, Pyramides)

# 莫里哀

*Molière*
*(Jean-Baptiste Poquelin)*

◆ 1622-1673，法國古典主義喜劇大師

◆ 《守財奴》、《女學者》、《偽君子》

---

塞納河後浪推前浪，高乃依歸於沉寂之日，正是莫里哀聲譽鵲起之時。

一六二二年，御用毯商之子讓－巴蒂斯特・波克蘭誕生於巴黎聖譽街九十六號 **03** 的「猴子之家」。波克蘭後來以「莫里哀」為藝名和筆名闖蕩劇壇，成為法國古典主義喜劇創建者。

關於莫里哀的誕生地還有一個挺有趣的小插曲：新橋街三十一號 **-1** 也號稱是莫里哀的誕生地，並隆重地雕有莫里哀半身像。這是怎麼一回事呢？原來從前有一名賣動物內臟的商人，在購買這間宅邸時遭到了矇騙，誤以為此地是莫里哀的誕生地，還幫莫里哀做了淺浮雕和半身像以示紀念。乃至於到了今日，許多人也就以訛傳訛地繼續錯下去了。

**03** 聖譽街九十六號，牆上的紀念牌證明莫里哀於一六二二年一月十五日在此出生。

波克蘭的父親對他期望甚深，將他送到貴族子弟學校的耶穌會克萊蒙中學 **04** 念了五年書。波克蘭在那邊結識了許多貴冑子弟，其中包括「大鼻子情聖」西哈諾（Cyrano de Bergerac）。然而，自小就對戲劇有著濃厚興趣的波克蘭，離開學校後不但拒當律師，也不願意繼承父業。

一六四二年，尚未成為莫里哀的波克蘭住在朵西尼街 **05**，與住在珍珠街的演員貝亞一家過從甚密，經

**-1** 新橋街三十一號，山寨版莫里哀誕生地。精美的莫里哀淺浮雕半身像，再加上「山寨版紀念牌」上煞有其事的「莫里哀於一六二〇年出生於此」字樣，使得許多不明就理的觀光客，甚至許多巴黎人，誤將此地當成喜劇大師莫里哀的誕生地。

**10** 黎胥留街四十號，莫里哀逝世地。目前這棟樓房是一七六五年改建的。同條街三十九號則是狄德羅逝世之處。（參見**44**頁）

**03** 正版莫里哀誕生地：位於索瓦爾街轉角處的聖譽街九十六號猴子之家。目前這棟樓房是一八○二年改建的。

**-1** 31, Rue du Pont-Neuf, 75001 (M4, Les Halles)
**-2** Théâtre du Petit Bourbon
**-3** Rue Molière & Rue Richelieu, 75001 (M7, M14, Pyramides)

**03** 96, Rue Saint-Honoré, 75001 (M4, Les Halles)
**04** 【舊】Collège de Clermont
　　【今】Lycée Louis le Grand. 123, Rue Saint Jacque, 75005 (M10,
　　　　Cluny-La Sorbonne)
**05** Rue de Thorigny, 75003 (M8, Chemin Vert)
**06** 6, Rue de la Perle, 75003 (M8, Chemin Vert)
**07** 【舊】12, Rue des Fossés de Nesles
　　【今】12, Rue Mazarine
　　13, Rue de Seine, 75006 (M4, Saint-Germain-des-Prés)
**08** 32, Quai des Célestins, 75004 (M7, Pont Marie)
**09** Théâtre du Palais-Royal. 38, Rue de Montpensier, 75001 (M7, M14,
　　Pyramides)
**10** 40, Rue de Richelieu, 75001 (M7, M14, Pyramides)

04 莫里哀曾就讀的克萊蒙中學，即今日的路易大帝中學，為巴黎歷史悠久的名校。該校外觀氣勢宏偉，自十六世紀建校以來作育英才，知名校友不計其數，除了莫里哀，還有薩德侯爵、哲學家狄德羅、伏爾泰、沙特，文學家雨果、波特萊爾，畫家德拉克洛瓦、伽利柯、竇加、社會學家塗爾幹、布赫迪厄，電影奇才梅里耶斯，以及許多政壇人士。

07 塞納街十三號的光耀劇團團址紀念牌。

常登門拜訪。貝亞家族（les Béjart）為十七世紀顯赫的演員家族，當時就住在今日的珍珠街六號 06 一帶。

一六四三年十二月，莫里哀與貝亞家族中的女伶瑪德蓮（Madeleine Béjart）陷入熱戀，兩人一同創建了「光耀劇團」（或譯「盛名劇團」）。該團團址位於今日的塞納街十三號和瑪扎罕尼街十二號之間 07，但當時瑪扎罕尼街名為奈勒溝渠路，而波克蘭也才剛以「莫里哀」為藝名。

莫里哀先與瑪德蓮熱戀，後來又跟瑪德蓮的「妹妹」阿爾芒德（Armande Béjart）過從甚密，最終娶阿爾芒德為妻。但由於阿爾芒德比「姊姊」瑪德蓮小了整整二十四歲，所以有一說阿爾芒德根本就是莫里哀的親骨肉！而莫里哀在四十二歲時迎娶芳齡十九的阿爾芒德，婚後更時時擔心妻子紅杏出牆。

一六四四到四五年間，莫里哀跟光耀劇團曾在位於修士堤岸三十二號 08 的「黑十字」網球廳中表演（該建物已於一七二八年消失）。但當時光耀劇團受到義大利戲班的衝擊，生意不好，致使莫里哀在一六四六到一六五八年間，只得到外省找機會，過著流浪的生活。

一六五八年，莫里哀終於如願以償，重返巴黎，並在羅浮宮上演拿手好戲。這時候莫里哀的觀眾可不是一般的販夫走卒，而是堂堂法蘭西國王路易十四與當代權貴，當然還有等著看好戲，來自「敵團」的布根地劇團演員。

莫里哀就跟莎士比亞一樣，不但自編自導自演，還外兼劇團行政工作。幸虧他的喜劇大受好評，再加上深受法王路易十四的支持，莫里哀因而得到在羅浮宮東南的小波旁劇院 -2 演出的機會，一演就是兩年。

一六六〇年，羅浮宮擴建，小波旁劇院拆除，路易十四恩准莫里哀在位於瓦洛瓦街和皇家廣場間的皇家宮殿劇院 09 繼續演出。一八八二年起，莫里哀便在此領導劇團，直到一六七二年猝死為止。

-3 黎胥留街與莫里哀街交叉口的莫里哀噴泉，由設計榮軍院拿破崙之墓的維斯康堤（Visconti）於一八四四年設計。莫里哀雕像則是普拉提耶（Jean-Jacques Pradier）的作品。

莫里哀生前最後一年也是他一生最輝煌的年代。舞台上除了演員外，還搭配了十一名芭蕾舞者，不但娛樂觀眾，也讓演員有充分的時間更衣。

一六七三年二月十七日，表演完第四十場的《心病者》（*Malade imaginaire*）後，莫里哀於距離皇家宮殿劇院不遠的黎胥留街四十號 10 驟然與世長辭。

由於莫里哀攻擊基督教《偽君子》一劇，教堂拒絕替他舉行宗教葬禮。而且根據當時的規定，「戲子」身後只能隨意扔到亂葬崗，不得堂堂下葬。後來還是莫里哀的妻子阿爾芒德向法王路易十四跪求，才獲得教會允許進行宗教儀式，但僅准在夜間進行。然而，莫里哀下葬後也不甚平靜，後人懷疑莫里哀創作的三十多部劇本中，絕大部分不是出自他之手，而是高乃依。但這樁文壇公案至今仍無定論。

據說莫里哀每寫一個劇本，都會先唸給家中女僕聽。女僕聽後都會拍手道好。莫里哀原本以為女僕只是為了討自己開心，故而頻頻稱好，其實根本就聽不懂。有一次就故意把一個寫失敗的劇本唸給女僕聽，哪知女僕瞪大雙眼說：「這不是先生您寫的！」莫里哀這才恍然大悟，原來女僕早已耳濡目染，培養出高深的文學品味了。

## 拉辛

*Jean Racine*

◆ 1639-1699，法國劇作家

◆ 古典主義戲劇三傑之一

◆ 《昂朵瑪格》

◆ 「我們的夜晚比你們的白天美麗。」

　　讓‧拉辛出生於法國北部，生下來十三個月喪母，四歲又喪父，由祖父母拉拔長大，直到祖父於一六四九年過世為止。拉辛在一六五八年來到巴黎，並在阿赫古中學⑪就讀。一六六○年則住在雅各布街七號⑫的表兄弟家。

　　法國喜劇大師莫里哀相當提攜後輩拉辛，使拉辛早期的兩齣悲劇得以在宮廷劇院表演。首先是在一六六四年，莫里哀劇團把拉辛的悲劇《德巴依德》（*La Thébaïde*）搬上皇家宮殿劇院⑬的舞台，次年又演出了悲劇《亞歷山大》（*Alexandre*），使拉辛從此得以掌握舞台劇的創作。

　　一六六七年十一月，拉辛的悲劇傑作《昂朵瑪格》（*Andromaque*）在羅浮宮公演，獲得熱烈回響，從而取代了高乃依的悲劇大師地位。

　　一六七二到一六七七年是拉辛的創作高峰期，當時他住在修女街十六號⑭。一六八○到一六八四年則改住在聖安德烈藝術街四十一號⑮，接著又搬到索邦泥水匠街，即今日的商博良街⑯。一六九○年起，拉辛遷入聖日耳曼瑪黑街，即今日的維斯康堤街二十四號⑰，直到一六九九年過世為止。

　　拉辛自阿赫古中學求學期間就開始跟一些詩友出入酒館，其中包括了大他十八歲的拉封丹。當時他們很喜歡去「松果之屋」。松果之屋位於西堤島上的猶太區街，大致上就是今日的西堤街⑱一帶，拉封丹、布瓦洛、拉辛和莫里哀經常在此聚會。此外，他們也常去位於奧特伊的「白羊客棧」⑲，當時奧特伊還屬於巴黎郊區，尚未併入巴黎第十六區，白羊客棧則是騷人墨客最常光顧的酒肆。

⑰維斯康堤街二十四號。拉辛於一六九○年遷入，九年後在此與世長辭。

⑪阿赫古中學。創建於一二八〇年,是今日聖路易中學的前身。曾就讀這所歷史悠久中學的名人不計其數,阿赫古中學時期有孟德斯鳩、拉辛、狄德羅等人,聖路易中學時期則有巴斯特、坦吉、左拉、聖修伯里等。

⑬皇家宮殿劇院,一六三七年奉黎胥留之命興建。現存建物為一七八六到一七九〇年重新興建的,一八八〇年又被重新裝飾成為新路易十五風格。

⑲白羊客棧,拉辛與詩友經常出入。

⑪ 【舊】Collège Harcourt
   【今】Lycée Saint-Louis. 44, Boulevard Saint-Michel, 75006 (M10, Cluny-La Sorbonne)

⑫ 7, Rue Jacob, 75006 (M4, Saint-Germain-des-Prés)

⑬ Théâtre du Palais-Royal. 38, Rue de Montpensier, 75001 (M7, M14, Pyramides)

⑭ 16, Rue Chanoinesse, 75004 (M4, Cité)

⑮ 41, Rue Saint-André-des-Arts, 75006 (M4, St. Michel)

⑯ 【舊】Rue des Maçons-Sorbonne
   【今】Rue Champollion, 75005 (M10, Cluny-La Sorbonne)

⑰ 【舊】Rue des Marais Saint Germain
   【今】24, Rue Visconti, 75006 (M4, Saint-Germain-des-Prés)

⑱ 【舊】Rue de la Juiverie
   【今】Rue de la Cité, 75004 (M4, Cité)

⑲ Auberge du Mouton Blanc. 40, Rue d'Auteuil, 75016 (M9, M10, Michel-Ange-Auteuil)

# 拉封丹
*Jean de la Fontaine*

◆ 1621-1695，法國寓言詩人
◆ 《拉封丹寓言》

　　讓‧德‧拉封丹出生於法國香檳省，父親是湖泊森林管理處的小官吏。拉封丹兒時經常跟父親到森林散步，從小就熱愛大自然。

　　一六四一年，拉封丹到巴黎學習神學，後來又改學法律。雖曾接下父職，但他並不善於管理，後來於一六五七年舉家定居巴黎。

　　拉封丹曾住過當時稱為普拉提耶街的讓－雅克‧盧梭街六十一號 ⓴，並於一六八三年進入法蘭西學院。不同於拉辛戲劇中謙遜有禮、反映王室特質的對白，拉封丹不太受拘束，他將古典寓言改編為特有形式，透過動物故事來諷喻和探討當代道德問題。

　　住在普拉提耶街時，拉封丹每天都從住所步行到法蘭西學院。一六九五年二月九日，他走到一半突感不適，自知大限已到，最後於一六九五年溘然長辭，普拉提耶街的房子遂成為拉封丹生前最後的居所。一七九一年，為了紀念盧梭，普拉提耶街改名為讓－雅克‧盧梭街，拉封丹的故居也於一八八〇年改建為郵政大樓。

　　拉封丹一生缺錢，但往往都有貴人相助。他也與當代文壇鉅子莫里哀、拉辛、布瓦洛（Nicolas Boileau）等人交好。布瓦洛在奧特伊有一住所，眾文友經常到此一遊，定期在奧特伊聚會，品嘗瑪古農場 ㉑ 出產的新鮮牛奶。

　　正因為這層典故，奧特伊有一所中學和一條街道以拉封丹命名。幾世紀後，拉封丹街也真的誕生了一號法蘭西文壇的大人物——普魯斯特。

　　拉封丹過世後原本葬在無辜者墓園，後來才在巴黎省長令下遷至拉榭思墓園。拉榭思墓園原本設計供塞納河右岸四區的巴黎市民埋葬所用，但啟用之後，有錢人不願意葬到離市區這麼遠的地方，尤其是被視為貧民區的巴黎東區。為了促銷墓園，巴黎省長下令將中世紀師生戀人阿貝拉和哀綠綺思葬入第七區，又於一八一七年將莫里哀和拉封丹正式遷入第二十五區。從此以後，拉榭思墓園的「生意」蒸蒸日上，巴黎的中產階級也從一八二〇到三〇年間開始安葬於拉榭思墓園。

20 拉封丹住過的讓一雅克·盧梭
街六十一號,他亦於此地病逝。

21 當年的瑪古農場位於今日
墨西哥廣場九號。紀念牌上刻
著:「瑪古農場,布瓦洛和拉
封丹經常到此品嘗鄉間新鮮的
牛奶」。

· 拉榭思墓園中的拉封丹之墓(左)和莫
里哀之墓(右)。

20 【舊】Rue Plâtrière
【今】61, Rue Jean-Jacques Rousseau, 75001 (M4, Les Halles)

21 9, Place de Mexico, 75116 (M9, Rue de la Pompe)

# 塞維涅夫人
## *Marquise de Sévigné*

◆ 1626-1696，法國書信作家

塞維涅夫人之所以在法國文壇留名，乃是因為她跟女兒之間的書信往來，其尺牘生動、風趣幽默，生前即已在友人間流傳，如今更被視為法國文學瑰寶。

塞維涅夫人雖然不是史學家，她的書信卻提供了後世史家第一手珍貴的資料，路易十四時代法國社會風貌躍然於其生花妙筆之下，尤其是關於皇家廣場的點點滴滴，更是引人入勝。但皇家廣場是哪裡呢？就是今日鼎鼎大名的孚日廣場 ㉒ 前身是也。

皇家廣場原本為巴黎的馬市，也是皇室貴族子弟決鬥的場所。一六〇五到一六一二年間，法王亨利四世一聲令下，將馬市改造成巴黎第一個廣場，巴黎從此有了散步休閒與舉辦慶典活動的場地。

亨利四世胸懷大志，一心想擘畫巴黎，於他在位期間完工的新橋就是一例。新橋是當時塞納河上第一座沒有房子的橋，正因沒有屋舍阻擋，塞納河風光與兩岸美景得以盡收眼簾，是為當時一大創新。

然而，亨利四世當初為了順利當上法國國王，改信天主教並頒布〈南特昭書〉，同意給予新教徒信仰自由，從而結束了為期二十年的宗教戰爭，但他卻於鐵廠街十一號 ➊ 遭狂熱的天主教徒暗殺，擘畫巴黎計畫也因而延宕了下來。

不過，皇家廣場仍於一六一二年亨利四世之子路易十三在位期間落成完工。廣場上共有三十六棟樓閣，每邊九棟，各樓樓門面一致，樓高齊平。其中，廣場一號為國王閣，二十八號則是皇后閣，這兩棟

➊ 鐵廠街十一號地上的紀念牌。一六一〇年五月十四日，法王亨利四世在此處遭狂熱天主教徒哈瓦亞克暗殺。

❷❺ 塞維涅街二十三號，塞維涅夫人宅邸與逝世處。現為卡爾納瓦萊博物館。

❷❷ 孚日廣場邊上立有路易十三馬上英姿的雕像。這座雕像是一六三九年總理大臣黎胥留主教下令打造的，曾在法國大革命中遭推倒，如今這座是一八二五年以大理石重新塑造的。

❷❸ 皇家廣場一之一號。塞維涅夫人出生地的木質大門雖斑駁不堪，卻不失氣派。

-❶ 11, Rue de la Ferronnerie, 75001 (RER A, Châtelet-Les Halles)

❷❷ Place des Vosges, 75004 (M8, Chemin Vert)
❷❸ 1 bis, Place des Vosges, 75004 (M1, Saint-Paul)
❷❹ 8, Rue de Thorigny, 75003 (M8, Saint-Sébastien-Froissart)
❷❺ Musée Carnavalet. 23, Rue de Sévigné, 75004 (M1, Saint-Paul)

23 皇家廣場一之一號的牆上，掛有塞維涅夫人出生地的紀念牌。該建築已於一九二○年列入歷史建物。

23 左邊較高那棟即為廣場一號的國王閣。國王閣右邊的一之一號則是古蘭吉宅邸，也是塞維涅夫人出生的房子。

樓閣比別的建物略高，隔著廣場遙遙相望，益發突顯國王與皇后的貴氣與尊榮。

　　廣場四周的樓閣建材以紅磚為主，屋頂覆以青色石板，漂亮的曼薩式複折屋頂與老虎窗錯落有致。規畫為商店街的一樓以白色石材打造，切割過的平整石塊則是連拱廊的最佳裝飾，合組成眾所皆知的皇家廣場紅白藍風格。

　　那麼，塞維涅夫人究竟與皇家廣場有何淵源呢？原來，當初奉亨利四世之令督造皇家廣場的人，正是塞維涅夫人的祖父古蘭吉（Philippe de Coulange），塞維涅夫人也在皇家廣場一之一號的古蘭吉宅邸出生 23 。

　　一六六九到一六七二年間，塞維涅夫人搬到瑪黑區的朵西尼街八號 24 居住，也就是現今畢卡索博物館的對面。可惜原建築早已燒燬，今日我們看到的建築是後來興建的。附帶一提，巴爾札克曾於一八一五年在同一條街的九號當寄宿生。

　　塞維涅夫人生前最後的居所同樣位於瑪黑區，地址是塞維涅街二十三號 25 ，她從一六七七到一六九六年都住在二十三號，並於此地過世。該建築現已經成為卡爾納瓦萊博物館。

# 皇家廣場＆瑪黑區

十七世紀的皇家廣場便是今日橫跨巴黎第三區和第四區的孚日廣場。皇家廣場曾數度易名，一八〇〇年，拿破崙為了感謝法蘭西第一個繳稅的省分孚日省，將廣場改名為孚日廣場。

事實上，該廣場在十七世紀是皇親國戚聚集的所在地，許多大人物也先後在此住過，比如著名神學家、法王路易十四的宮廷牧師博舒埃（Jacques-Bénigne-Bossuet）於一五七八到一六八二年住在十七號 26 。二十一號在十七世紀時則屬於樞機主教黎胥留所有 27 ，到了一八七七年，來自普羅旺斯的都德 17 入住，二十世紀的比利時偵探小說家西默農到巴黎時，也同樣住在二十一號 34 ！

另外，大文豪雨果於一八三二到一八四八年間住在六號 46 ，如今該址已成為「雨果之家」；詩人戈蒂耶的青年時期在八號 86 度過，約於一八二八到一八三四年間；日本名服裝設計師三宅一生的法國總部則設在廣場五號 94 。

而既然提到了皇家廣場，自然不可不提廣場所在的瑪黑區。

位於塞納河右岸的瑪黑區跨越了巴黎第三和第四行政區，地理界定為波布街（Rue Beaubourg）以西，博馬榭大道（Boulevard Beaumarchais）以東，北至布列塔尼街（Rue de Bretagne），南以塞納河為界。

26 從博舒埃住過的十七號拱廊看過去，古意盎然，相當有味道。

瑪黑區昔日沼澤甚多，故以「marais」（法文「沼澤」之意）命名，中文「瑪黑」則為音譯。

十七世紀時，隨著皇家廣場的興建，巴黎許多貴族紛紛進駐此區，豪宅、宅邸和公館如雨後春筍般冒了出來，其中有許多依然留存至今。十八世紀中葉，因聖譽區和聖日

27 17 34 都德和西默農都住過的二十一號。

**94** 以縐褶風格引領時尚潮流的三宅一生巴黎大本營原來位於廣場五號內院，招牌十分低調。

**12** 桑斯宅邸，瑪黑地區現存的古老宅邸，於一四七四到一五一九年為了桑斯主教興建，一六〇五年法王亨利四世曾將其下堂妻瑪歌皇后安置於此。

　　耳曼地區呈現飽和，許多文人雅士、社會精英、藝術工匠紛紛移至瑪黑區居住，在昔日的貴族宅邸中開立自己的工作室，使得此地益發人文薈萃，富含藝術氣息。

　　《費加洛的婚禮》的劇作家坡瑪榭（Pierre Beaumarchais）一手創立的瑪黑劇團便位於塞維涅街十一號 **36**，當時還是取用巴士底監獄的石頭興建的。該劇院於一八〇七年停止營業，並於一八一二年遭到拆除。

　　三個半世紀以來，瑪黑區神奇地躲過了巴黎各項整治計畫工程。就連一八六〇年奧斯曼男爵大刀闊斧地進行巴黎大改造時，整個巴黎也只有瑪黑區逃過了被改造的命運，從而保留許多中世紀遺跡，桑斯宅邸 **12** 便是其中一例。

　　可嘆的是，昔日宅邸畢竟抵擋不住歷史洪流，逐漸改建為較現代化的住所。幸虧一九六九年的法國文化部部長馬勒侯（André Malraux）下令保護，中世紀風貌方得以留存。

　　如今的瑪黑區不但是許多博物館落腳之地，比如位於鹽稅官宅邸舊址朵西尼街五號的畢卡索博物館 **95**，更先後吸引了不同族群聞風而至，豐富此地的多元文化。

　　進駐瑪黑區的族群相當多元。十九世紀末有來自東歐的猶太人，他們多半以薔薇街 **-1** 為主要活動範圍。第一次世界大戰後，中國人（大多為溫州人）開始在聖殿街 **-2** 一帶出現，低調地開了好幾家小餐館，或從事衣飾批發生意。同志族群也在一九八〇年代抵達瑪黑區，尤以製釦業聖十字街 **-3** 為大本營。

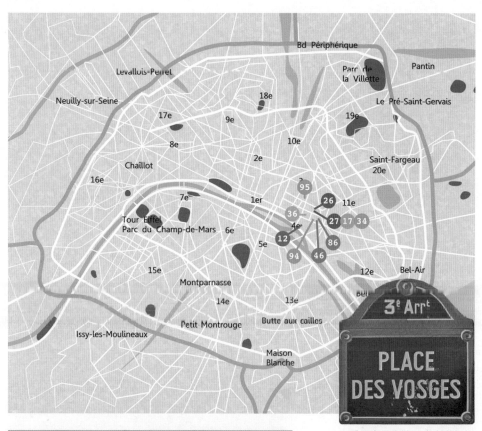

• 孚日廣場街牌。十七世紀的
皇家廣場便是今日橫跨巴黎第
三區和第四區的孚日廣場。

-1 Rue des Rosiers

-2 Rue du Temple

-3 Rue Sainte-Croix-de-la-Bretonnerie

12 Hôtel de Sens. 1, Rue du Figuier, 75004 (M7, Pont Marie)

26 17, Place des Vosges, 75004 (M1, Saint-Paul)

27 21, Place des Vosges, 75004 (M1, Saint-Paul)

36 11, Rue de Sévigné, 75004 (M1, Saint-Paul)

17 21, Place des Vosges, 75004 (M1, Saint-Paul)

34 21, Place des Vosges, 75004 (M1, Saint-Paul)

46 6, Place des Vosges, 75004 (M1, Saint-Paul)

86 8, Place des Vosges, 75004 (M1, Saint-Paul)

94 5, Place des Vosges, 75004 (M1, Saint-Paul)

95 Musée Picasso. 5, Rue de Thorigny, 75003 (M8, Saint-Sébastien-Froissart)

# 拉法葉夫人
## *Madame de La Fayette*

◆ 1634 -1693，法國小說家
◆ 《克萊芙王妃》

拉法葉夫人是塞維涅夫人的閨中好友，也是往來頻繁的文友。

拉法葉夫人於一六三四年出生於沃吉哈路五十號 **28**，並於此地度過一生。該宅邸正位於今日盧森堡博物館的對面。

一六七八年，拉法葉夫人在沃吉哈路發表了知名歷史小說、悲劇《克萊芙王妃》（*La Princesse de Clèves*），不過當時她並不承認自己就是作者。這部文學作品被奉為法蘭西首部出色小說，並開創了法國心理小說的先河。

• 一六七八年出版的《克萊芙王妃》書封。

書中女主角美麗的克萊芙王妃對丈夫只有敬沒有愛，但礙於恪遵婦道，不敢放膽去愛一見鍾情的納穆爾公爵，最後終以三輸的悲劇收場。以現代人的眼光看來，《克萊芙王妃》頗有「隔靴搔癢」之感。書中那種想愛又不敢愛、不能愛的矛盾心理，看到心上人的畫像就心旌搖曳個半天，卻要強作鎮定的複雜狀況，令人對克萊芙王妃又氣又憐。

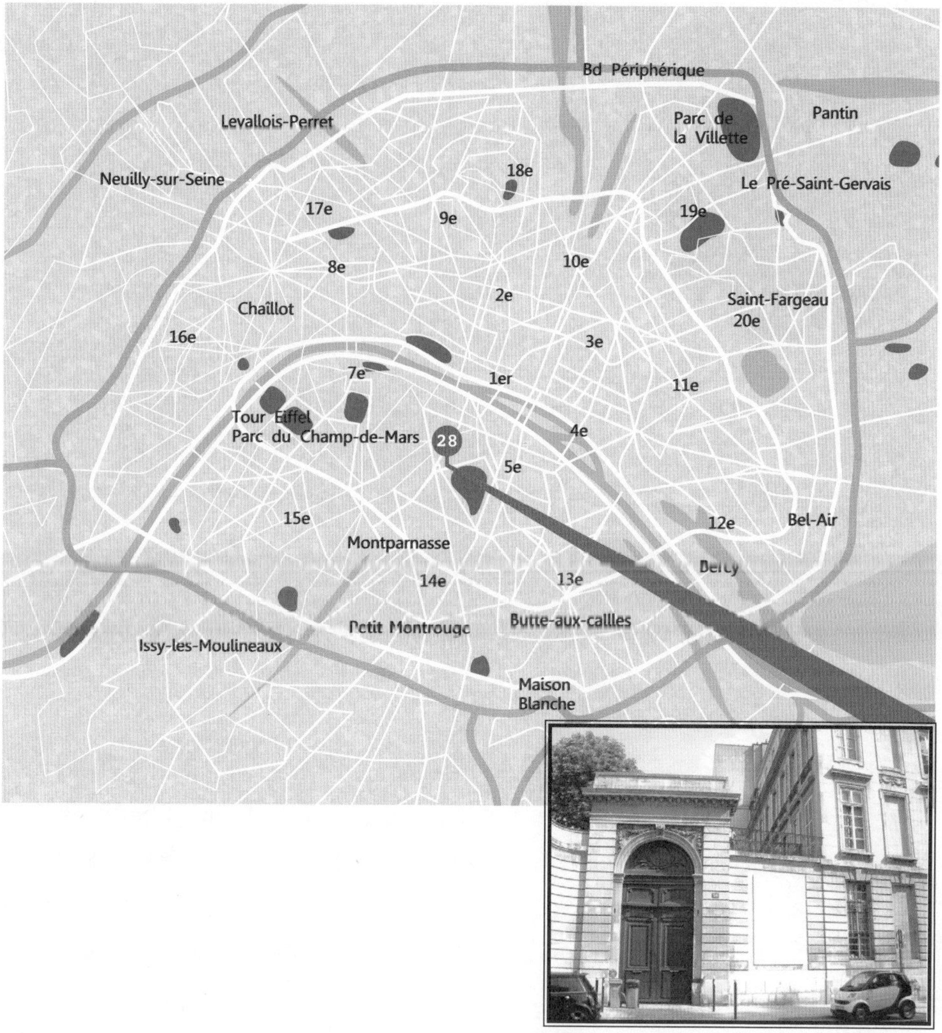


28 拉法葉夫人度過一生的沃吉哈路宅邸。

28 50, Rue de Vaugirard, 75006 (M12, Rennes)

# 孟德斯鳩

*Montesquieu*
*(Charles-Louis de Secondat)*

◆ 1689-1755，法國思想家
◆《法意》

孟德斯鳩本名夏爾－路易・德・瑟貢達，出生於波爾多附近，但經常到巴黎居住。曾就讀於巴黎的阿赫古中學 ❶，一七一四年成為波爾多議會議長。

路易十四晚年朝政混亂，駕崩後由年僅五歲的路易十五接任，法國社會益顯動盪。目睹這一切的孟德斯鳩將其見聞記錄下來，積稿十年，於一七二一年整理成《波斯書簡》（*Lettres persanes*）匿名出版，開啟了啟蒙時代。出書之後，孟德斯鳩更勤於來回巴黎和波爾多之間。他往往下榻於王子妃街三十一號的佛蘭德旅館 ❷ 與聖日耳曼德珮一帶的玻璃廠街 ❸。一七二四年的落腳處則是馬拉給堤岸九號的特蘭西瓦尼亞旅館 ❹。

孟德斯鳩在巴黎期間經常出入文學沙龍，如：德方夫人（Mme du Deffand）位於聖多明尼克街十到十二號 ❺ 的沙龍，以及吉奧弗林夫人（Mme Geoffrin）位於聖譽街三七四號 ❻ 的沙龍。後者的沙龍在一七四九到七七年名噪一時，匯集了當時最傑出的藝文人士：週一為畫家日，週三則是哲學思辨日，除了孟德斯鳩，伏爾泰、狄德羅統統都是座上賓。除此之外，朗貝爾夫人（Mme de Lambert）位於柯爾柏街十二號的內維爾宅邸 ❼ 更是十八世紀最知名的沙龍之一，不但吸引眾多哲人和思想家上門，這些人的作品在未正式發表之前，也都先在沙龍內發表過。孟德斯鳩經過諸位夫人沙龍的洗禮，於一七二八年堂堂進入法蘭西學院。

一七二八到三一年，孟德斯鳩以外交官身分踏遍全歐，回國時從未謀面的女兒已經四歲。這個女兒後來成為孟德斯鳩的好幫手，身兼其祕書與檔案管理員。而當時已近半盲的孟德斯鳩則以口述、再由女兒及其他祕書聽寫的方式，一字一句寫下了《法意》（*L'Esprit des Lois*），並於一七四八年出版，全面分析行政、立法、司法三權分立原則，不但是他的歐遊見聞錄，更比較了英法兩國制衡體系的優劣。

孟德斯鳩在一七三四到五五年間都住在聖多明尼克街 ⊟，但詳細地址不詳。此時他雖已半盲，還是幫狄德羅《百科全書》撰寫〈品味〉篇，只不過來不及完成就於一七五五年因高燒發炎感染過世。

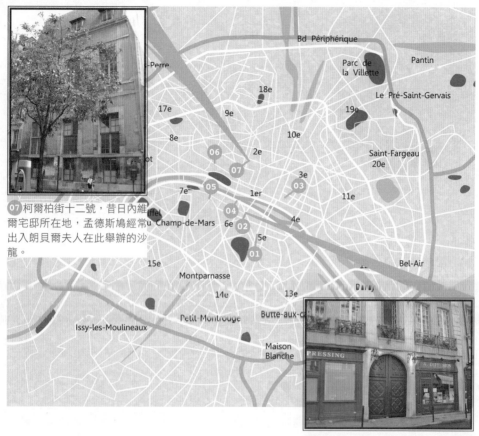

07 柯爾柏街十二號，昔日內維爾宅邸所在地，孟德斯鳩經常出入朗貝爾夫人在此舉辦的沙龍。

02 王子妃街三十一號，昔日佛蘭德旅館所在地，孟德斯鳩在巴黎的落腳處之一。

-1 Rue Saint-Dominique

01 【舊】Collège Harcourt
　　【今】Lycée Saint-Louis. 44, Boulevard Saint-Michel, 75006 (M10, Cluny-La Sorbonne)
02 31, Rue Dauphine, 75006 (M4, Saint Michel)
03 Rue de la Verrerie, 75004 (M1, M11, HÔtel de Ville)
04 9, Quai Malaquais, 75006 (M4, Saint-Germain-des-Prés)
05 10-12, Rue Saint-Dominique, 75007 (M12, Solférino)
06 374, Rue Saint-Honoré, 75001 (M1, M8, M12, Concorde)
07 12, Rue Colbert; 58 bis, Rue de Richelieu, 75002 (M3, Bourse)

# 伏爾泰
*Voltaire*
*(François-Marie Arouet)*

◆ 1694-1778，法國思想家、哲學家、文學家
◆ 《哲學辭典》、《哲學通信》、《老實人》
◆ 法蘭西思想之父

伏爾泰，原名弗朗索瓦－馬利・阿魯埃，是法國啟蒙時代思想家、哲學家、文學家，啟蒙運動公認的領袖和導師，後世尊為「法蘭西思想之父」。

伏爾泰不僅是哲學大師，更以捍衛公民自由，尤其是信仰自由和司法正義而聞名。伏爾泰以諷刺見長，經常抨擊基督教會教條與法國教育制度，著作與思想更深深影響了美國革命和法國大革命。

伏爾泰雖非貴族，但自小家境富裕。九到十七歲就讀於耶穌會學校路易大帝中學 08 時，天資聰穎的伏爾泰在校表現優異，卻也相當淘氣反骨。比如說，這所中學的慣例是等到小禮拜堂聖水缸裡的水結了冰，才肯給學生生爐子取暖，體弱怕冷的伏爾泰就趁著老師不注意，從院中撿來冰塊，悄悄放進聖水缸內。伏爾泰也常因生性愛反駁，引得神父訓斥「總有一天，你會成為法國自然神論的宣傳者」，自小展露未來命運的先兆。

一七一七年，伏爾泰因〈幼主〉一詩諷刺攝政王奧爾良公爵，並因詩末的「法蘭西終將滅亡」字句，首度被關入巴士底監獄 09 。當年的巴士底監獄設有專門關押社會有頭有臉人士的專區，該區犯人過著相對舒適的生活，甚至可帶僕人入監服刑。伏爾泰被關了十一個月，並在獄中完成他的第一部悲劇《俄狄浦斯王》（*Œdipe*）。

一七一八年四月十一日，伏爾泰遭到有條件釋放，條件是不准待在巴黎。但不久後攝政王就允許他重返巴黎，他便首次使用「伏爾泰」這個筆名，出版了《俄狄浦斯王》。

雖然許多知名劇作家均改編過這齣悲劇，但伏爾泰將自己的某些政治理念融入其中，增添時代意義。他筆下的俄狄浦斯竭力想逃避神靈預言的噩運，但最後依然躲不過神的捉弄，犯下弒父娶母的亂倫大罪。伏爾泰在劇本中對神靈惡意愚弄人類提出抗議，藉劇中主人翁之口發出吶喊，力圖傳達「劇中的罪惡絕非主人翁自己的

10敘利宅邸正面，伏爾泰便在此處慘遭洛昂騎士襲擊。

08 Lycée Louis le Grand. 123, Rue Saint Jacque, 75005 (M10, Cluny-La Sorbonne)

09 Place de la Bastille, 75012 (M1, M5, M8, Bastille)

10 Hôtel de Sully. 62, Rue Saint-Antoine, 75004 (M8, St.Paul)

11 29, Rue des Bons Enfants, 75001 (M1, Palais Royal-Louvre)

12 Rue de Brosse, 75004 (M7, Pont Marie)

13 Hôtel Lambert. 1-3, Quai d'Anjou, 75004 (M7, Sully Morland)

14 43, Rue Traversière, 75012 (M1, M14, Gare de Lyon)

15 27, Quai Voltaire, 75007 (RER C, Musée d'Orsay)

罪惡，而是神的罪惡」之概念。

　　至於為什麼會以「伏爾泰」為筆名呢？伏爾泰（Voltaire）來自於拉丁文，而拉丁文中「AROVET LI」是Arouet這個姓氏及綽號「le jeune（年輕人）」縮寫的意思。同時該名也呼應了他的家族在老家的城堡「Airvault」，只不過發音的順序倒了過來。伏爾泰使用這個筆名，有著想與家族及過去道別的用意。

　　另有一說是因為Arouet的法文發音就和「à rouer（痛扁）」和「roué（浪蕩子）」一樣，伏爾泰覺得這個原本的姓氏與他日漸升隆的聲譽無法相得益彰，所以才選擇以筆名出道。

　　一七二六年一月，當時法國最有權勢的貴族子弟洛昂騎士（le chevalier de Rohan）因伏爾泰不是貴族出身，卻在上流社會吃得開而氣憤，再加上與伏爾泰為了女伶而爭風吃醋，早就看他不順眼。某天在法蘭西劇院門外，洛昂騎士傲慢地走到伏爾泰面前，問道：「伏爾泰先生。阿魯埃先生。您究竟姓什麼啊？」尖牙利齒的伏爾泰回道：「伏爾泰！在下彰顯我的姓氏，尊駕卻令您的姓氏沒落。」

　　幾天之後，洛昂騎士派人埋伏在伏爾泰暫住的敘利公爵宅邸 ❿ 門口。伏爾泰中了伏擊，遍體鱗傷，狼狽不堪，視為生平奇恥大辱，一心想報仇雪恥。但他還沒來得及反擊，一紙印有國王戳記的信函傳來。原來是洛昂騎士誣告伏爾泰「威脅國家安定」，使他於該年四月十七日二度鋃鐺入獄，但旋即於兩週後遭到有條件釋放：放逐至英格蘭，未經允許不得進入巴黎鄰近地帶。

　　伏爾泰因此展開流亡生涯，從一七二六年五月到一七二八年秋天都待在英國。此事件看似純屬個人恩怨，實則不然，因為正代表著伏爾泰與法國專制政體長期衝突的必然結果。

　　一七三一年十二月，伏爾泰在芳田－馬爾岱男爵夫人（la Baronne de Fontaine-Martel）位於好孩子街二十九號 ⓫ 的宅邸安置下來，一待就待到一七三三年男爵夫人過世為止，並於該年稍晚在聖熱爾韋教堂對面的布洛斯街 ⓬ 購

❿敘利宅邸內院。敘利宅邸興建於一六二五年，文藝復興風格，原屬敘利公爵家族所有，十八世紀曾接待沙龍名媛塞維涅夫人和伏爾泰。一九六七年後成為國家古蹟中心。網球博物館自二○○四年起在此展出當代攝影作品。

⑮伏爾泰堤岸二十七號，昔日維烈特宅邸所在地。伏爾泰一七七八年便是在此處二樓過世。現址一樓為伏爾泰餐廳。

⑮伏爾泰堤岸二十七號的牆上，掛有伏爾泰紀念牌。

買了一座宅邸，還在此結識了一生最重要的紅粉知己，侯爵夫人夏特萊（Émilie du Châtelet）。

然而，因為出版商祕密在里昂出版了禁書《哲學通信》（Lettres philosophiques），運到巴黎的一千五百本被搶購一空，伏爾泰只得於一七三四年五月逃離巴黎，躲到夏特萊夫人位於法國東北部香檳省的西雷莊園避難，從而開始了兩人長達十五年的戀人關係，直到夏特萊夫人過世為止。

伏爾泰居住在西雷期間曾數度回到巴黎。比如一七四二年，伏爾泰曾住在聖路易島上的朗貝爾宅邸⑬，一七四六年與一七四九到一七五〇年間，則住過長笛街四十三號⑭，也就是今日莫里哀街街頭雙號附近。一七四五年，伏爾泰成為路易十五的宮廷史官，並於一七四六年正式成為法蘭西學院院士。

夏特萊夫人過世後，伏爾泰先在普魯士待了十幾年，然後又在洛桑及日內瓦置產，隨後於一七五九年定居在法瑞邊境的凡爾納。直到一七七八年二月初，伏爾泰才趁《伊雷娜》（Irène）在法蘭西劇院上演之際，正式回到睽違二十九年的巴黎。據說當時伏爾泰躺坐在臥車中，僅帶著一只長柄炭爐。當他抵達巴黎郊外的入城關卡時，稽查人員請他停車檢查是否持有違反國王命令的物品，當時已八十四高齡的他幽默地說：「這裡除了伏爾泰，沒有其他違禁品。」

伏爾泰回到巴黎後，下榻位於伏爾泰堤岸二十七號、維烈特侯爵（Marquis de Villette）宅邸⑮靠內院的二樓房裡，直到同年五月三十日過世為止。

# 伏爾泰堤岸

❖

伏爾泰堤岸⑯隔著塞納河與羅浮宮遙遙相望，自古以來就是騷人墨客、貴族富豪爭相進駐之地。該堤岸最初只是馬拉給堤岸的西半部。一七九一年，為了紀念過世於維烈特宅邸的伏爾泰，改名為伏爾泰堤岸。

自從巴爾札克在一八三一年出版的《驢皮記》（*La Peau de chagrin*）一書裡，將一家怪異的古董店安排在伏爾泰堤岸後，高檔古董店便慢慢進駐此地。巴黎最早的舊書攤於十九世紀初開始出現時，也是在伏爾泰堤岸。而從堤岸頭走到堤岸尾，沿岸的宅邸可說是家家有故事，戶戶皆歷史。

一號⑰：一七四二年，波訥鐸（Jean-François Boyvin de Bonnetot）曾在此進行過人類首度的飛行嘗試。他在胳臂和腿上綁了類似翅膀的東西，然後從塞納河上三百公尺處縱身往下跳，卻一頭栽到洗衣船上，摔斷了大腿。

三到五號⓵：桑奈利耶顏料店於一八八七年在此開張，塞尚、寶加、高更、畢沙羅、蘇汀、莫迪里亞尼、康丁斯基、波納爾、畢卡索等人都是常客。

九到十一號⓶：九到十一號是十九世紀畫家的最愛，安格爾、德拉克洛瓦、柯洛均將畫室設於此地。

⑯伏爾泰堤岸全景。

十九號㉟�51：十九號是集歷代文學、藝術、音樂、劇作於一身的伏爾泰堤岸旅館。該旅館從十九世紀就已存在，波特萊爾在此寫下曠世鉅作《惡之華》。德國作曲家華格納在此完成歌劇《紐倫堡的名歌手》（*Les Maîtres chanteurs de Nuremberg*）。芬蘭作曲家西貝流士、愛爾蘭劇作家王爾德、法國印象派畫家畢沙羅均曾入住此地。

㉟�51集歷代文學、藝術、音樂、劇作於一身的伏爾泰堤岸旅館。

二十三號 96：前蘇聯芭蕾舞巨星紐瑞耶夫（Roudolf Noureev）於一九六一年在巴黎機場投奔自由。他在二十三號度過了生命中最後的時光。

二十五號 77 97：一八三九到一八四九年，繆塞曾住在此。而二十世紀法國重要劇作家兼小說家蒙泰朗（Henry de Montherlant）因受不了失明的打擊，於一九七二年在此服用氰化物並舉槍自盡。

77 97 二十五號的外牆上，繆塞（上）和蒙泰朗（下）各有一塊紀念牌。

二十七號 15：即伏爾泰逝世的維烈特宅邸。一說維烈特侯爵為伏爾泰的私生子，所以他可視伏爾泰為父，伏爾泰則愛他如子。

一九九〇到二〇〇〇年間，路易‧威登集團的服裝設計部門曾進駐此地。名服裝設計師卡爾‧拉加菲勒（Karl Lagerfeld）目前也居住於此。愛馬仕家族

96 舞蹈家紐瑞耶夫於伏爾泰堤岸二十三號逝世。

成員、知名藝術基金會瑪格藝廊創始人的後代，也都住過伏爾泰堤岸。

15 27, Quai Voltaire, 75007 (RER C, Musée d´Orsay)

16 Quai Voltaire, 75007 (RER C, Musée d´Orsay; Bus 95 Pont du Carrousel-Quai Voltaire)

17 1, Quai Voltaire, 75007 (RER C, Musée d´Orsay)

01 3-5, Quai Voltaire, 75007 (RER C, Musée d´Orsay)

02 9-11, Quai Voltaire, 75007 (RER C, Musée d´Orsay)

77 25, Quai Voltaire, 75007 (RER C, Musée d´Orsay)

35 Hôtel du Quai Voltaire. 19, Quai Voltaire, 75007 (RER C, Musée d´Orsay)

51 Hôtel du Quai Voltaire. 19, Quai Voltaire, 75007 (RER C, Musée d´Orsay)

96 23, Quai Voltaire, 75007 (RER C, Musée d´Orsay)

97 25, Quai Voltaire, 75007 (RER C, Musée d´Orsay)

# 盧梭

*Jean-Jacques Rousseau*

◆ 1712-1778，法國思想家
◆ 《民約論》、《論人類不平等的起源》、《懺悔錄》

盧梭出生於瑞士日內瓦，祖上是從法國流亡到瑞士的新教徒。盧梭的母親因生他時難產而過世。十六歲時，盧梭離開日內瓦到法國薩瓦省，在亦師亦母亦紅粉知己的華倫夫人（Mme de Warens）幫助下自學有成。一七四二年，精通音樂甚至發明了簡譜的盧梭，為了獻身於音樂而來到巴黎。

一七四四到四五年間，盧梭在聖昆汀旅館遇見了泰瑞絲（Thérèse Levasseur）。泰瑞絲在旅館負責清潔和洗衣服，盧梭則是房客。沒文化的泰瑞絲當然無法跟盧梭之前的情婦華倫夫人相比。起初兩人的關係僅止於性需求，沒想到泰瑞絲自此一直待在盧梭身邊，直到盧梭過世為止。與其說泰瑞絲是盧梭的靈魂伴侶，不如說她是照顧盧梭生活起居和身體健康的護士阿姨。

一七四五年左右，盧梭和泰瑞絲在小田野街五十七號 **18** 展開了同居生活。一七四九年底到一七五六年初，他們改住格內勒聖譽街 **-1** 某棟四樓，這條街從一八六八年起成為讓－雅克·盧梭街的一部分。

一七六二年，《民約論》（*Contrat Social*）和《愛彌兒》（*Émile*）出版，盧梭慘遭判刑，但也因此開始出名。盧梭首先以音樂家之名大放異彩，後於一七五一年出版《論科學與藝術的昌明會敦化或敗壞風俗》（*Discours sur les sciences et les arts*），由此因哲學家身分而享有盛名。

一七五五年，盧梭出版《論人類不平等的起源》（*Discours sur l'origine et les fondements de l'inégalité*）一書，引起伏爾泰的激烈反應。一七五二年，盧梭的《鄉村先知》（*Le Devin du village*）在楓丹白露法王駕前演出，大獲好評，法王路易十五親召盧梭見面，卻遭盧梭拒絕。

巴黎的生活令盧梭感到無比沉重，遂出走巴黎郊區的蒙莫朗西，一七五六到一七六二年都待在那兒。和泰瑞絲同居二十三年後，盧梭終於在一七六八年八月娶泰瑞絲為妻。

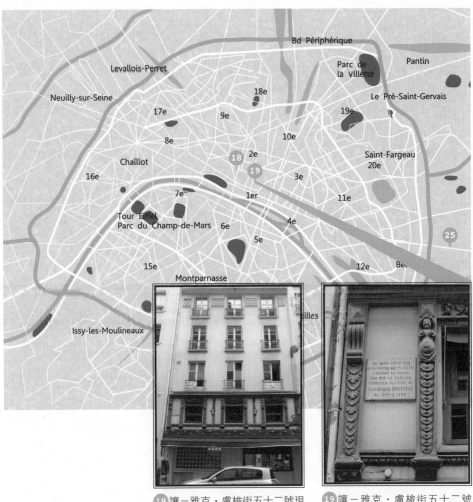

⑲讓－雅克・盧梭街五十二號現址外貌。

⑲讓－雅克・盧梭街五十二號牆上掛的盧梭紀念牌：「此處為盧梭在巴黎最後一個居所。他在此地從一七七四住到一七七八年」。

-1 【舊】Rue de Grenelle-Saint-Honoré
   【今】Rue Jean-Jacques Rousseau

⑱ 57, Rue des Petits-Champs, 75002 (M7, M14, Pyramides)
⑲ 【舊】2, Rue Plâtrière
   【今】52, Rue Jean-Jacques Rousseau, 75001 (M4, Les Halles)
㉕ Château de Vincennes. 75012 (M1, Château de Vincennes)

盧梭一直等到一七七〇年六月才又回到巴黎。這次他在普拉提耶街二號安頓下來，並一直住到一七七八年為止。這條街後來在一七九一年改名為讓－雅克·盧梭街，五十二號牆上掛有盧梭紀念牌 ⑲。

盧梭年輕時讀過伏爾泰的作品，十分仰慕他，兩人雖從未謀面，卻書信往返多次，並幾乎都由盧梭採取主動。有一次，伏爾泰想在日內瓦開設劇院，自稱為「日內瓦公民」的盧梭因此去信，抨擊伏爾泰此舉將腐化「他的」城市。伏爾泰當然也不好惹，毫不留情地予以痛擊，兩人樑子越結越深。

一七六四年十二月，日內瓦出版匿名小冊子《公民的感情》（Sentiment des citoyens），公開揭露盧梭將五名子女丟進孤兒院、棄之不顧的事情，促使盧梭決定撰寫《懺悔錄》（Les Confessions）以爭取後人理解，免得遭人抹黑。而該本匿名小冊的幕後捉刀者不是別人，正是盧梭的死對頭伏爾泰是也。

盧梭和伏爾泰兩人可說天差地遠。伏爾泰深富貴族氣息，為人理性，謙恭有禮，充滿上流社會的明朗與機智，盧梭則是一介布衣，喜怒無常，性情古怪，但以直覺的光輝著稱。

盧梭不只跟伏爾泰格格不入，他其實跟所有人都格格不入。

話說盧梭一七四二年搬到巴黎後就結識了狄德羅，兩人成為好友。一七四九年，盧梭幫狄德羅編寫《百科全書》。狄德羅於一七四九年七月二十四日被關入凡森大牢 ㉕ 時，盧梭擔心得要命，數度親自前往高達五十二公尺的監獄主塔（當時全歐洲最高、戒備最森嚴的牢房）探視。

一七五二年，盧梭因為害怕讓自己陷入阿諛奉承或噤若寒蟬的窘境，拒絕了法王路易十五的年金，沒想到這件事引起狄德羅不快，兩人首度起了爭執。接下來，狄德羅又指責盧梭不該離開巴黎，跑去郊區的蒙莫朗西「退隱」。

一七五七年，狄德羅在《私生子》（Fils naturel）一劇中說道：「好人生活在社會中，惡人才孤獨生活。」盧梭覺得意有所指，看了分外刺眼。這句話也讓兩人關係降至冰點。

兩人最後一次見面是一七五七年十二月。到了一七五八年，狄德羅犯了不夠低調的毛病，盧梭公開指責狄德羅背信忘義，兩人正式決裂。狄德羅也毫不留情地在書中反擊昔日好友。

盧梭跟蘇格蘭哲學家休姆（David Hume）的關係同樣是「先友後分」。

一七六三到六五年，休姆在巴黎擔任某伯爵祕書，從而結識了伏爾泰和盧梭。後來盧梭在法國和日內瓦都遭到迫害，休姆便於一七六五年十月，好心好意寫信給

盧梭，邀他到英格蘭「避難」。

　　盧梭於次年一月受邀前往倫敦。為期數週內，兩人十分友好，相安無事。但不久後盧梭的疑心病就又犯了，既受不了英國知識份子的冷嘲熱諷，又懷疑休姆在暗地裡毀謗他。身邊好友勸他說他想太多了，盧梭卻依然執迷不悟。到了夏天，事情鬧得不可開交。休姆也火了，兩人漸行漸遠。

　　而在重拾抄譜舊活的同時，盧梭也完成了《懺悔錄》一書，但此書一直等到盧梭死後才於一七八二年問世。《懺悔錄》是文學史上最早、最有影響的自我暴露作品之一，書中毫不掩飾個人醜行，對後世影響深遠。盧梭的私人生活亦因此成為性研究的對象。

　　盧梭曾在《懺悔錄》裡提及，八歲時曾被女教師朗貝爾斯小姐打屁股，他說：「她老威脅著要處罰我們，我好怕；不過一旦真的被打後，我覺得好像又沒有我原先以為的那麼可怕了。最奇怪的是，處罰反而讓我感到比較高興，而比較不害怕。」因為「我從痛楚，從恥辱中，體會到肉體的快感」。可惜朗貝爾斯小姐好像發現處罰並未達到預期的效果，便說她打得很累，總共只打了兩次就罷手。而原本都跟女教師同睡的孩子們，也因「打屁股事件」而分房自個睡。「正是這種懲罰注定了我終生的品味、慾望和熱情。」盧梭在《懺悔錄》如此寫道。

　　雖然盧梭在書中並未明寫「光著屁股」挨打，但從《懺悔錄》繼續往下看，便可發現盧梭曾躲在黑暗的街頭，向陌生女子露出光溜溜的屁股，雖然他明知這是非常愚蠢的行為，但每次做時總會帶來無比的性滿足。孰不知「裸露的慾望」，正是一種招來責罰以得到性滿足的方式。由此可見，兒時的小盧梭應該是光著小屁股挨打的。而盧梭童年這段性早熟的小祕密，後來佛洛伊德告訴了我們原因──被虐待狂。

　　性格古怪、窮困潦倒、敏感異常卻又熱情奔放的盧梭，許多作為──跟誰都不合、暴露狂與被虐待狂、娶清潔婦為妻、棄五個親生子女於孤兒院而不顧、曾因被狗咬到而傳出死訊──都完全令人無法把他跟叱吒文壇、哲學領域的大師級人物形象相連結，但也正是這些矛盾，才使得盧梭更為迷人，盧梭才之所以為盧梭！

# 狄德羅
*Denis Diderot*

◆ 1713-1784，法國啟蒙思想家
◆ 《百科全書》

　　狄德羅出生於法國東北部的朗格勒，一七二八年，十五歲時才首度來到巴黎，從此只曾短暫離開過。

　　狄德羅在一七三二年前都在阿赫古中學 ⑳ 求學。但由於他違抗父令，一七三七年遭父親切斷經濟來源，接下來十幾年只好鬻文為生，舉凡家教、記者、文抄公（幫神父抄寫經文）、信客（幫目不識丁的人寫信）、英文翻譯，只要是靠搖筆桿掙錢過日子的活兒，狄德羅幾乎都做過。

　　一七四六年，有人請狄德羅翻譯一本錢伯斯（Ephraim Chambers）於一七二八年出版的英文百科全書，促使狄德羅萌發自己編寫一本的念頭，遂開始著手進行這個不怎麼有賺頭的浩大工作。沙龍主人吉奧弗林夫人（Mme Geoffrin）曾資助全套共二十八巨冊的《百科全書》一半的編輯費用。《百科全書，或科學、藝術和工藝詳解詞典》，通稱《百科全書》（*Encyclopédie, ou dictionnaire raisonné des sciences, des arts et des métiers*）直到一七六六年才終於完工。

　　一七四三年，狄德羅跟私定終身的妻子洗衣婦納奈特（Nanette）搬到聖維克多街 ㉑。一七四六年起分別住過長笛街 ㉒ 和穆夫塔街 ㉓，隨後又搬進艾斯特拉帕德街三號二樓 ㉔。

　　狄德羅於一七四九年鋃鐺入獄，被關在凡森監獄 ㉕ 的一百零三天內，盧梭經常去看望他。這兩人自一七四二年結識後就成為好友，友誼一直持續到一七五九年才戛然而止。而為

➊狄德羅的雕像坐落在聖日耳曼大道一四五號，就在他住了三十年的一五一號附近，也在麥德遜大飯店斜前方。

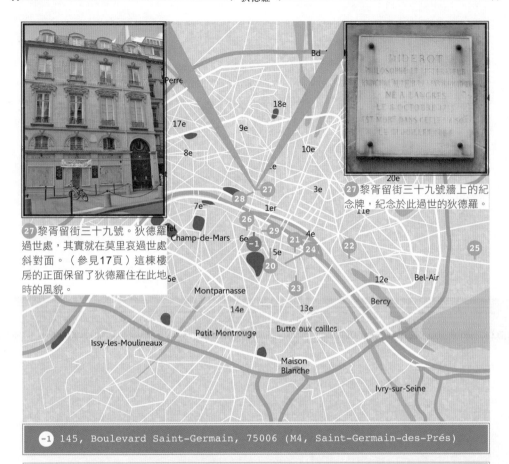

27 黎胥留街三十九號。狄德羅過世處，其實就在莫里哀過世處斜對面。（參見**17**頁）這棟樓房的正面保留了狄德羅住在此地時的風貌。

27 黎胥留街三十九號牆上的紀念牌，紀念於此過世的狄德羅。

-1 145, Boulevard Saint-Germain, 75006 (M4, Saint-Germain-des-Prés)

20 【舊】Collège Harcourt
　　【今】Lycée Saint-Louis. 44, Boulevard Saint-Michel, 75006 (M10, Cluny-La Sorbonne)

21 Rue Saint-Victor, 75005 (M10, Cardinal Lemoine)

22 Rue Traversière, 75012 (M1, M10, Gare de Lyon)

23 Rue Mouffetard, 75005 (M7, Place Monge)

24 3, Rue de l´Estrapade, 75005 (M10, Cardinal Lemoine)

25 Château de Vincennes. 75012 (M1, Château de Vincennes)

26 【舊】Rue Taranne
　　【今】151, Boulevard Saint-Germain, 75006 (M4, Saint-Germain-des-Prés)

27 39, Rue de Richelieu, 75001 (M7, M14, Pyramides)

28 161, Rue Saint-Honoré, 75001 (M1, M7, Palais-Royal)

29 Café Procope. 13, Rue de l´Ancienne-Comédie, 75006 (M4, M10, Odéon)

26 昔日的塔罕尼街約位於今日利普酒館附近。狄德羅在此住了近三十年。

了重獲自由，狄德羅答應不再違反宗教教義和良善道德。

　　一七五四到一七八四年，狄德羅在塔罕尼街落腳，並在此地住了長達三十年之久。當時他住在塔罕尼街某棟樓房的四樓和五樓。但塔罕尼街已為聖日耳曼大道貫穿，現已不存，狄德羅住過的樓房也被拆毀了，大約位置在今日的聖日耳曼大道一五一號，利普酒館現址附近26。

　　一七八四年，俄國女皇凱薩琳二世幫狄德羅在他生前最後一個居所安頓下來。凱薩琳二世為了讓狄德羅免於爬樓梯之苦，不但幫他找了一棟位於在皇家宮殿附近、黎胥留街三十九號27一樓的豪宅，甚至還幫他支付房租。

　　狄德羅相當喜歡皇家宮殿這一帶，他在《拉摩的姪兒》（*Le Neveu de Rameau*）一書中寫道：「不論陰晴，我都習慣在傍晚五點時分到皇家宮殿去逛逛。大家總看到我隻身一人，坐在阿戎松小巷的長凳上做夢。我自己跟自己談政治、談愛情、談品味或談哲學。」只可惜，狄德羅在黎胥留街三十九號只住了十二天便因中風一命嗚呼。

29 波蔻布咖啡館。十八世紀知識份子常在此聚會。

28 聖譽街一六一號，昔日攝政咖啡館所在地。攝政咖啡館是狄德羅生前最愛去沉思的地方。

29 波蔻布咖啡館牆上的紀念牌。

　　聖譽街一六一號的攝政咖啡館 28 是狄德羅生前最愛去沉思的地方。建立於一六八六年的波蔻布咖啡館 29 歷史悠久，是巴黎最古老的咖啡館之一，不但是十八世紀啟蒙時代各戰將的大本營（當然也包括狄德羅），也是十九世紀魏爾倫、繆塞的最愛。

## 薩德侯爵
### *Marquis de Sade*

◆ 1740-1814，法國情色文學作家
◆ 《索多瑪一百二十天》

　　一七四〇年六月二日，薩德出生於位在孔代街九號和十五號之間的孔代宅邸 ③⓪。十歲時進入路易大帝中學 ③① 就讀，隨後從軍，並加入一七五六年到一七六三年的七年戰爭。

　　一七六三年底，薩德首度因「言行過當」鋃鐺入獄，在凡森監獄 ③② 裡待了整整兩週。後來又於一七七七、一七七八和一七八四年，再度被關入凡森大牢。「被關在一座有十九道鐵門的高塔，陽光僅從兩扇小窗戶中透進去，每扇窗戶上有二十來根欄杆。」在牢裡，每個犯人都根據牢房號碼來稱呼，薩德住過六號牢房，從此以後成為「六號先生」。

　　薩德歷經凡森大牢的洗禮後來到巴士底監獄 ③③，先後被關在巴士底監獄自由塔第二層和第六層。話說巴士底監獄共有八座高塔，每座高塔都有五、六間牢房，一般都是八角狀，八邊每邊各長六、七公尺，高大約五公尺，外加設有三層欄杆的鐵窗。

　　一七八五年十月二十二日，薩德在巴士底監獄開始動筆，寫下首部重要著作《索多瑪一百二十天》（*Cent vingt journées de Sodome*）。這部充滿性愛奇想的小說於三十七天後大功告成，為了不被獄方沒收，薩德以蠅頭小字寫在長十一點五公分的紙上，共寫了三十三張紙，正反兩面，紙張則頭尾相連，全長十二公尺。

　　一七八九年七月二日中午時分，薩德緊挨著牢房窗戶向外高聲叫喊：「巴士底監獄會將犯人割喉、殺害犯人，快來救救我們！」典獄長一聽，認為「此人無藥可救」，當機立斷，緊急將薩德押解

③② 薩德住過的凡森監獄六號牢房。

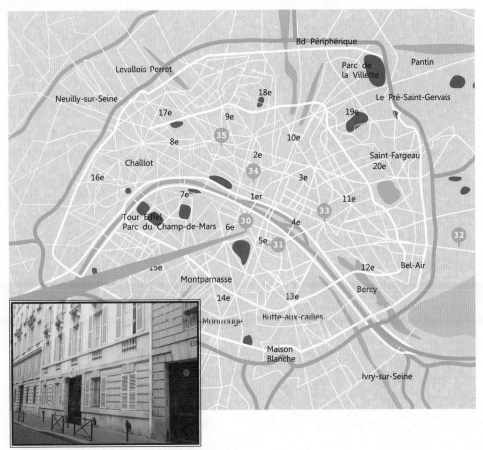

(30) 薩德出生的孔代宅邸，約在今日孔代街二十號對面。值得一提的是，一七六三到一七七三年間，《費加洛婚禮》的作者坡瑪榭就住在孔代街二十六號。今日該址為法蘭西信使出版社。

(30) 9-15, Rue de Condé, 75006 (M4, M10, Odéon)

(31) Lycée Louis le Grand. 123, Rue Saint Jacque, 75005 (M10, Cluny-La Sorbonne)

(32) Château de Vincennes. 75012 (M1, Château de Vincennes)

(33) Place de la Bastille. 75012 (M1, M5, M8, Bastille)

(34) 5, Rue du Bouloi, 75001 (M1, M7, Palais Royal-Musée du Louvre)

(35) 【舊】20, Rue Neuve des Mathurins

　　【今】20, Rue des Mathurins, 75009 (M3, M9, Havre-Caumartin)

移監到夏杭東精神病院。也因此當一七八九年七月十四日法國大革命爆發，熱血人民攻陷巴士底時，薩德侯爵並不在巴士底監獄中。

　　一七九〇年四月二日，薩德從夏杭東精神病院被釋放出來，年近五十的他因吃了十三年的牢飯而變胖許多，連「自己都不認得自己」。重獲自由後的薩德定居於巴黎，住過布羅瓦街五號，但當年的建築如今都已消失。而當時身無分文的他，也是接受了岳家的資助，才能有一個落腳之處（但舉發他並害他入獄的也是岳家）。

　　同年十一月，薩德與時年三十三歲的女伶康絲譚思（Constance Quesnet）住進當時稱為瑪杜罕新街的瑪杜罕街二十號 ③⑤。

　　薩德與康絲譚思在此住了不少年歲，康絲譚思一路相伴，直到薩德逝世為止。

　　而一直到一八一四年十二月二日薩德於夏杭東精神病院過世之前，他仍陸陸續續進出了監獄好幾回。

　　一八三四年，薩德的姓氏「sade」被收入字典，成為被虐待狂「sadisme」代名詞。針對薩德因行為不檢被判有罪而鋃鐺入獄一事，西蒙波娃如此評論：「進去時是個普通人，出來時成了個作家。」薩德的作品一直遭禁，一九六〇年才終於得以出版。

③⑤薩德與康絲譚思共同生活的瑪杜罕街二十號。

# 巴士底監獄＆凡森城堡

啟蒙大將伏爾泰和狄德羅都吃過巴士底監獄和凡森監獄的牢飯，同時期的另號人物，特立獨行、「淫穢敗德」的薩德侯爵就更不用說了。以下是這兩座監獄的超級比一比。

## 巴士底監獄

巴士底監獄興建於十四世紀，原為軍事堡壘，十七、十八世紀時專門關押政治犯及權貴子弟，例如路易十四時的「鐵面人」（相傳為路易十四的雙胞胎兄弟）、路易十五時的伏爾泰。薩德侯爵則於路易十六統治時期先後被關在自由塔第二層和第六層。

**A** 由原巴士底監獄的石頭製成的巴士底監獄模型。

一七八九年七月十四日，巴黎人民為了尋找火藥而找上巴士底監獄，沒想到卻陰錯陽差改寫了法蘭西歷史，「推翻」了帝制。孰不知「攻陷巴士底」此一歷史名詞並不如一般人想像得那般可歌可泣。事實上當天獄中僅有七名囚犯，其中還包括兩位精神病患，後來花了好一番功夫才把他們請進別座大牢。

巴士底被攻陷後隔天便開始遭受毀壞和拆除的命運，現已不復存在。拆下來的石頭大多拿來作為搭蓋協和橋 **B** 的建材，或被商人當成紀念品販賣。

**B** 協和橋。

一九八二年密特朗執政時期，在巴士底監獄原址興建歌劇院。卡爾納瓦萊博物館則藏有許多珍貴的巴士底監獄歷史遺產。

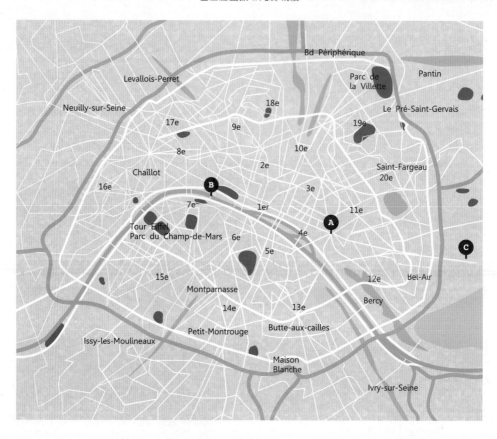

C 凡森城堡主塔，高二十五公尺。

C 皇后閣。路易十四母后「奧地利的安妮」的寢宮。

C 凡森監獄戒備森嚴，插翅也難飛出這三層欄杆的牢籠。

## 凡森城堡 C

　　凡森城堡位於巴黎東郊，一一五〇年時原本為狩獵行宮，一一八〇年才成為正式的皇家行宮。曾是法國皇家軍事堡壘，也是法國現存占地面積最大的皇家城堡。

　　一六四八年的投石黨之亂後，樞機主教馬薩林（Jules Cardinal Mazarin）差人在城堡南側一樓建造了國王閣與皇后閣。但雖然說是皇后閣，其實應該是皇太后閣，因為一直被路易十四的母后奧地利的安妮（Anne d'Autriche）作為寢宮之用。路易十四遷往凡爾賽宮之前，約莫在一六七〇年左右，也在此住過一小陣子。

　　十八世紀時，凡森城堡變成瓷器工廠，後來又成為國家監獄。伏爾泰、狄德羅和薩德，都曾被關押於主塔之中。主塔高五十二公尺，至今依然傲視全歐。薩德先後於一七七七、一七七八到一七八四年被關在此地，後來才移監至巴士底監獄。

　　二〇〇七年主塔完成整修，重新開放參觀，狄德羅和薩德曾經待過的牢房也因此重見天日。

# 斯塔埃勒夫人
*Madame de Staël*

◆ 1766-1817，法國女小說家、隨筆作家
◆ 《論文學》、《論德國》
◆ 法國浪漫主義先驅

斯塔埃勒夫人的父親為銀行家，她於一七六六年在瑪黑區的米榭伯爵街二十八號出生 ⑬。二十歲時，斯塔埃勒夫人嫁給比她年長十七歲的瑞典駐法大使為妻，成為男爵夫人，兩人於一七九七年住進里爾街六十四號 ⑭。但事實上，婚後兩人感情不睦，斯塔埃勒夫人不時獨自住在巴克街九十四號 ⑮。基本上從一七八六到一七九八年，她都住在巴克街。

斯塔埃勒夫人和丈夫分居期間，感情生活依然多彩多姿，其中又尤以跟康司坦（Benjamin Constant）的關係最為熱烈。斯塔埃勒夫人這位閨中密友絕非等閒之輩，康司坦不但是位政治家，一八一六年那本描寫姊弟戀的名著《阿道爾夫》（*Adolphe*）亦出自他之手。

斯塔埃勒夫人在一八○○年出版《論文學》（*De la littérature*），此書讓她獲得思想家和藝文理論批評家的美譽，也推動了浪漫主義運動的興起。《論文學》不但是法蘭西十九世紀浪漫主義的濫觴，亦形成了一個國家的文學是由政治社會環境所造就的理論。在當時的巴黎，斯塔埃勒夫人主持的沙龍可謂舉足輕重，對社會人士有極大影響。由於她對拿破崙極為反感，在第一部小說《黛爾芬》（*Delphine*）一八○二年付印後，遭到拿破崙下令不得靠近巴黎方圓四十里內。而被驅逐的結果是，斯塔埃勒夫人不僅離開巴黎四十里，甚至兩度遠赴德國旅行，並結識了詩人席勒（Friedrich von Schiller）和作家歌德（Johann Wolfgang von Goethe）。

隨著對德國認識漸深，斯塔埃勒夫人著手撰寫《論德國》（*De l'Allemagne*），於一八一三年在倫敦出版，將德國文學、藝術與哲學介紹給法國人認識，對法國浪漫主義運動的發展至為重要，從而成為將北方文學介紹給南方法蘭西的第一人。斯塔埃勒夫人也是第一個將「浪漫」這個名詞用在文學上的人。她曾經說過：「北方文學是古典的，南方文學是浪漫的。」一八一七年七月四日，斯塔埃勒夫人過世於瑪杜罕街四十號 ⑯。

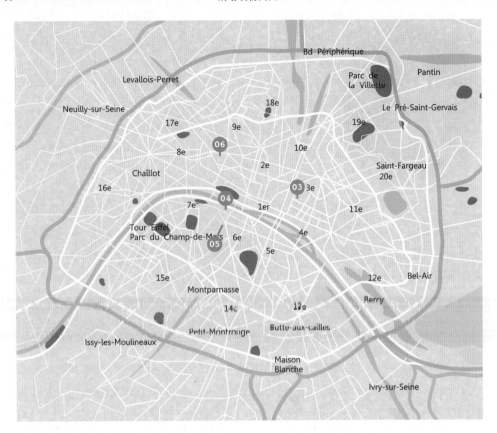

# 夏朵布里昂
*François-René de Chateaubriand*

◆ 1768-1848，法國浪漫主義作家、政治家、外交家
◆ 《基督教真髓》、《勒內》、《墓外回憶錄》

　　弗朗索瓦－勒內‧德‧夏朵布里昂的老家位於法國南部的聖馬洛，但他在法國大革命前就已經來到巴黎，住在搥球場街九號的歐洲旅館 ❼。後因大革命爆發，身為貴族的夏朵布里昂遂遠揚至新大陸，直到一七九二年路易十六遭到逮捕後，才重新回到巴黎，並於同年結婚。婚後不久旋即出走布魯塞爾和倫敦。

　　原來，夏朵布里昂跟富家女塞蕾絲特的婚事並非你情我願，而是遭到安排、有所求的「白婚姻」，婚事由夏朵布里昂的哥哥一手安排，原因自然是女方家底豐厚。然而，雖然夫妻之間關係並不密切，夏朵布里昂婚後還數度與其他女子發生風流韻事（其中最知名的莫過於相識相交達三十年之久的紅粉知己瑞卡蜜耶夫人，參見58頁），但塞蕾絲特始終對他保持忠誠，兩人也一直沒有離婚，並一同度過晚年，直到一八四八年塞蕾絲特過世為止。

　　夏朵布里昂因為自幼在龔堡養成的陰鬱性格，其小說和遊記都充滿了憂傷。他的《阿大拉》（*Atala*）寫於一八〇一年，傑作《基督教真髓》（*Le Génie du Christianisme*）則寫於一八〇二年，兩書都可謂法蘭西十九世紀浪漫主義的濫觴。而他在過了幾年以教授法文及以翻譯為生的苦日子後，終於在一八〇三年受到拿破崙賞識，成為法國駐羅馬大使館祕書。

❽波納街五號，絲毫不見昔日法蘭西旅館的蹤影。一八〇四年夏朵布里昂曾入住。

　　一八〇四年，夏朵布里昂住在波納街五號的法蘭西旅館 ❽。一八〇四到〇五年則住在米霍梅尼爾街三十一號 ❾。

　　一八〇五年，幾乎可說是夏朵布里昂自傳的《勒內》（*René*）單行本印行，這本小說的行文蘊涵詩意，詞藻華麗，感染力強，一出版立即蔚為風行。當時的人深

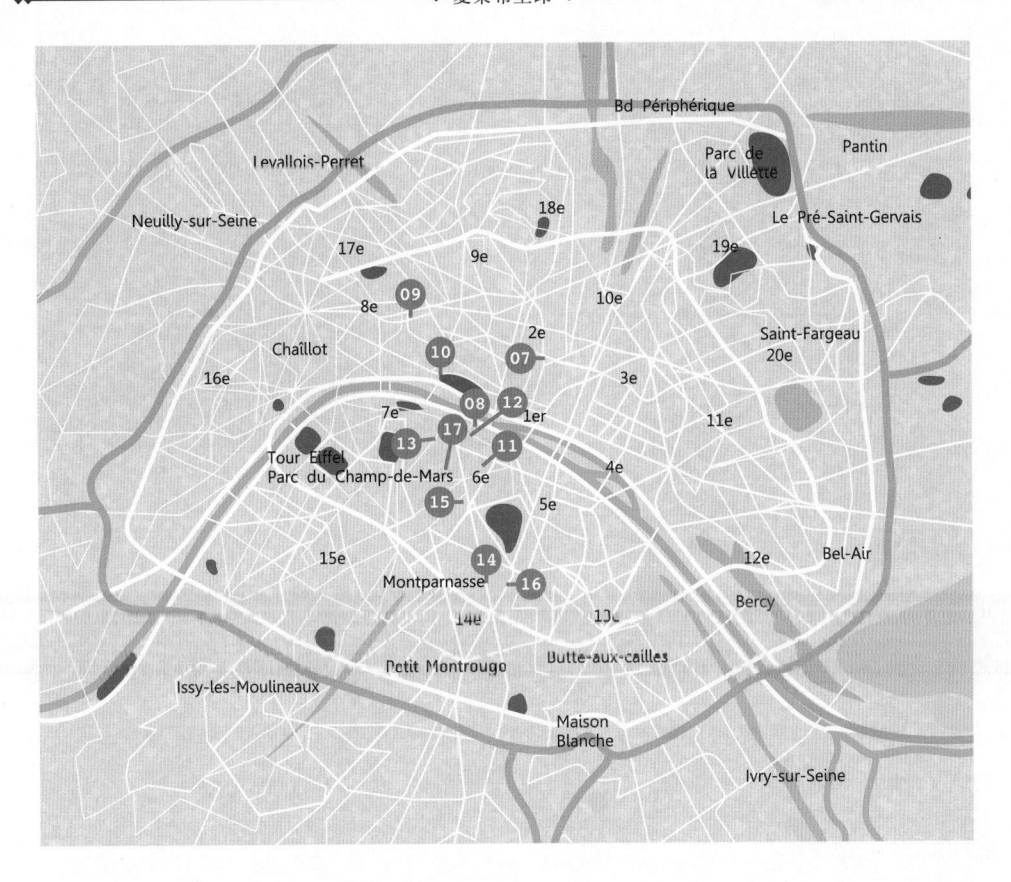

07 9, Rue du Mail, 75002 (M3, Bourse)

08 5, Rue de Beaune, 75007 (RER C, Musée d'Orsay)

09 31, Rue de Miromesnil, 75008 (M9, M13, Miromesnil)

10 2, Place de Concorde, 75001 (M1, M8, M12, Concorde)

11 63, Rue des Saints-Pères, 75006 (M4, Saint-Germain-des-Prés)

12 25, Rue de l'Université, 75007 (M12, Solférino)

13 27, Rue Saint-Dominique, 75007 (M12, Solférino)

14 261, Boulevard Raspail, 75014 (M4, M6, Raspail)

15 Hôtel de Beaune. 7, Rue du Regard, 75006 (M12, Rennes)

16 【舊】Rue d'Enfer

【今】88, Rue Denfert-Rochereau, 75014 (M4, M6, Denfert-Rochereau)

17 120, Rue du Bac, 75007 (M10, M12, Sèvres-Babylone)

⑬聖多明尼克街二十七號。雨果從小就把夏朵布里昂當成偶像,十四歲時還曾經說過:「我要當夏朵布里昂,不然就什麼都不要。」一八二〇年夏朵布里昂便在此地接待時年十八的雨果。(參見68頁)

⑨米霍梅尼爾街三十一號,夏朵布里昂一八〇四到〇五年的住所。

感命運殘酷,生命無可留戀,夏朵布里昂的憂傷情調因此立即成為十九世紀「世紀病」的最佳代言人,自傳體小說《勒內》遂成浪漫派「範本」。

而在一八〇五到一八〇七年這段期間裡,夏朵布里昂住在協和廣場二號⑩。一八一一到一八一四年他在巴黎的落腳處變成了聖父街六十三號的瓦萊特旅館⑪。一八一七年,他又住到了大學街二十五號⑫。一八二〇年則搬入聖多明尼克街二十七號⑬,並在此地接待當時才十八歲的「粉絲」雨果。

另一方面,夏朵布里昂的夫人塞蕾絲特於一八一九年在哈斯拜耶大道二六一號⑭成立了瑪麗-德蕾莎診療所。如今現址已成為卡地亞當代藝術基金會所在地,但一八二五年夏朵布里昂親手栽下的黎巴嫩雪松,迄今依然矗立院中。

一八二五到一八二六年間,夏朵布里昂住在觀測孔街七號的波納宅邸⑮。但隨後又與夫人搬到當時稱為地獄街的丹費爾-羅什洛街八十八號⑯,一直住到一八三八年。

而自從拿破崙政權覆滅後,夏朵布里昂便先後外派至德、英、義等國當大使,並於一八二三到一八二四年擔任法國外交部長。但一八三〇年卸下公職後,其浪漫派大將的位階已遭雨果和拉馬丁等後起之秀占據。夏朵布里昂鬱鬱寡歡之餘,著手撰寫自傳《墓外回憶錄》(*Mémoires d'outre-tombe*),並從一八三四年起陸續拿給紅粉知己瑞卡蜜耶夫人看。

⑭哈斯拜耶大道二六一號。夏朵布里昂近一百九十年前親手栽下的雪松。

⑮觀測孔街七號的波納宅邸紀念牌，上刻：「一八二三到一八二四年的外交部長夏朵布里昂，於一八二五到一八二六年住過這裡」。

⑮觀測孔街七號的波納宅邸。夏朵布里昂一八二五到二六年的住所。

　　一八三八年八月，夏朵布里昂搬進巴克街一二〇號⑰，入住靠院子最裡面左手邊的公寓，自傳《墓外回憶錄》大部分便是在此地完成的。儘管當時他經濟拮据，依然堅持生前不出版回憶錄以賺取花用的原則。（另有一說：回憶錄原計畫在他死後出版，但一直糾纏著夏朵布里昂的貧困，使他不得不提早賣掉版權）。

　　夏朵布里昂在一八四八年於巴克街辭世。《墓外回憶錄》則一直到一八四九到一八五〇年際才出版。

# 瑞卡蜜耶夫人
*Madame Récamier*

◆ 1777-1849，名沙龍女主人

---

　　瑞卡蜜耶夫人是十九世紀的沙龍名媛，也是夏朵布里昂長達三十幾年的紅粉知己。她婚前與父母同住在聖父街十三號❶❽，直到一七九三年出閣為止。

　　十八世紀末（1795-1799）的法國督政府期間，出閣後的瑞卡蜜耶夫人率先將家中裝飾成古羅馬伊特魯里亞式風格，自己則穿上希臘式服裝。她這些作法對後來十九世紀初拿破崙帝國時期所流行的偏好古典品味，扮演著極重要的角色。

　　一八一九到一八四九年間，瑞卡蜜耶夫人在林木隱修院（現已拆毀，原位於今日的露德希亞大飯店對面）主持沙龍，吸引了當時的精英份子上門，夏朵布里昂、巴爾札克、拉馬丁、聖伯夫、雨果、繆塞、斯湯達爾等人，都是瑞卡蜜耶夫人的座上賓。其中又以夏朵布里昂最為積極，每天下午準時報到，並拿《墓外回憶錄》的初稿讓她先睹為快。

　　一八四八年夏朵布里昂逝世，次年五月十一日，瑞卡蜜耶夫人亦於小田野街十四號❶❾離開人世，安葬於蒙馬特墓園第三十區。

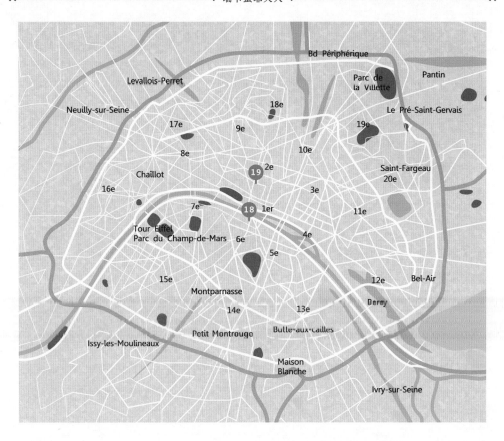

18 13, Rue des Saints-Pères, 75006 (M12, Rue du Bac)

19 14, Rue des Petits Champs, 75002 (M7, M14, Pyramides)

# 拉馬丁
*Alphonse de Lamartine*

◆ 1790 – 1869，法國浪漫派抒情詩人
◆ 《沉思集》

　　阿爾封斯‧德‧拉馬丁出生於貴族家庭，在寧靜的勃艮地度過童年，喜愛《聖經》和夏朵布里昂等人的浪漫主義作品。事實上，拉馬丁跟夏朵布里昂的經歷頗為雷同，兩人同是職業政治家，都曾外放義大利當外交官，也都曾官拜法蘭西外交部長，後來也都退出政壇專心筆耕，並在文學上大放異彩。

　　拉馬丁的詩歌語言樸素、節奏鮮明，但情調低沉悲觀。他藉名篇〈湖〉（Le Lac）歌頌愛情、死亡、大自然和上帝，抒發孤獨、憂鬱、失望的個人情緒，充滿了悲傷、無奈和對淒美往事的追憶之情，與法國文壇自十六世紀以來以理性為依歸、壓抑感性的文風截然不同，首開法國浪漫派詩歌先河，被視為劃時代作品。其中又以一八二〇年予人輕靈、飄逸、朦朧美感的《沉思集》（*Méditations poétiques*）為代表作。而這位一生著作甚豐（共計堂堂一百二十七卷）的文學家，更深深影響了後輩雨果、喬治桑、維尼等浪漫派大將。

　　拉馬丁在巴黎住過好幾個地方：一八一九年住在聖奧古斯丁街三十四號 **20**。一八三六年入住聖吉庸姆街十六號 **21**。一八三七到一八五三年住在大學街八十二號 **22**，並常在此接待文壇同好和政壇同儕，還在此受命為「二月革命」臨時政府的外交部長。話說當時，當革命份子想將代表法蘭西精神的紅白藍三色旗換掉，在市政廳升上象徵革命的紅色旗幟時，拉馬丁慷慨陳詞：「我拚死也不接受這面沾滿血跡的旗幟，而且你們比我更應該揚棄它：因為這面你們自己帶來的紅旗，從沒繞行過戰神廣場，從沒浸染過一七九一年和一七九三年人民的鮮血，但三色旗卻在全世界飄揚，彰顯著祖國榮光和自由的聲名！」在場群眾聽了這場鏗鏘有力、激動人心的演說，無一不被打動，換旗風波遂告和平落幕。

　　一八四八年，拉馬丁搬到圖爾農街四號的蒙莫朗西宅邸 **23**。一八五三到一八五四年則住在主教城街三十一號 **24**。一八六九年改住康巴塞爾街九號 **25**，並於二月二十八日因中風辭世。

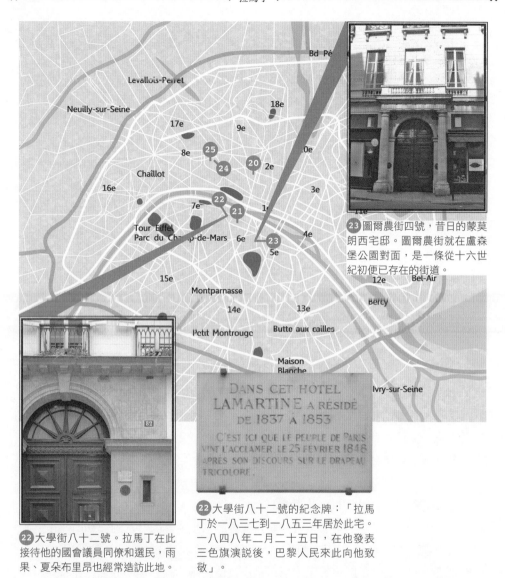

23 圖爾農街四號，昔日的蒙莫朗西宅邸。圖爾農街就在盧森堡公園對面，是一條從十六世紀初便已存在的街道。

22 大學街八十二號的紀念牌：「拉馬丁於一八三七到一八五三年居於此宅。一八四八年二月二十五日，在他發表三色旗演說後，巴黎人民來此向他致敬」。

22 大學街八十二號。拉馬丁在此接待他的國會議員同僚和選民，雨果、夏朵布里昂也經常造訪此地。

20 34, Rue Saint-Augustin, 75002 (M3, Quatre Septembre)

21 16, Rue Saint-Guillaume, 75007 (M12, Rue du Bac)

22 82, Rue de l´Université, 75007 (M12, Solférino)

23 Hôtel de Montmorency. 4, Rue de Tournon, 75006 (M4, M10, Odéon)

24 31, Rue de la Ville-l´Evêque, 75008 (M9, M13, Miromesnil)

25 9, Rue Cambacérès, 75008 (M9, M13, Miromesnil)

# 維尼
*Alfred de Vigny*

◆ 1797-1863，法國詩人

阿爾弗萊德‧德‧維尼出身於貴族家庭，他雖然也寫小說，但主要是以思想悲觀的哲理詩作著稱於世。

維尼生活在資本主義盛行的社會裡，眼見貴族階級日趨衰落，生活上又屢遭挫折，從而對人生感到失望。也因此，他的一生可說是如假包換的浪漫派，一言以蔽之：悲觀，其詩歌、小說、戲劇作品中充斥著憂傷，帶有極深刻的斯多葛禁慾主義色彩。

維尼於一八一一年起在波拿巴中學㉖寄讀。一八一四年，棄文從武，投身於路易十三軍隊麾下，開始在各地駐軍的生活。軍旅生活對維尼日後的寫作影響甚巨。維尼一八二〇年首度出版詩集，並結識了雨果，從此經常參與雨果主持的以文會友活動「文廳」。

跟拉馬丁一樣，維尼同樣娶英國人為妻。這位英國妻子雖然激起了維尼翻譯莎士比亞詩詞的興味，但她本人卻對文學興趣缺缺。兩人婚後先後住過主教城街四十一號㉗與米霍梅尼爾街三十號㉘。

一八三一到三二年，夫婦倆搬到安茹聖響街二十號，即今日的安茹街二十六到二十八號㉙，但此時的維尼已經跟名伶瑪麗‧多爾瓦（Marie Dorval）暗通款曲了好幾個月。一八三二年底，維尼還另租金屋以便藏嬌。風姿綽約的瑪麗在當時可說是顛倒眾生，除了男性為她的風采所迷惑，後來甚至還跟喬治桑傳出戀情。正由於瑪麗與許多浪漫派大將關係密切，她也成為演繹浪漫主義戲劇最理所當然的名伶。

一八五三年，維尼改迷上女詩人柯萊（Louise Colet），此妹樣貌秀麗又有文采，與多位文學家均過從甚密，除了維尼，福樓拜、繆塞也曾是她的入幕之賓。

一八三三到一八三八年，維尼夫婦入住阿爾鐸馬廄街三號㉚。一八三八年則搬到同條街上的六號，即今日的阿爾鐸街六號㉛，並在六號住了二十五年，直到維尼於一八六三年九月十七日因胃癌過世為止。

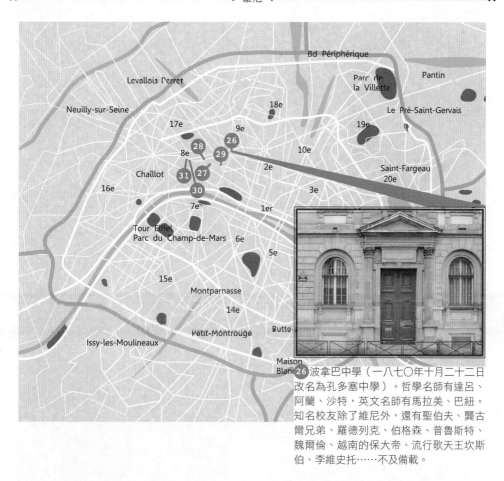

26 波拿巴中學（一八七〇年十月二十二日改名為孔多塞中學）。哲學名師有達呂、阿蘭、沙特，英文名師有馬拉美、巴紐。知名校友除了維尼外，還有聖伯夫、龔古爾兄弟、羅德列克、伯格森、普魯斯特、魏爾倫、越南的保大帝、流行歌天王坎斯伯、李維史托……不及備載。

26 【舊】Lycée Impérial Bonaparte
　　【今】Lycée Condorcet. 8, Rue du Havre. 75009 (M3, M12, M13, M14, Saint-Lazare)
27 41, Rue de la Ville-L´Evêque, 75008 (M9, M13, Miromesnil)
28 30, Rue de Miromesnil, 75008 (M9, M13, Miromesnil)
29 【舊】20, Rue Anjou-Saint-Honoré
　　【今】26-28, Rue d´Anjou, 75008 (M9, Saint-Augustin)
30 【舊】3, Rue des Ecuries d´Artois
　　【今】3, Rue d´Artois
31 【舊】6, Rue des Ecuries d´Artois
　　【今】6, Rue d´Artois, 75008 (M9, Saint-Philippe-du-Roule)

# 雨果
## *Victor Hugo*

◆ 1802-1885，法國詩人、劇作家、小說家、散文家、政論家和文藝理論家
◆ 《鐘樓怪人》、《悲慘世界》

　　法國大文豪維克多・雨果從少年一路得志到老年，相關文獻眾多，再加上他又活了堂堂八十三載，在巴黎可謂處處留下印記。雨果從少小到歸夫，光在巴黎一地就搬了不下二十來次的家，足可寫成厚厚一本「巴黎搬家史」！

　　雨果的老家在法國東部的柏桑松，父親是拿破崙麾下的將軍。一八〇四年，雨果的父親要妻子帶三個兒子北上巴黎，當時雨果才兩歲，是家中么子。一家子在當時的克利希街二十四號安頓了下來，並從一八〇四年住到一八〇七年十二月。

　　而根據七十年後雨果自己的說法，這棟房子後來因為興建克利希廣場而拆除了，舊址相當於今日的克利希街三到五號 ㉜ 一帶。小雨果當年還到附近的白朗峰街上學，約莫於今日的安丹堤道路 ㉝，上的應該是托兒所之類的學校。

・雨果之家收藏的雨果銅雕半身像正面。

　　關於雨果一家人在巴黎的第一個正式落腳處克利希街，雨果的么女阿黛兒於一八六三年出版的《雨果一生的見證人口中的雨果》（*Victor Hugo raconté par un témoin de sa vie*）第四章〈出生〉提到：「雨果記得屋裡有個院子，院子裡有口井，井旁有個水槽，水槽上方有株垂楊柳。他母親送他到白朗峰街去上學。因為當時他還很小，所以大家都特別照顧他。早上先送他到學校老師羅絲小姐房裡，羅絲小姐經常都還在床上，叫他坐在她床邊。她起床的時候，他就坐在床邊看她穿絲襪。」

　　順便提一下阿黛兒（Adèle Hugo）。阿黛兒跟雨果的妻子同名，是雨果五名子

女中唯一比他長壽的孩子。阿黛兒美麗聰慧，對鋼琴尤有天賦，但一八四三年姊姊蕾歐波汀妮（Léopoldine Hugo）被水淹死的意外一直在她心中糾纏。阿黛兒後來痴戀某位英國上尉，可惜流水無情，感情並不順遂，終至瘋病纏身，於一八七二年被雨果送進精神病院，最終病逝於醫院裡。一九七五年，楚浮導演的《巫山雲》（L'Histoire d'Adèle H.）講的就是阿黛兒的故事。

一八〇七年十二月，雨果的母親帶著三個兒子前往義大利與雨果的父親會合，直到一八〇九年二月才又回到克利希街的家。隨即搬入聖雅克街二五〇號 ㉞ ，但只小住了一陣子。

一八〇九年，雨果的母親帶著三個分別為十一歲、九歲和七歲的孩子，搬進位於千葉巷十二號一樓，也就是今日千葉街八號的寬敞大公寓 ㉟ 。這間公寓綠意盎然的大花園令雨果記憶深刻，啟發他日後寫下許多懷舊又浪漫的詩詞。

在 八〇九年六月到 八 二年十二月住在千葉巷的這段期間裡，雨果認識了比他小一歲的鄰家女孩阿黛兒‧弗榭（Adèle Foucher），初嚐愛情滋味。阿黛兒後來也成為雨果夫人。

一八一三年年底，母子四人繼千葉巷之後，又搬到當時的老磚瓦廠街二號一樓的公寓，亦即今日的謝爾什－米迪街四十四號 ㊱ 。這間公寓為路易十五風格，也就是洛可可風，工藝精湛、重裝飾藝術，尤以細木家具著稱。阿黛兒一家則住在雨果家斜對面。一八一四年新年，雨果將他的第一首詩獻給住在樓上的鄰居呂寇特（Lucotte）將軍，一家人則在老磚瓦廠街住到一八一四年六月為止。

一八一五年二月，因為當時雨果父母親的感情出了狀況，父親便將么兒小雨果跟二兒子厄簡尼（Eugène）暫時托給他們的阿姨照管。兄弟兩人在二月十日來到聖瑪格麗特街四十一號、今日勾茲蘭街一帶 ㊲ 的科迪耶當寄宿生，每天則前往路易大帝中學 ㊳ 上學。據雨果的女兒阿黛兒說，雨果大約就是從這個時期開始正式寫詩的。一八一六年七月，時年十四歲的雨果在日記上寫到：「我要當夏朵布里昂，不然就什麼都不要。」

一八一八年二月，離婚官司將兄弟三人判給雨果的母親。同年九月，兄弟脫離寄宿生生涯，搬去小奧古斯丁街十八號三樓與母親同住，也就是今日的波拿巴路 ㊴ 。母子四人在這裡住了兩年多，直到一八二一年一月。

一八一九年四月二十六日，維克多在阿黛兒家中的後花園向她告白，兩人許下非君莫嫁非卿不娶的山盟海誓，但雙方家長（尤其是雨果的母親）都不贊成。雨果在一八一九年十二月寫了第一首情詩送給阿黛兒，詩中最後一句：「我應該是愛上

⑬ 27, Rue Saint-Dominique, 75007 (M12, Solférino)

㉜ 【舊】24, Rue de Clichy

　 【今】3-5, Rue de Clichy, 75009 (M12, Trinité-d´Estienne d´Orves)

㉝ 【舊】Rue du Mont-Blanc

　 【今】Rue de la Chaussée-d´Antin, 75009 (M7, M9, Chaussée d´Antin
　　　 La Fayette)

㉞ 250, Rue Saint-Jacques, 75005 (RER B, Luxembourg)

㉟ 【舊】12, Impasse des Feuillantines

　 【今】8, Rue des Feuillantines, 75005 (RER B, Port-Royal)

㊱ 【舊】2, Rue des Vieilles Tuileries

　 【今】44, Rue du Cherche-Midi, 75006 (M10, M12, Sèvres-Babylone)

㊲ 【舊】41, Rue Sainte-Marguerite

　 【今】Rue Gozlin, 75006 (M4, Saint-Germain-des-Prés)

㊳ Lycée Louis le Grand. 123, Rue Saint Jacque, 75005 (M10, Cluny-La
　 Sorbonne)

㊴ 【舊】18, Rue des Petits-Augustins

　 【今】18, Rue Bonaparte, 75006 (M4, Saint-Germain-des-Prés)

㊵ 10, Rue de Mézières, 75006 (M4, Saint-Sulpice)

㊶ 30, Rue du Dragon, 75006 (M4, Saint-Sulpice)

㊷ 39, Rue du Cherche-Midi, 75006 (M4, Saint-Sulpice)

㊸ 88, Rue de Vaugirard, 75006 (M4, Saint-Placide)

㊹ 【舊】11, Rue Notre-Dame-des-Champs

　 【今】Entre le 23 et le 35 de la Rue Notre-Dame-des-Champs, 75006
　　　 (M12, Notre-Dame-des-Champs)

㊺ 9, Rue Jean Goujon, 75008 (M1, M9, Franklin D. Roosevelt)

㊻ 【舊】6, Place Royale

　 【今】6, Place des Vosges, 75004 (M1, Saint-Paul)

㊼ 35, Rue de l´Echiquier, 75010 (M8, M9, Bonne Nouvelle)

㊽ 50, Rue des Tournelles, 75003 (M8, Chemin Vert)

㊾ 14, Rue Sainte-Anastase, 75003 (M8, Saint-Sébastien-Froissart)

㊿ 5, Rue de l´Isly, 75008 (M3, M12, M13, M14, Saint-Lazare)

51 37, Rue de la Tour-d´Auvergne, 75009 (M2, Anvers)

52 Rue Rodier, 75009 (M2, Anvers)

53 5, Avenue Frochot, 75009 (M2, M12, Pigalle)

54 Rue de Navarin, 75009 (M12, Saint-Georges)

55 Rue Laffitte, 75009 (M8, M9, Richelieu-Drouot)

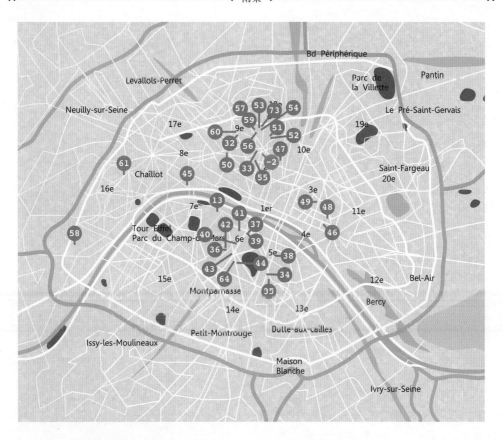

妳了，我該躲開妳的！」道盡青少年雨果對愛情既期待又怕受傷害的矛盾心情。

住在小奧古斯丁街時，雨果最崇拜的偶像夏朵布里昂就住在不遠處的聖多明尼克街二十七號 ⓭，雨果還於一八二〇年親自登門拜訪。（參見56頁）然而，根據他在一八七一年的回憶：「為了蓋美術學校的校園，我跟母親、哥哥住的小奧古斯丁街十八號被拆掉了。」

後來，由於雨果的母親身體不適，希望住有小花園的房子，母子四人便於一八二一年一月再度搬家。這回搬到梅濟埃荷街十號 ⓰ 。但雨果的母親仍於同年六月撒手人寰，父親也於不到一個月內的七月再婚。到了十月，雨果跟哥哥厄簡尼大吵一架，遂搬到龍街三十號 ⓱ 跟表哥同住。

另一方面，也是在一八二一年，法王路易十八看到十九歲的雨果寫的《頌詩集》（*Odes et poésies diverses*），甚為折服，特許雨果每年一千法郎的年金以茲鼓勵。雨果的偶像夏朵布里昂則稱讚他是個「了不得的孩子」。

到一八二二年十月為止，雨果都在龍街三十號跟表哥同住，兩人住在頂樓四樓、僅一房一廳，房間小到幾乎擺不下兩張床。「表兄弟兩人共用一個衣櫃，不過已經太夠用了，對總共只有三件襯衫的雨果來說，綽綽有餘。」女兒阿黛兒回憶。

⓱ 龍街三十號，雨果於一八二一年搬入。

⓲ 一八二二到一八二四年，新婚的雨果大約住在這一帶。

一八二二年十月，雨果終於跟青梅竹馬的阿黛兒在聖緒皮斯教堂完婚。結婚當天就搬入女方家，謝爾什－米迪街三十九號與岳父母同住，可惜該棟建物因為後來的哈斯拜耶大道穿過而遭拆除，應為今日的謝爾什－米迪街和哈斯拜耶大道路口一帶 ⓲。

小倆口在謝爾什－米迪街一直住到一八二四年三月為止，雨果在此地發表了《克倫威爾》（*Cromwell*）韻文劇本。婚後九個多月，長子出生，可惜不到三個月

便告夭折。一八二三年，雨果完成了第一本小說《冰島兇漢》（*Han d'Islande*），兩人也終於有能力搬出去自己住。

一八二四年三月到一八二七年春，雨果夫婦搬入沃吉哈路九十號、也就是今日的沃吉哈路八十八號 ❹。他們住在這棟樓房的二樓，家中共有六間廳室，一年租金為六百二十九法郎。但這棟房子後來為了開闢罕內街而遭摧毀，現已不存。

一八二四年八月二十八日，長女蕾歐波汀妮出生。當時的雨果完全就是一副心滿意足的好丈夫、好爸爸的幸福模樣。他在一封寫給維尼的信中透露自己的心情：「我留在家裡，搖著我女兒，身旁有我太太這個天使為伴，我好快樂。」當時維尼、拉馬丁和聖伯夫也住在同一條街上的九十四號，是雨果家的常客。

隨著兒子夏爾於一八二六年十一月三日出生，雨果一家人決定搬到更寬敞的地方，遂於一八二七年四月在離盧森堡公園很近的田野聖母街租了一棟樓房，搬入田野聖母街十一號，也就是今日的田野聖母街二十三和三十五號之間 ❹。雨果一家四口在這裡住到一八三〇年五月，可惜他們住過的房子已因開闢哈斯拜耶大道而遭摧毀。

雨果的父親於一八二八年初過世，次子則於十月出生。一八二八到一八三〇年間，雨果的好友聖伯夫就住在附近的田野聖母街十九號 ❻，兩家人成為好鄰居，聖伯夫跟雨果夫人更因此談了一場柏拉圖式戀愛。（參見76頁）

這段期間也是雨果創作的旺盛期，除了詩作結集成《頌歌與民謠集》（*Odes et Ballades*）於一八二八年出版，隔年還出版了《東方集》（*Orientales*）和對判決死刑加以譴責的《死刑犯的最後一天》（*Le Dernier jour d'un condamné*），同時並著手草擬被視為是浪漫主義運動宣言的《克倫威爾》序言。雨果在這篇長序中提到，戲劇應打破「三一律」的束縛，旨於表現新思想，藝術的真實應高於現實的真實，成為反映生活的鏡子。

一八二九年八、九月間，雨果忙於《艾那尼》（*Hernani*）一劇。一八三〇年二月，《艾那尼》在法蘭西劇院上演，造成轟動。以戈蒂耶為首的浪漫派刻意身著奇裝異服，在演出過程中與保守派展開激烈爭論。藝文界熱烈擁戴雨果，不論作家、詩人、畫家、雕刻家、音樂家都跳出來聲援，大家齊心協力為「藝術自由」而鬥爭，雨果由此成為浪漫派的當然領袖，是為法國文學史著名的「艾那尼之戰」。

《艾那尼》演出大獲全勝，文友爭相造訪，維尼、大仲馬、繆塞、巴爾札克和梅里美，甚至連畫家德拉克洛瓦都是常常造訪雨果家的老面孔。但正因為賓客盈門，絡繹不絕，引起住在樓下的房東不滿，終於在一八三〇年二月下達最後通牒，

• 得到路易十八高度贊許的《頌詩集》。

• 巴黎聖母院鐘樓的大鐘。

要求雨果搬家！

　　一八三〇年五月初，雨果一家搬進了讓‧古戎街九號二樓 45，離今日的香榭麗舍大道很近。此地環境清幽，放眼望去只有花園和草地，根本就沒有鄰居，所以完全不用怕會吵到鄰居。可惜該棟樓房今已遭拆毀。

　　也正是在讓‧古戎街誕生了曠世巨作《鐘樓怪人》（*Notre Dame de Paris*）。話說一八三〇年七月二十五日，雨果動筆寫下《鐘樓怪人》第一行，並於一八三一年一月十四日大功告成。墨水都還沒乾透，三月立刻送進印刷廠，甫出版旋即轟動全巴黎。

　　一八三〇年，雨果次女阿黛兒出生。一八三二年二月，巴黎爆發霍亂大流行，雨果次子差點喪命。雨果一家人在讓‧古戎街從一八三〇年五月住到一八三二年十月，因為妻子受不了此地的「清幽」，全家又開始打包，向皇家廣場邁進！

　　一八三二年十月八日，雨果一家搬到皇家廣場六號，也就是現在的孚日廣場六號 46。這次的新家是一間約九十多坪的豪華大公寓，搬家不遺餘力的雨果一家也終於在此安置下來，一住就住了十六年之久，直到一八四八年六月。

　　而皇家廣場六號這座宅邸也有來頭，十七世紀時曾一度屬於交際名花瑪麗翁‧德‧洛姆（Marion de Lorme），雨果還因此以其為主角，於一八二九年寫了一齣同名戲劇。

㊻孚日廣場六號於一九○三年成為雨果博物館，現則為雨果之家。

㊾現場勘察聖塔納斯塔茲街十四號可知，「果葉」兩家絕對是「親上加親」：肌膚之親加上睦鄰敦親。聖塔納斯塔茲街十四號的紀念牌，上刻：「茱莉葉小姐自一八○六到一八八二年居於此地」。

不過，住得久也容易出毛病，雨果住在皇家廣場期間結識了女伶茱莉葉（Juliette Drouet）。兩人在一八三三年一月因排演雨果戲劇《呂克蘭斯·鮑夏》（*Lucrèce Borgia*）相識，當時茱莉葉在劇中演出一個小角色。二月，兩人成為情侶，於焉展開兩人長達五十年的戀情及多達一萬七千封的情書。

一八三四年八月，茱莉葉搬離自己位於棋盤街三十五號㊼的家，搬進離雨果家較近的瑪黑天堂街四號㊺。雖然這條街現已不存，茱莉葉也只在此住了幾個月，但此後無論雨果搬到哪，不論是巴黎或流放異國，茱莉葉都住在距離「多多」方圓兩百到五百公尺之處。（「多多」是雨果的暱稱，即Toto，取維克多·雨果的「多」）

果不其然，繼瑪黑天堂街後，一八三四年年底到一八三六年三月，茱莉葉就住在同屬瑪黑區的圖爾納爾街五十號一樓㊽。如此雨果才能在每晚欣賞完表演後，上他最愛的茱莉葉住處小聚。一八三六年，雨果改將紅粉知己茱莉葉安置在聖塔納斯塔茲街十四號㊾。

同樣是住在皇家廣場的期間，雨果另一部傳世巨作《悲慘世界》（*Les Misérables*）於一八四五年開始動筆。原本雨果將書名定為「悲慘」（Les Misères），卻只寫了一半便擱下筆來，而且一擱就擱了十五年。等到雨果再度回頭寫的時候，已經是一八六○年。《悲慘世界》於一八六二年問世，一出版立刻造

• 上有雨果簽名的真跡複製信函，日期為一八七二年五月三日。雨果蒼勁有力的筆跡充分展現出他精力過人、具備領袖氣質的人格特質。據說雨果從來不生病，唯一稍嫌虛弱的是他的喉嚨，所以他才留著一把落腮鬍以保護喉嚨，避免著涼。

46 「雨果之家」餐廳一隅。現今館內收藏的家具並不多，因為一八五二年雨果出走澤西和格恩西時，已先後將家具搬走了不少。

成空前轟動，受到普羅大眾盛大歡迎。開賣當天清晨六點，書商門口已大排長龍。

　　一八四八年，失業人士發動人民革命，甚至在六月二十四日攻進雨果的豪華大公寓。雨果一家嚇得連忙於七月一日搬到伊斯利街五號 50 ，不過只住了三個多月到同年十月，一待騷動平息，就搬回了皇家廣場。

　　一八四八年十月到一八五一年十二月，雨果住在蒙馬特山丘腳下的奧維涅塔街三十七號 51 ，情婦茱莉葉則住在這條街另一頭的羅迪耶街 52 。一八五一年，拿破崙三世稱帝，雨果奮起反對，被迫出走巴黎，流亡比利時、澤西和格恩西。

　　雨果流亡比利時期間，從小青梅竹馬的夫人阿黛兒於一八六八年八月二十七日過世。雖說雨果跟阿黛兒婚後各有所好，雨果除了茱莉葉之外還有多名情婦，阿黛兒也跟雨果好友聖伯夫暗通款曲，但阿黛兒死前依然回歸到兩人最初真摯的情感，於該年七月寫信給雨果：「死在你懷裡是我最終的夢想。」遺憾的是，雨果當時因流亡在外，阿黛兒不但沒能死在他懷裡，雨果送葬也只能送到比法邊界。

　　一八七〇年九月，雨果結束流亡生涯回到巴黎，暫住弗侯修大道五號朋友家 53 。值得一提的是，大仲馬於一八五〇到一八五一年也住過同條大道的七號 73 。（參見80頁）當時雨果在這棟樓房的一樓擁有一間臥室和一間書房，兩個小房間則面對著一個小花園。雨果在弗侯修大道住到一八七一年二月，期間因兒子夏爾跟家

· 茱莉葉寫給「多多」的情書。茱莉葉筆跡豪放不羈，不似是溫婉柔順閨秀，必是熱情如火蠻女。

· 雨果多才多藝，除了詩詞歌賦、劇作小說，還會畫畫，在政治界也呼風喚雨。

人住在納伐罕街❺❹的小旅館，而雨果在夏爾家中保有一間餐室，因此常在那邊宴請朋友。

　　一八七一年夏爾過世，雨果於九月從比利時和盧森堡回到巴黎後，先在拉菲特街的畢弘旅館❺❺住了幾天，十月就搬進拉若許弗寇街六十六號❺❻，直到一八七二年八月為止。紅粉知己茱莉葉不久後也搬到附近的皮卡勒街五十五號❺❼。

　　另一方面，女兒阿黛兒精神狀態每下愈況，雨果把她送進療養院，在記事本上寫著「一扇門又關上了，比墳墓的門還更晦暗。」一八七二年八月，雨果跟茱莉葉離開巴黎，動身前往格恩西。

　　雨果於一八七三年七月回到巴黎，在奧特伊的西科摩爾大道五號❺❽租了一棟洋房，就近照顧他生病的三子弗杭索瓦－維克多。奧特伊一帶從一八六〇年才剛剛納入巴黎市。但雨果在這裡住了僅三個月左右，期間時常光顧茱莉葉香閨，從而跟幫茱莉葉洗衣服的布朗雪（Blanche Lanvin）暗通款曲。茱莉葉知道後大發雷霆，九月十九日跑到比利時去。雨果驚慌失措，四處尋找伊人芳蹤，茱莉葉也終於在友人勸說下答應重返巴黎。九月二十六日晚上，雨果宣布不參加自己重要的戲劇總排練，因為「我要去車站迎接伊人歸來」。但另一方面，雨果與布朗雪的關係直到一八七九年才結束。

**61** 維克多・雨果大道一二四號。為了慶祝雨果八十大壽，巴黎市政府破例將埃羅大道改成維克多・雨果大道，雨果也成為法蘭西第一個生前就以其姓名命名街道的偉人。

・雨果的寫字台。雨果的孫子喬治在一九〇二年出版的《我的祖父》（*Mon Grand-père*）中解釋過，雨果喜歡站著寫作，因此寫字台比較高。

　　一八七三年十月，雨果正式搬進茱莉葉位於皮卡勒街五十五號一樓的香閨 **59**。三子弗杭索瓦－維克多當時住在附近的德胡歐街二十號 **-2**，並於該年年底過世。

　　一八七四年四月，雨果、茱莉葉、媳婦和孫子女一同搬到克利希街二十一號，約於今天的雅典街和克利希街交叉口 **60**。雨果常在此宴請文壇好友，如福樓拜、龔古爾兄弟，政壇同僚甘必大（Léon Gambetta）、克里蒙梭（George Clémenceau）等人。其知名小說《九十三》（*Quatre-vingt-treize*）也是在克利希街完成的。

　　一八七八年十一月，雨果與茱莉葉搬到埃羅大道一三〇號的透天厝，即今日的維克多・雨果大道一二四號 **61**。這座獨棟樓房的一樓有寬敞的沙龍，年輕詩人經常在此交流，比如馬拉美等人。高高的落地窗則面對著種了椴樹和栗樹的大花園。

　　一樓的藍廳是茱莉葉的最愛，雨果採紅色基調的小房間則位於二樓。房裡有一張路易十三風格的麻花柱大床，還有路易十五時代的五斗櫃和高高的寫字台。

　　一八八一年七月十二日，為了慶祝雨果八十大壽，巴黎全市展開熱烈慶祝。從中午到午夜，六萬餘人浩浩蕩蕩從雨果家門前羅列而過。一代大師雨果則站在窗邊向群眾揮手致意，埃羅大道也因而改名為維克多・雨果大道，群眾還高呼：「將雨果先生的大道獻給他。」雨果成為法蘭西第一個生前就以其姓名命名街道的偉人。

• 雨果過世的床，紅通通的，也是雨果生前最後房間的寫照。

• 法蘭西劇院迴廊雨果浮雕。

　　雨果於一八八五年五月二十二日下午一點二十七分過世，享年八十三歲。紅粉知己茱莉葉則在兩年前過世。六月一日舉行了盛大的國葬，超過兩百萬人走上街頭同聲哀悼，恭送雨果奉殮於先賢祠。而自一七八九年竣工以來，始終遊走於「教堂」和「埋葬法蘭西偉人」的陵墓之間，功能一直不明確的先賢祠，正是因為雨果大殮於此，才終於成為恭奉偉人靈柩的先賢祠。

　　從雨果大道一二四號門前巴黎市政府所豎立的紀念牌上可以看到：「雨果逝世時風雨交加，雷電大作，草木同悲，天地共泣，法蘭西痛失偉人！」巧合的是六十年後，當住在附近的詩人瓦雷里（Paul Valéry）於一九四五年過世時，當地也是風雲變色，狂風暴雨驟起。

# 聖伯夫
*Charles Augustin Sainte-Beuve*

◆ 1804-1869，法國作家、文藝批評家
◆ 《月曜日漫談》、《新月曜日》

　　聖伯夫一八〇四年出生於法國北部，一八一八年全家才定居巴黎。聖伯夫小時候曾就讀位於夏普塔勒街三十二號的朗德瑞學校 **62** 以及波拿巴中學 **63** ，之後開始接觸夏朵布里昂、拉馬丁與其他浪漫派前期的作品。

　　一八二七年，棄醫從文的聖伯夫寫了兩篇關於雨果的文章，因而跟雨果成為好友，成為每週日「文廳」的嘉賓。一八二八到三〇年間，聖伯夫住在田野聖母街十九號 **64** ，離當時住十一號 **44** 的雨果家很近。經常出入之際，也得到雨果夫人阿黛兒的青睞。但兩人之間的感情雖然濃烈，卻純屬柏拉圖式戀情。（參見69頁）

　　一八三〇年，聖伯夫出版詩集《安慰集》（*Les Consolations*）未引起注意。一八三四年，發表他唯一的一本小說《情欲》（*Volupté*），書中影射他和雨果夫婦的交往，披露他對阿黛兒的感情，雨果因而與他斷交。另一方面，《情欲》同樣未能引起回響，致使聖伯夫轉向文學評論之路。一八三一到三四年間，聖伯夫搬到聖安德烈商店街二號四樓 **65** 的盧昂旅館居住。一八四九到五一年間則住在聖伯諾瓦街五號 **66** 。後來莒哈絲也在同棟樓住了好幾十年。（參見214頁）

　　聖伯夫是個詩人與文藝評論家，最大的成就是文評。他最成功的文學評論是一八五一到八一年間陸續發表的《月曜日漫談》（*Causeries du lundi*）以及後來的一系列《新月曜日》（*Nouveaux lundis*）。聖伯夫的評論對古代文學較為厚道，對當代作家則相對嚴苛，波特萊爾、斯湯達爾、巴爾札克都被他「教訓」過。聖伯夫寫的雖是評論，詞藻卻相當優美，使得《月曜日漫談》和《新月曜日》成為「將文學評論寫成優美文章」的最早範例。但他透過藝術家生平來理解其作品的評論方式，遭到後世如普魯斯特的抨擊，普氏認為好的評論應兼顧藝術家的感受與想法。

　　一八六二到一八七〇年間，每個月有兩個週五，聖伯夫都會去瑪澤街九號的瑪尼餐館 **67** 大快朵頤，龔古爾兄弟、戈蒂耶、喬治桑、福樓拜也不時在此現身。聖伯夫自一八五一年起就住在蒙巴納斯街十一號 **68** ，直到一八六九年過世為止。

**67** 瑪澤街九號。昔日瑪尼餐館所在地。

**62** 夏普塔勒街三十二號，昔日朗德瑞學校所在地。聖伯夫小時候曾在該校就讀，象徵派詩人魏爾倫自一八五三年起也在該校寄宿。

**68** 蒙巴納斯街十一號，聖伯夫過世處。牆上的紀念牌：「詩人暨評論家聖伯夫過世於此」。

**44** 【舊】11, Rue Notre-Dame-des-Champs
　　【今】Entre le 23 et le 35 de la Rue Notre-Dame-des-Champs, 75006
　　　　(M12, Notre-Dame-des-Champs)
**62** 32, Rue Chaptal, 75009 (M2, Blanche)
**63** 【舊】Lycée Impérial Bonaparte
　　【今】Lycée Condorcet. 8, Rue du Havre, 75009 (M3, M12, M13, M14,
　　　　Saint-Lazare)
**64** 19, Rue Notre-Dame-des-Champs, 75006 (M4, Saint Placide)
**65** 2, Cour du Commerce-Saint-André, 75006 (M4, M10, Odéon)
**66** 5, Rue Saint-Benoît, 75006 (M4, Odéon)
**67** 9, Rue Mazet, 75006 (M4, Saint-Germain-des-Prés)
**68** 11, Rue du Montparnasse, 75006 (M12, Notre-Dame-des-Champs)

## 大仲馬
*Alexandre Dumas, père*

◆ 1802-1870，法國作家
◆ 《三劍客》、《基度山恩仇記》

## 小仲馬
*Alexandre Dumas, fils*

◆ 1824-1895，法國作家
◆ 《茶花女》

### 大仲馬

　　大仲馬出生於巴黎北方小鎮維勒柯特雷，祖父為法國貴族，祖母則是加勒比海黑奴，因此他身上流著黑白交雜混合的血液，成長過程飽受歧視之苦。作品中常常可以看到他對種族歧視的諷刺與撻伐：「當然非常確定。我父親是黑白混血，我祖父是個黑人，我曾祖父是隻猴子。您瞧，先生，貴府家道中落時，咱們家正興起。」就是出自他某齣戲中的名句。

　　大仲馬原本是公證書記員，一八二三年轉赴巴黎找尋機會，由於文筆優美，順利成為奧爾良公爵的書記。奧爾良公爵則於一八三〇年登基，成為法王路易‧菲利普。

　　而打從一八二三年來到巴黎後，一直到一八七〇年過世為止，大仲馬有時候因為沒付房租，有時候則是為了金屋藏嬌，曾在巴黎換過許多地址，每個住所依據經濟狀況與否，豪奢儉樸不一。

　　首先是一八二三年，他剛從家鄉來到巴黎時，入住老奧古斯丁街 ➊ 的老奧古斯丁旅館。不過原位於巴黎第二區的老奧古斯丁街現已改建為另外兩條路。

　　一八二四年，沒沒無聞、一窮二白的大仲馬跟住在同樓層的鄰居女裁縫卡特琳‧拉貝（Marie-

➐⓪皮卡勒街十四號。小仲馬母子曾住過。

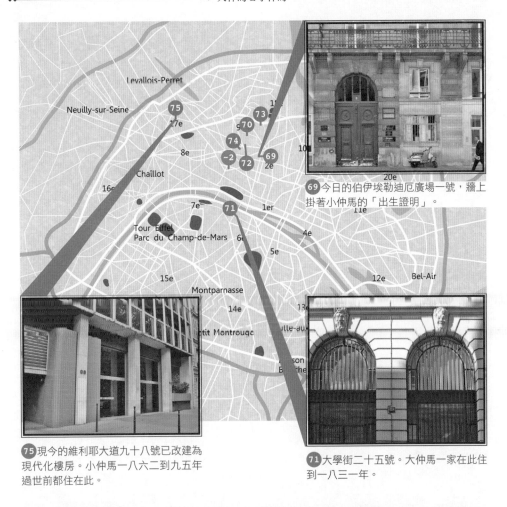

69 今日的伯伊埃勒迪厄廣場一號，牆上掛著小仲馬的「出生證明」。

75 現今的維利耶大道九十八號已改建為現代化樓房。小仲馬一八六二到九五年過世前都住在此。

71 大學街二十五號。大仲馬一家在此住到一八三一年。

-1 Rue des Vieux-Augustins（今不存）
-2 11, Boulevard de la Madeleine, 75001 (M8, M12, M14, Madeleine)

69 【舊】Place des Italiens
   【今】1, Place Boïeldieu, 75002 (M8, M9, Richelieu Drouot)
70 14, Rue Jean-Baptiste Pigalle, 75009 (M2, M12, Pigalle)
71 25, Rue de l´Université, 75007 (M12, Rue du Bac)
72 40, Rue Saint-Lazare, 75009 (M12, Trinité-d´Estienne d´Orves)
73 7, Avenue Frochot, 75009 (M2, M12, Pigalle)
74 10, Rue Joubert, 75009 (M12, Trinité-d´Estienne d´Orves)
75 98, Avenue de Villiers, 75017 (M3, Pereire)

Catherine Labay）在義大利人廣場一號四樓、今日的伯伊埃勒迪厄廣場 ❻❾ 賃屋同居。而大仲馬「最好的作品」——兒子小仲馬，也就是在這裡出生的。此後，大仲馬在外花天酒地，小仲馬母子還一度住過皮卡勒街十四號 ❼⓪。

⓻⓶ 聖拉薩爾街四十號三樓。大仲馬在此辦過一場轟動的化裝舞會。

大仲馬崇拜莎士比亞、席勒，最初以寫劇本起家。第一齣劇本《亨利三世與其宮廷》（*Henri III et sa Cour*）寫於一八二九年，在法蘭西喜劇院演出時非常受歡迎，從而敲響了浪漫主義戲劇的第一響勝利鐘聲，也令大仲馬在文學界嶄露頭角，並於同年認識一生至交雨果。也因為《亨利三世與其宮廷》的成功，大仲馬有能力搬到好一點的地方：大學街二十五號五樓 ❼❶，並在此住到一八三一年。

一八三一到一八三三年，大仲馬改住在聖拉薩爾街四十號三樓 ❼❷。當時已名利雙收的他，還曾在聖拉薩爾街舉辦一場極為轟動的化裝舞會盛宴。

後來，大仲馬開始寫小說，其中最膾炙人口的首推一八四四年的《三劍客》（*Les Trois Mousquetaires*）和《基度山恩仇記》（*Le Comte de Monte-Cristo*）。這兩本小說使大仲馬家喻戶曉，從此聲名不墜。而一八五〇到一八五一年間，大仲馬的落腳處為弗侯修大道七號 ❼❸。

大仲馬一生「創作量」驚人，共有一百五十多本小說，九十多部劇本，文集兩百五十卷，作品多達兩百七十餘種，甚至還包括食譜，但此等傲人成績背後，其實是因為大仲馬根本就不是「個體戶」，而是與「黑手」共寫的共同作者，幫他代筆的「黑手」高達五十多人。

大仲馬靠著一大群「創作工坊工作者」，共同寫下三百多卷著作，償還自己因奢華生活所高築的債台。而隨著大仲馬的遺骸於二〇〇二年兩百歲冥誕被恭迎至先賢祠來看，事實上已經肯定了他的創作天分與對法蘭西的貢獻。

### 小仲馬

大仲馬成名後，拋妻棄子，混跡上流社會，雖然負擔拉貝的生活費用，但始終不承認她是自己的妻子，直到小仲馬七歲才肯認他。小仲馬七歲才得以認祖歸宗，兒時生活自然困苦，來回於寄宿學校之間。不同於父親大仲馬因膚色而備受歧視，

小仲馬受困於私生子的枷鎖中，飽受同伴譏諷。對於父親拋棄他們母子，自己在外風流快活，情婦一個換過一個的荒唐行徑非常不諒解。

-2 瑪德蓮大道十一號。一代名交際花瑪莉年僅二十三歲，於此魂歸九泉。

父子兩人於一八四五到四六年曾住在一起，先是住在巴黎近郊聖日耳曼昂萊的梅迪西別墅，後來又住到巴黎的朱貝街十號74。但自一八五〇年左右，大、小仲馬就沒有住在一起了。

另一方面，小仲馬生涯代表作《茶花女》於一八四八年出版，並於一八五二年改編成劇本。初次公演時，大仲馬正在布魯塞爾短期流亡，小仲馬拍了一封電報給他，寫道：「第一天上演盛況空前，令人誤以為是您的作品。」大仲馬回電：「孩子，我最好的作品就是你。」

一八五二年，皮亞威（Francesco Maria Piave）幫《茶花女》撰寫歌劇腳本，威爾第（Giuseppe Verdi）則負責作曲，改編為歌劇《茶花女》（La Traviata，原意為「墮落女子」）。然而，歌劇《茶花女》初次演出時因選角錯誤，由一位重達一百二十公斤的重量級女高音來詮釋女主角茶花女，完全沒有造成觀眾的回響，第二幕起甚至還有觀眾笑場。直到第二年重新選角，換上身形相對苗條、美麗動人的女主角，歌劇《茶花女》才終於打響名號。

眾所皆知，「茶花女」的原型是小仲馬於一八四四到四五年的情婦瑪莉·杜普蕾希（Marie Duplessis）。瑪莉是當時的名交際花。所謂的「交際花」（courtisane）跟妓女完全不同，交際花可以自己選擇情人，並不受制於老鴇或皮條客，擁有交際花更是有權有勢的象徵。

小仲馬因沒錢繼續供養花費甚大的交際花瑪莉，最後離開了她。但瑪莉的故事尚未結束，她一度跟鋼琴家李斯特（Friedrich List）過從甚密卻不了了之，最後嫁給一名伯爵。但婚後沒多久便在瑪德蓮大道十一號-2香消玉殞，芳齡二十三。葬禮在瑪德蓮教堂舉行時造成轟動，甚至有二十位觀眾花五法郎「買票入場」參觀。兩週後拍賣遺物，原本僅僅預估能賣一萬五千法郎，結果賣了九萬法郎。

從一八六二年直到一八九五年過世為止，小仲馬都住在維利耶大道九十八號75。小仲馬作品大多以探討社會道德為主題，但他的一生卻不怎麼遵守社會道德規範。所謂「有其父必有其子」，身上流著仲馬家不安分的血液，自然也表現得像個個儻風流的仲馬傳人。

# 繆塞
## Alfred de Musset

◆ 1810-1857，法國浪漫主義作家
◆〈夜歌〉、《一個世紀兒的懺悔》

　　阿爾弗萊‧德‧繆塞從小便展露過人天分，就讀於亨利四世中學❼❻時表現傑出。但繆塞很早就放棄了念書，潛心投入文學，十七歲便出入浪漫派文社「文廳」以文會友，因而跟維尼、聖伯夫結交，但拒絕諂媚雨果，尤其對文廳在聖母院高塔上舉辦的漫步活動嗤之以鼻。結交文友的同時，繆塞也展開他花花公子式的生活。繆塞的意志雖然薄弱，卻是個激情的多情種子，與大六歲的女作家喬治桑戀情告吹後（參見86頁），寫出「夜歌」（Les Nuits）系列，是為法國抒情詩名篇，充分體現了浪漫主義那種抒發個人情緒、展現靈魂深處糾葛起伏的特點。

　　繆塞也是傑出的劇作家。首部戲劇作品《威尼斯之夜》（*La Nuit Vénitienne*）一八三〇年首演時雖遭觀眾無情喝倒采，僅在歐德翁劇院上演兩晚便倉皇下檔，但他持續筆耕，一八三四年的《壞小子洛朗梭》（*Lorenzaccio*）取材自十六世紀義大利佛羅倫薩史實，當時繆塞和喬治桑熱戀後失戀，心中百味雜陳，終於寫成這部被稱為法蘭西版《哈姆雷特》的巨作，是浪漫主義的代表戲劇之一。

　　繆塞名著《一個世紀兒的懺悔》（*Confession d'un enfant du siècle*）則寫於一八三六年。這部以他和喬治桑的戀愛故事為中心內容的自傳體小說，講述一個悲觀徬徨、沒理想、沒決心、缺乏行動力的年輕人悲劇。所謂的「世紀兒」，多半為貴族出身的知識份子，受過良好文化教養，看不起庸俗的平民，性格高傲孤獨，只知孤芳自賞，卻又脫離現實，找不著真正的出路，總覺得無一己容身之處。這種憤世嫉俗、對社會不滿又不採取具體行動的世紀兒形象，雖然從夏朵布里昂的《勒內》便開始孕育，但到了繆塞才具體成形，將「世紀病」文學推到巔峰。

　　一八三九到四九年間，繆塞住在伏爾泰堤岸二十五號❼❼。他於一八五七年在塔伯爾山路六號❼❽因心臟病過世，得年四十七歲。家人將他安葬在巴黎拉榭思墓園第十一區後，才將死訊告知繆塞年邁的母親。拉馬丁、梅里美、維尼和戈蒂耶都參加了葬禮。

-1 文藝復興劇院於一八七三年開幕。繆塞過世後，其《壞小子洛朗梭》一八九六年便是在此由名伶莎拉‧伯恩哈特（Sarah Bernhardt）女扮男裝反串演出。

76 亨利四世中學，巴黎的「明星學校」。校舍外觀恢宏大氣，哲學家伯格森、阿蘭，政治家龐畢度均曾在該校任教。知名校友更是不計其數，除了繆塞，還有莫泊桑、梅里美、傅科、紀德、沙特等，就連大導演侯麥也是校友。

77 伏爾泰堤岸二十五號。繆塞一八三九到四九年的住所。

-1 Théâtre de la Renaissance. 20, Boulevard Saint-Martin, 75010 (M4, M8, M9, Strasbourg-Saint-Denis)

76 Lycée Henri IV. 23, Rue Clovis, 75005 (M10, Cardinale Lemoine)

77 25, Quai Voltaire, 75007 (RER C, Musée d´Orsay)

78 6, Rue du Mont-Thabor, 75001 (M1, Tuileries)

# 喬治桑
*George Sand*
*(Amandine-Aurore-Lucile Dupin)*

◆ 1804-1876，法國著名女作家

◆ 《我的一生》、《雷麗亞》

喬治桑是法國十九世紀著名女作家，浪漫主義女性文學和女權主義文學先驅。浪漫主義在喬治桑的時代再臻高峰，她也同時向傳統居於優勢的陽具中心主義男性宣戰，顯示出女性主義文學的特殊風格，為二十世紀法國及西方女性主義文學開啟先河。喬治桑的文字清麗，風格親切。據說她寫作時振筆如飛，每天可以寫四十頁之多。

喬治桑原名阿曼蒂娜－歐蘿爾－露茜‧杜班，出生於巴黎第三區莫斯雷街十五號，也就是現今的四十六號 79。喬治桑四歲喪父，從小由外婆養大，在諾昂度過童年。外婆為了讓喬治桑接受更好的教育，將她送往巴黎一所女子學校當寄宿生。

80 瑪度罕街二十六號，喬治桑一八二三年的住所，她在這裡生下兒子莫理斯。今為喬治桑旅館。

喬治桑十七歲時嫁給杜德旺男爵，育有一兒莫理斯和一女索蘭姬，但兩人於結縭九年後離異。喬治桑一八二三年時住過歌劇院附近的瑪杜罕街五十六號，也就是現今的二十六號 80，並在此生下兒子莫理斯。該址今為喬治桑旅館。

正式離婚前，喬治桑已跟小自己八歲的情人小說家桑多（Jules Sandeau）在巴黎同居，兩人一起在《費加洛報》當記者，並共同使用J. Sand這個筆名。

一八三二年，本名「歐蘿爾」的喬治桑為了出版第一本小說《安蒂亞娜》（*Indiana*），使用了G. Sand這個筆名，接下來並正式取「桑多」的第一個音節「桑」成為自己的姓氏，同時以George為名，成了George Sand，也就是後世熟知的「喬治桑」。

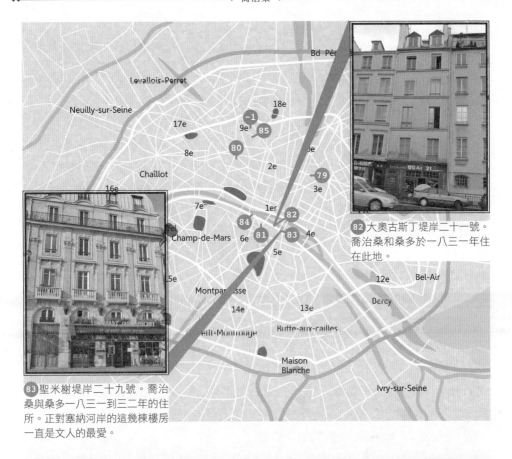

82 大奧古斯丁堤岸二十一號。喬治桑和桑多於一八三一年住在此地。

83 聖米榭堤岸二十九號。喬治桑與桑多一八三一到三二年的住所。正對塞納河岸的這幾棟樓房一直是文人的最愛。

-1 Musée de la Vie Romantique. 16, Rue Chaptal, 75009 (M2, M12, Pigalle)

79 【舊】15, Rue Meslay
　　【今】46, Rue Meslay, 75003 (M4, M8, M9, Strasbourg-Saint-Denis)

80 【舊】56, Rue des Mathurins
　　【今】Hôtel George Sand. 26, Rue des Mathurins, 75009 (M3, M9, Havre-Caumartin)

81 31, Rue de Seine, 75006 (M4, Saint-Germain-des-Prés)

82 21, Quai des Grands Augustins, 75006 (M4, Saint-Michel)

83 【舊】25, Quai Saint-Michel
　　【今】29, Quai Saint-Michel, 75005 (M4, Saint-Michel)

84 19, Quai Malaquais, 75006 (M4, Saint-Michel)

85 16, Rue Jean-Baptiste Pigalle, 75009 (M2, M12, Pigalle)

　　喬治桑不僅取男人的姓名為筆名，就連穿著打扮也仿效男人，還抽起雪茄，出入各種公開場合，尤其是那些禁止女性參加的集會。這些舉動在當時是相當驚世駭俗的行為，為上流社會不容，她的大膽行徑也引起了法國文壇注意。

　　但事實上，十九世紀的女作家非常流行取男子姓名為筆名，不過喬治桑卻是唯一一位被文評家稱為「作者」、而非「女作者」的人，並跟巴爾札克、雨果一同位列「作者」之林。

　　同樣的，身為女性的喬治桑為了方便進出特殊場合（諸如劇院中介於舞台和觀眾席之間、保留給音樂家的VIP座，某些圖書館和博物館等），故作男裝打扮，而此舉在當時也不只她這麼做。另一方面，喬治桑的男裝扮相背後另有隱情。在她的自傳《我的一生》（*Histoire de ma vie*）中提到，「女扮男裝」最主要是基於經濟因素。因為喬治桑離開杜德旺男爵時，諾昂的產權握在前夫手中，男裝又比女裝便宜，所以她乾脆就以男裝出席各種場合了。

　　喜著男裝、身高一米五八的「大女人」作家喬治桑一生閱人無數，感情生活跟文學創作一樣多彩多姿，除了跟桑多、繆塞、蕭邦三段知名的感情外，還跟作家兼考古學家梅里美短暫交往過，並跟名女伶瑪麗‧多爾瓦有過同性戀情，這段過往也成為喬治桑代表作之一《雷麗亞》（*Lélia*）的靈感來源。喬治桑甚至與福樓拜通信，兩人是默契良好的筆友。但是波特萊爾和浪漫主義風格作家巴貝爾‧多爾維利（Jules Barbey d'Aurevilly）則對喬治桑頗不以為然。

　　感情生活豐富的喬治桑跟數任情人可謂「巴黎住透透」。一八三一年，喬治桑住在拉丁區的塞納街三十一號 **81**，邂逅了小她八歲的桑多。兩人於一八三一年在大奧古斯丁堤岸二十一號 **82** 賃屋同居，又於一八三一年七月到一八三二年十月住在聖米榭堤岸二十五號的五樓，也就是如今的二十九號 **83**。

　　喬治桑與桑多分手之後，在一八三三年六月的某次文友聚會中，私下請聖伯夫安排大仲馬坐在她旁邊，沒想到後來坐在她旁邊的是小她六歲的浪漫派詩人繆塞，兩人相談甚歡，一見鍾情，不久後便成為戀人。

　　一八三二到一八三六年，喬治桑住在馬拉給堤岸十九號 **84**，也就是藝文界人士耳熟能詳的「藍曼薩」。喬治桑不但常在此接待巴爾札克、梅里美、李斯特等藝文界朋友，並於此完成《雷麗亞》。住在馬拉給堤岸時，喬治桑的入幕之賓正是繆塞，但兩人短暫的戀情於一八三五年即宣告結束。繆塞死後，喬治桑寫了一本訴說他倆故事的《她與他》（*Elle et lui*），於一八五九年出版。

　　一八三六年，喬治桑在李斯特情婦舉辦的聚會上邂逅了小她六歲的鋼琴詩人蕭

84 馬拉給堤岸十九號,「藍曼薩」所在地。牆上的紀念牌刻有「她在此地寫下《雷麗西》」。

85 喬治桑與蕭邦住過的皮卡勒街十六號。

邦(Frédéric Chopin),當時蕭邦對喬治桑的評論是:「這個喬治桑真讓人反感。她還算是個女人嗎?我不禁開始懷疑了。」喬治桑倒是對蕭邦印象甚佳,還寫了一封長達三十二頁的信函給兩人共同的朋友,在信中坦率地表示對蕭邦的愛慕。到了一八三八年夏天,兩人的特殊關係已成為公開祕密。

一八三八年十一月到一八三九年二月,喬治桑、蕭邦跟喬治桑的兩個孩子待在地中海一帶的馬約卡。那個悲慘的冬天裡發生了種種波折,蕭邦又重病纏身,但因不屬於巴黎範圍,此處暫且不表。一八三九到一八四二年,兩人則住在皮卡勒街十六號 85。

雖然喬治桑跟蕭邦之間亦友亦情人、亦聖潔亦母子的複雜關係糾纏牽扯了長達十年之久,但兩人真正的情侶關係可能僅僅維持了幾個月。事實上,喬治桑對蕭邦的母愛多過情愛。之前跟繆塞在一起時,繆塞就說過:「妳以為妳是我的情婦,其實妳只是我母親。」也或許,喬治桑澎湃的母愛正說明了為何她總是跟小自己好幾歲的男子交往。

位於蒙馬特一帶的夏普塔勒街十六號「浪漫生活博物館」 -1 中,有許多關於喬治桑的生平和十九世紀法國浪漫主義「浪漫生活」的介紹,該館是為了紀念喬治桑和藝文界的交往而設,如畫家安格爾、德拉克洛瓦,音樂家李斯特和蕭邦。

# 戈蒂耶
*Théophile Gautier*

◆ 1811-1872，法國藝文評論家

　　戈蒂耶出生於法國南部的庇里牛斯山一帶，三歲時舉家北上，於一八一四年遷往巴黎。戈蒂耶非常早熟，五歲就會讀書識字，最喜歡看的書是《魯濱遜漂流記》並深受其影響，小時候立志當一個四海為家、到處冒險的水手。

　　一八二八到一八三四年間，戈蒂耶與父母一同住在皇家廣場八號 86。雨果則在一八三二年搬進六號 46（參見70頁），成為戈蒂耶的鄰居，從而開啟他的寫作生涯。其實自小學畫的戈蒂耶原本想當畫家，甚至還幫劇院畫過佈景，但一直到一八二九年六月遇見雨果，這才放下畫筆，拾起文筆。

　　戈蒂耶的父親是浪漫派捍衛者，相當支持戈蒂耶投身寫作，並對他嚴加督促，要是戈蒂耶沒寫出十頁《莫班小姐》（*Mademoiselle de Maupin*），父親就不讓他出門。但戈蒂耶其實是變種的浪漫派，因為他認為藝術家的任務在於表現形式的美，無需為作品的道德意義操心，因為美本身即具有道德意義。戈蒂耶並不贊同浪漫派詩歌中「自我」的過度擴張，抵制感情無限流露的傾向，對當時「為人生而藝術」的文藝思潮也不以為然。一八三五年發表《莫班小姐》時，他在序言中提出了「為藝術而藝術」的理論。

　　一八四五到四八年，戈蒂耶入住聖路易島安茹堤岸十七號的洛桑宅邸 87，並在此成立大麻俱樂部，與文友共享吞雲吐霧之樂。大麻俱樂部宗旨明確：「在吞雲吐霧中，力求知識來電。」飄飄欲仙的「通電」過程中，戈蒂耶於一八四五年結識了比他晚住進來的波特萊爾，成為波特萊爾的明師。

　　戈蒂耶定居巴黎時，往往打扮得十分引人矚目：身穿黑絲絨背心、腳著黃皮鞋、手執雨傘，在一八三〇年的「艾那尼之戰」（參見69頁）裡，他更穿著引人側目的紅背心參加首演，壯大浪漫派聲勢。戈蒂耶經常光顧塞佛荷街二十一號 88 由福樓拜情婦柯萊主持的沙龍，以及瑪蒂德公主（la Princesse Mathilde）位於古爾塞街二十四號 89 的沙龍。

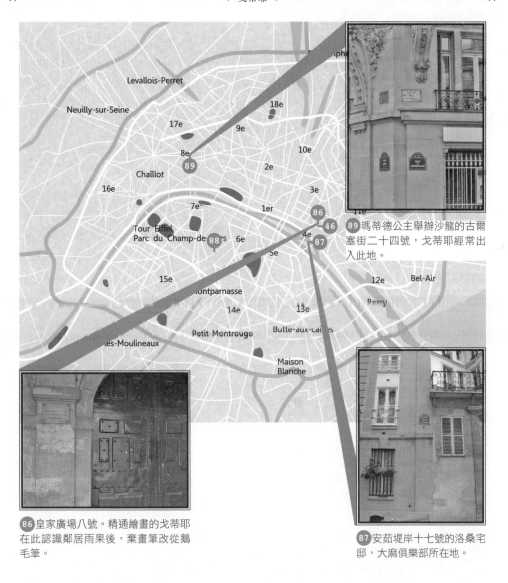

⑧⑨ 瑪蒂德公主舉辦沙龍的古爾塞街二十四號，戈蒂耶經常出入此地。

⑧⑥ 皇家廣場八號。精通繪畫的戈蒂耶在此認識鄰居雨果後，棄畫筆改從鵝毛筆。

⑧⑦ 安茹堤岸十七號的洛桑宅邸，大麻俱樂部所在地。

⑯ 6, Places des Vosges, 75004 (M1, Saint-Paul)

⑧⑥ 8, Places des Vosges, 75004 (M1, Saint-Paul)

⑧⑦ Hôtel de Lauzun. 17, Quai d'Anjou, île Saint-Louis, 75004 (M7, Sully Morland)

⑧⑧ 21, Rue de Sèvres, 75007 (M10, M12, Sèvre-Babylone)

⑧⑨ 24, Rue de Courcelles, 75017 (M2, M3, Villiers)

## 波特萊爾
### *Charles Baudelaire*

◆ 1821-1867，法國詩人
◆ 《惡之華》、《巴黎的憂鬱》
◆ 象徵主義先驅

　　波特萊爾對後世的文學創作有極深遠的影響，被稱為現代派文學鼻祖。現代派認為，美學的善惡美醜不同於世俗對善惡美醜的概念，重視用特有的藝術手法完美展現心靈境界。波特萊爾又被稱為象徵主義先驅，詩集《惡之華》（*Les Fleurs du mal*）第四首詩〈感應〉（Correspondances）更被視為象徵主義的憲章。

　　波特萊爾對巴黎的歌詠與批判，在《惡之華》詩集中「巴黎風情畫」（Tableaux parisiens）這部分展露無遺。「巴黎風情畫」第一首詩〈風景〉（Paysage），描繪的不是山川湖泊等自然風情，而是城市景象。波特萊爾以歌頌鄉村風光的田園詩來觀察與描繪巴黎，他眼中的巴黎宛如一座島嶼。在他抱持的田園詩想像中，煙囪、鐘樓這兩樣分別具有世俗與宗教意涵的重要元素都成了桅杆，詩人彷彿乘著一葉扁舟，在塞納河上進行牧歌航行。

　　然而，波特萊爾航行的地點何止塞納河？雖說大文豪雨果在巴黎共搬過二十幾次家，不過跟最少搬過四十幾次家的波特萊爾相比，相形之下尚嫌遜色許多。茲將其中最具代表性的地址與其生平事蹟，一併列舉出來。

　　一八二一年四月九日，波特萊爾出生於拉丁區的高葉街十三號 ❶，在此住了約莫六年多。可惜後來為了開闢聖日耳曼大道，他出生的房子已遭摧毀。

　　一八二七年父親過世後，波特萊爾跟母親搬到聖安德烈藝術街二十二號或五十號 ❷。隔年，母親改嫁奧畢克少校。繼父奧畢克是軍人出身，個性一板一眼，甚為嚴厲。波特萊爾跟繼父格格不入，除了個性南轅北轍，主因恐怕還是繼父奪去了一部分母親對自己的愛與注意力，而母親，正是波特萊爾這輩子唯一真正在乎的人。

❶ 高葉街十三號，波特萊爾出生地。

一八二七到一八二八年，一家人住在德巴荷卡戴爾街十一號 03 。一八二八到一八三二年的落腳處改為巴克街十七號 04 。一八三一年十到十一月則住在巴延路九號 05 。到了一八三二年，又搬到大學街三十二號的部長旅館 06 。

一八三二年，舉家隨繼父奧畢克一同遷往法國中部的里昂。直到一八三六年一月奧畢克調回巴黎，波特萊爾才又回到巴黎，入住里爾街一號 07 。

一八三六年三月，波特萊爾進入路易大帝中學 08 當寄宿生，直到一八三九年都住在學校裡。在校期間成績優異，甚具繪畫天分，得過繪畫首獎，並開始接觸夏朵布里昂和聖伯夫的作品，展現在詩歌方面的天賦。雖然導師並不認同波特萊爾的詩作，批評他「相當輕浮，對古典語言極不嫻熟。缺乏改正自己缺點的精神。」但他卻於次年的中學優等生會考中，獲得拉丁詩二等獎的榮譽。

一八三九年四月十八日，波特萊爾因為拒絕交出同學寫的字條（他直接把字條吞入口中），遭路易大帝中學開除，卻也順利通過了中學畢業會考。夏天時，波特萊爾住在老鴿棚街二十二號 09 ，該年秋天卻被妓女「媚眼莎拉」（Sarah La Louchette）傳染了梅毒，年僅十八歲（另說是他二十幾歲時被珍娜‧杜瓦爾傳染上的）。繼父看不下去他

08 路易大帝中學，波特萊爾於一八三六年三月成為該校寄宿生。

放浪形骸的行為，將他送進「貝伊」住宿。「貝伊」位於拉丁區埃斯特拉巴德廣場 10 一帶，有點像修道院，設備相當簡陋但提供膳宿。

就這樣，十九歲的波特萊爾在拉丁區過著遊手好閒、放浪不羈的波希米亞式生活，從而與繼父鬧翻。他在這段期間結識了許多文人，巴爾札克便是其中之一。感情生活方面，波特萊爾與妓女「媚眼莎拉」過從甚密了好一陣子，一般相信《惡之華》的第二十五、第三十二兩首無題的詩，便是寫給莎拉的。

一八四〇年二月二十五日，波特萊爾住在里爾街七十三號 11 。十二月十五日則住在塞維涅街五十號 12 。

一八四一年，波特萊爾放蕩的生活激怒了繼父，將他送上從波爾多出發的南海油輪號，前往加爾各答，希望艱苦的航行能改造波特萊爾。誰料油輪在模里西斯遭遇暴風雨，波特萊爾僅航行到留尼旺島便打道回府。

一八四二年二月初，從模里西斯和太平洋小島歸來的波特萊爾因東方之旅產生

**01** 13, Rue Hautefeuille, 75006 (M4, Saint-Michel)

**02** 22 ou 50, Rue Saint André des Arts, 75006 (M4, Saint-Michel)

**03** 11, Rue du Débarcadère, 75017 (RER C, Neuilly-Porte Maillot)

**04** 17, Rue du Bac, 75007 (M12, Rue du Bac)

**05** 9, Rue Payenne, 75004 (M8, Chemin Vert)

**06** 32, Rue de l´Université, 75007 (M12, Rue du Bac)

**07** 1, Rue de Lille, 75006 (M12, Rue du Bac)

**08** Lycée Louis le Grand. 123, Rue Saint Jacque, 75005 (M10, Cluny-La Sorbonne)

**09** 22, Rue du Vieux-Colombier, 75006 (M4, Saint-Sulpice)

**10** Place de l´Estrapade, 75005 (RER B, Luxembourg)

**11** 73, Rue de Lille, 75007 (RER C, Musée d´Orsay)

**12** 50, Rue de Sévigné, 75003 (M8, Chemin Vert)

**13** 【舊】10, Quai de Béthune
【今】22, Quai de Béthune, île Saint-Louis, 75004 (M7, Pont-Marie)

**14** 15, Quai d´Anjou, île Saint-Louis, 75004 (M7, Pont-Marie)

**15** Hôtel de Lauzun. 17, Quai d´Anjou, île Saint-Louis, 75004 (M7, Pont-Marie)

**16** 【舊】6, Rue de la Femme-sans-tête
【今】6, Rue Le Regrattier, 75004 (M7, Pont-Marie)

**17** 7, Place Vendôme, 75001 (M7, M14, Pyramides)

**18** 32, Rue Lafitte, 75009 (M7, Le Peletier)

**19** 【舊】33, Rue Coquenard
【今】Hôtel Corneille. 33, Rue Lamartine, 75009 (M7, Cadet)

**20** Rue Laffitte, 75009 (M7, Le Peletier)

**21** 24, Rue de Provence, 75009 (M7, Le Peletier)

**22** 7, Rue de Tournon, 75006 (M4, M10, Odéon)

**23** 68 ou 36, Rue Babylone, 75007 (M10, M12, Sèvres-Babylone)

**24** 【舊】18, Avenue de la République
【今】18, Avenue de Neuilly, 75016 (RER C, Neully-Porte Maillot)

**25** 46, Rue Jean-Baptiste Pigalle, 75009 (M2, M12, Pigalle)

**26** 【舊】25, Rue des Marais-du-Temple
【今】25, Rue Yves Toudic, 75010 (M5, Jacques Bonsergent)

**27** 4, Rue Frochot, 75009 (M2, M12, Pigalle)

**28** 11, Boulevard Bonne Nouvelle, 75010 (M8, M9, Bonne Nouvelle)

**29** 60, Rue Jean-Baptiste Pigalle, 75009 (M2, M12, Pigalle)

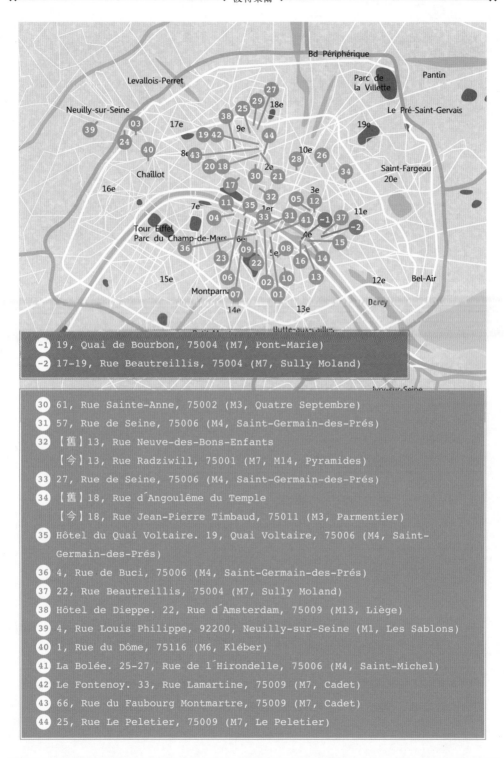

-1  19, Quai de Bourbon, 75004 (M7, Pont-Marie)

-2  17-19, Rue Beautreillis, 75004 (M7, Sully Moland)

30  61, Rue Sainte-Anne, 75002 (M3, Quatre Septembre)

31  57, Rue de Seine, 75006 (M4, Saint-Germain-des-Prés)

32  【舊】13, Rue Neuve-des-Bons-Enfants

　　【今】13, Rue Radziwill, 75001 (M7, M14, Pyramides)

33  27, Rue de Seine, 75006 (M4, Saint-Germain-des-Prés)

34  【舊】18, Rue d´Angoulême du Temple

　　【今】18, Rue Jean-Pierre Timbaud, 75011 (M3, Parmentier)

35  Hôtel du Quai Voltaire. 19, Quai Voltaire, 75006 (M4, Saint-Germain-des-Prés)

36  4, Rue de Buci, 75006 (M4, Saint-Germain-des-Prés)

37  22, Rue Beautreillis, 75004 (M7, Sully Moland)

38  Hôtel de Dieppe. 22, Rue d´Amsterdam, 75009 (M13, Liège)

39  4, Rue Louis Philippe, 92200, Neuilly-sur-Seine (M1, Les Sablons)

40  1, Rue du Dôme, 75116 (M6, Kléber)

41  La Bolée. 25-27, Rue de l´Hirondelle, 75006 (M4, Saint-Michel)

42  Le Fontenoy. 33, Rue Lamartine, 75009 (M7, Cadet)

43  66, Rue du Faubourg Montmartre, 75009 (M7, Cadet)

44  25, Rue Le Peletier, 75009 (M7, Le Peletier)

⑬貝杜尼堤岸二十二號。波特萊爾住在此地時，與女伶珍娜・杜瓦爾相識。紀念牌刻著：「一八四二到一八四三年，詩人波特萊爾居於此地」。

⑭安茹堤岸十五號。波特萊爾一八四三年六月到九月的住所。塞尚在一八八八年左右也曾住在這邊，並於此完成名畫「狂歡節的最後一天：丑角與喜劇演員」。

了無數幻想，陽光、海洋、異國情調自此成為他未來作品的最佳養分。三月份，時年二十二歲的波特萊爾在聖安端門劇院結識了黑白混血女伶珍娜・杜瓦爾（Jeanne Duval）。當時他住在聖路易島上的貝杜尼堤岸十號（現今的二十二號）⑬左側一樓，窗戶面對街道。波特萊爾常在此跟珍娜幽會。四月繼承了其父七萬五千法郎的大筆遺產後，生活更是揮霍無度，大麻與鴉片雙管齊吸，一直住到十二月底。

　　一八四三年年初，波特萊爾住在凡諾街某號一樓，與珍娜正式成為戀人。珍娜是位邪惡、酗酒、性感、不忠，集天使與魔鬼於一身的黑美人。這位「黑色維納斯」激發了波特萊爾無窮靈感，譜下多首《惡之華》詩篇，如：〈異域芳香〉（Parfum exotique）、〈陽台〉（Le Balcon）、〈秀髮〉（La Chevelure）、〈舞蛇〉（Le Serpent qui Danse）、〈永不滿足〉（Sed Non Satiata）等。波特萊爾這段期間的創作靈感不斷，共寫出《惡之華》中二十多首詩作，但由於揮霍金錢不知節制，最後經濟拮据。六月到九月改住聖路易島上的安茹堤岸十五號⑭。

　　一八四三年十月到一八四五年九月間，波特萊爾住在聖路易島上的安茹堤岸十七號皮莫丹宅邸⑮。皮莫丹宅邸後改名為洛桑宅邸，也就是戈蒂耶「大麻俱樂部」所在地（參見88頁）。波特萊爾自然也加入了大麻俱樂部，與一眾文藝青年共享「人造天堂」之樂。

　　波特萊爾搬入安茹堤岸十七號頂樓、靠內院的兩房一廳時，把珍娜和她母親

 波旁堤岸十九號，羅丹情人卡蜜兒曾住在這棟建築物一樓中庭後側。紀念牌刻有卡蜜兒一八八六年寫給羅丹的信件摘錄，其中一行類似囈語「老是有樣不存在的東西苦惱著我　　」搬出道棟房子之後，卡蜜兒果然就精神失常了。

 安茹堤岸十七號的洛桑宅邸，「大麻俱樂部」所在地，也是波特萊爾一八四二到四九年的住所。

安置在同樣位於聖路易島上的無頭女路六號，也就是後來的勒葛哈堤耶路 ⑯。值得一提的是，不遠處的波旁堤岸十九號 ⓵，就是羅丹的情人卡蜜兒（Camille Caludel）一八九九到一九一三年的住所。

一八四四年七月，家人指定由監護人昂塞勒（Ancelle）管理波特萊爾的財產，每個月撥兩百法郎給他。為了生活，波特萊爾於一八四五年開始寫評論，成為藝評大師，還以波特萊爾－杜法伊（Baudelaire-Dufäys）之名──「杜法伊」是他母親娘家的姓──出版《一八四五年的沙龍》（Le Salon de 1845）。

該年五月，波特萊爾首度嘗試自殺。六月三十日，再度自殺失敗。他在寫給昂塞勒的信中透露了自殺的原因：「我因為自己對別人沒有用處而自殺，我因為自己對自己很危險而自殺。我自殺，因為我以為自己是永恆的，而我希望……」並在遺囑中將所有財產都留給「黑繆思」珍娜。到了秋天，波特萊爾入住凡登廣場七號 ⑰ 與拉菲特街三十二號的敦克爾克旅館 ⑱。

一八四六年，波特萊爾創作了大量作品，除了文學評論《一八四六年的沙龍》（Le Salon de 1846），大部分的詩歌於一八五七年首度結集為《惡之華》出版，共收錄一百首詩。詩中歌頌陰暗與死亡、強調醇酒、美人與享樂，不啻為對資產階級傳統美學觀點一大衝擊。

一八四六到一八四七年間，波特萊爾住在一連串的旅館裡，但都住不久。諸

⑰凡登廣場七號。波特萊爾一八四五年秋天住過此地。

⑲拉馬丁路三十三號。昔日高乃依旅館所在地，波特萊爾和馬內都住過。

如六月住在寇克納街三十三號的高乃依旅館，亦即今日的拉馬丁路⑲；也住過拉菲特街的弗克史東旅館⑳和普羅旺斯街二十四號㉑。十二月則住在圖爾農街七號㉒，以及其他許許多多附家具、名不見經傳、找都找不著的小地方。

一八四七年二月二十四日，波特萊爾因為參加革命團體而結識瑪麗‧杜布倫（Marie Dubrun）。《惡之華》中的〈毒藥〉（Le Poison）、〈燃燒的天空〉（Ciel Brouillé）、〈邀遊〉（L'Invitation au voyage）、〈無可挽回〉（L'Irréparable）、〈貓〉（Les Chats），統統是對瑪麗的禮讚。同時發表小說《拉芳法羅》（*La Fanfarlo*），開始接觸愛倫坡（Edgar Allan Poe）的作品。該年十二月，波特萊爾入住巴比倫街六十八或三十六號㉓。

一八四八年二月二十四日，波特萊爾手執手槍在十字路口大叫：「得開槍宰了勒畢克將軍！」七月，首度翻譯愛倫坡的《催眠啟示錄》（*Révélation magnétique*），稱呼愛倫坡是他「靈魂的雙胞胎」。愛倫坡對波特萊爾影響甚深。從一八四七年到其逝世的十七年間，波特萊爾都堅持翻譯愛倫坡的作品。八月，住在共和國大道十八號，但這條大道現在名為訥伊大道㉔。十一月，改住皮卡勒街四十六號的旅館㉕。

一八四九年十月七日，偶像愛倫坡過世，波特萊爾數個月前才剛跟他見過面。同年又對革命失望，躲到第戎好幾個月。一八五○年，波特萊爾債台高築，身體也首度出現梅毒症狀。

一八五○年五月到一八五一年七月間，波特萊爾的棲身地改為共和國大道九十五號與聖殿瑪黑街二十五號、即今日的依夫度迪克街㉖。到了一八五二年，

㉒圖爾農街七號的內院。

㉟伏爾泰堤岸十九號的伏爾泰堤岸旅館。波特萊爾於此完成代表作《惡之華》。

因為暗戀在福洛丘街四號㉗主持沙龍的薩巴堤耶夫人（Apollonie Sabatier）。匿名寫了多封詩文並茂的情書給她，包括〈致一位過於快活的女子〉（À Celle qui est trop gaie），五月到七月則住在好消息大道十一號㉘。

一八五二年十月起，波特萊爾入住皮卡勒街六十號的旅館㉙，並於一八五三年三月一日發表譯作：愛倫坡的《烏鴉》（*Le Corbeau*）及《裝飾的哲學》（*La Philosophie de l'ameublement*）。

一八五四年二月，波特萊爾改住聖安娜街六十一號的約克旅館㉚，但五月又馬上搬到塞納街五十七號的摩洛哥旅館㉛，一直住到一八五五年三月為止。

一八五五年六月，波特萊爾在《兩世界評論》（*La Revue des deux mondes*）雜誌以《惡之華》為題，發表十八首詩作。此時的落腳處為好孩子新街十三號的諾曼第旅館，也就是現今的哈茲威爾街㉜。但七月旋即改住塞納街二十七號㉝。

一八五六年一月到六月，波特萊爾的居住地又變成安古蘭姆聖殿街十八號，亦即現今的讓－皮耶·坦伯街㉞。七月到一八五八年十一月中，則住在位於伏爾泰堤岸十九號、鼎鼎有名的伏爾泰堤岸旅館五樓㉟，並在此完成代表作《惡之華》。

一八五六年九月，波特萊爾跟珍娜分手，改與瑪麗·杜布倫同居。十二月，跟知名的馬拉西斯－德·布洛茲出版社簽訂《惡之華》合約。當時出版社位於拉丁區的布西街四號㊱。波特萊爾跟出版社老闆普雷－馬拉西斯（Auguste Poulet-Malassis）雖然是好友，對出版品質卻相當苛求。光是印刷《惡之華》就花了五個月的時間，波特萊爾改了又改，對印刷字體與排版更是意見多多。

**7A** 阿姆斯特丹路二十二號，波特萊爾一八五九年住過的迪埃普旅館依然屹立。

• 一八六一年版的《惡之華》。上有波特萊爾致贈雨果的親筆題字。一八六一年再版的《惡之華》因為由波特萊爾親自增加了三十五首新詩，被文學界認為是最正式的版本。

一八五七年六月二十五日，收錄波特萊爾從一八四〇年起詩作的《惡之華》終於問世，初版共印製一千一百本，外加二十本精裝本，卻因「傷風敗俗」罪名，被勒令刪除〈累斯博斯〉（Lesbos）、〈被詛咒的女子〉（Femmes Damnées）、〈忘川〉（Le Léthé）、〈致一位過於快活的女子〉、〈首飾〉（Les Bijoux）、〈吸血鬼的化身〉（Les Métaphoses du Vampire）等六首描寫女同性戀的「淫詩」。波特萊爾則遭法庭處以三百法郎的鉅額罰款，幸好後來在拿破崙三世的夫人歐仁妮皇后干預之下，縮減為五十法郎。兩位出版社老闆普雷－馬拉西斯和德‧布洛斯（de Broise）也各被罰款一百法郎。

當時法國文壇對此事件的看法兩極，只有少數人士聲援波特萊爾，大文豪雨果就是其中之一，他慧眼獨具，曾寫信讚揚《惡之華》。以上種種裁決則一直到一九四九年才被推翻。

為了打官司，波特萊爾在八月十八日寫信給薩巴堤耶夫人，請她幫忙在法官面前說情，也透露自己一直寫匿名情書給她的真相。約莫半個月後的八月三十日，兩人終於從柏拉圖戀情進化為「真正」的戀人。孰知，一夜春風卻破壞了波特萊爾心中的美好幻想，對這位「過於快活的天使」興趣缺缺，寫道：「只不過幾天前，妳還是個女神，那是如此適意，如此的美，如此神聖不可侵犯。而妳現在成了個女人……」女神頓時成了女人，真是情何以堪！

④多姆街一號。波特萊爾在杜瓦爾醫生的療養院度
過生命中最後兩年，並於一八六七年在此病逝。

• 波特萊爾安葬於蒙巴納斯墓園第六區，
「沉思者」則是墓園裡最有詩意的雕飾。

一八五八年十一月中旬，波特萊爾跟珍娜言歸於好，住進她位於波特亥伊街二十二號③的家中。順道一提，美國搖滾巨星「門」的主唱吉姆·莫理森（Jim Morrison）一九七一年逝世之處，正是同一條波特亥伊街的十七到十九號-2。

一八五九年六月底到一八六四年四月，波特萊爾曾入住離聖拉薩車站不遠的迪埃普旅館，旅館今日也依然矗立於阿姆斯特丹路二十二號③。但一八六○到一八六一年間，波特萊爾也住過訥伊的路易·菲立浦街四號③。

一八六一年二月，《惡之華》再版，刪除遭禁的六首詩，另外新增三十五首新詩。五月，波特萊爾數度嘗試自殺。十二月，提出成為法蘭西院士候選人的申請。兩個月後，一八六二年二月，因為未能得到任何一位法蘭西院士的支持，遂在聖伯夫建議下撤回申請。波特萊爾亦於該年首度發病。

一八六四年四月，債台高築的波特萊爾因毒癮和病情每下愈況，避居比利時。一八六六年三月，波特萊爾在比利時參觀聖盧教堂時，突然出現失語症和半身不遂等症狀。到了七月，母親將他送進位於巴黎西北郊夏約多姆街一號、由杜瓦爾醫生（Docteur Émile Duval）開設的療養院④。

住在療養院時，波特萊爾住在一樓靠花園最裡面的一間小房間裡。房間十分明亮，裝飾了兩幅馬內的畫，還有人演奏華格納的音樂給他聽。但他仍於一八六七年八月三十一日早上十一點左右病逝，最愛的母親當時就坐在床邊。波特萊爾後來下

42 拉馬丁路三十三號的「馮德諾伊之家」，
波特萊爾和馬內常在此出沒。

43 蒙馬特市郊街六十六號。波特萊爾和都德都常
光臨。

葬巴黎的蒙巴納斯墓園，蒙巴納斯墓園第六區也成為波特萊爾長眠巴黎之所。

　　一八六八年，波特萊爾的出版商及友人在一八六一年版的《惡之華》基礎上，加收了二十五首詩，成為第三版的《惡之華》。散文詩《巴黎的憂鬱》（*Le Spleen de Paris*）則於一八六九年出版。目前因為文學史界認為第三版的《惡之華》有擅自改變作者本來排列之嫌，傾向將一八六一年版的《惡之華》作為正式版本。

　　事實上，除了上述眾多旅館，波特萊爾也經常流連忘返於小酒館、咖啡館。比如燕子街二十五到二十七號的「一缽之量」41 就是他和珍娜的最愛。也常光顧畫家馬內愛去的拉馬丁路三十三號「馮德諾伊之家」42。蒙馬特市郊街六十六號 43 也能見到波特萊爾的身影，後來的都德也常光臨。甚至，波特萊爾連咖啡館也住過，比方說勒佩勒提耶街二十五號的麗西咖啡館 44，便是他遊牧式巴黎生活的其中一個落腳點。

　　從以上這一大串地址中可知，將波特萊爾封為巴黎搬家達人實非過譽之詞。正由於他搬家如此頻繁，許多住處僅僅短暫停留，又已經過悠悠一百多年，很多建築物早經摧毀，道路也經改名，文獻資料追溯並不容易，許多地點與時間仍有模糊之處。但不管如何，這份「搬家清單」已足以讓人略窺波特萊爾當年在巴黎晃遊的點、線、面。

④ 勒佩勒提耶街二十五號，昔日麗西咖啡館所在地，波特萊爾曾住在這家咖啡館裡。

④ 燕子街的「一缽之量」，波特萊爾常常光顧的小酒館。

④ 「一缽之量」位於燕子街和心之歸宿街交界處。心之歸宿街九號便是Beat Hotel，也就是一九五〇至六〇年代「垮掉的一代」巨匠金斯堡（Allen Ginsberg）、歐羅夫斯基（Peter Orlovsky）、布洛斯（William Burroughs）等人常駐之處。布洛斯的《裸體午餐》（*Naked Lunch*）就是在這邊完成的。

## 魏爾倫
### *Paul Verlaine*

◆ 1844-1896，法國象徵主義作家、「詩人之王」
◆ 《無言的浪漫曲》

　　魏爾倫於一八四四年在法國東北部的梅茲出生，一八五一年夏天才隨父母遷往巴黎。一家人先住在小馬廄街十號 **45**，接著又搬到巴提紐勒區（相當於今日第十七區）的聖路易街十號 **46**。十月開學時，魏爾倫註冊進入一所位於聖海倫街 **-1** 的學校寄宿，離父母家不遠。

　　一八五三年起，魏爾倫在夏普塔勒街三十二號的朗德瑞學校 **47** 寄宿，一住就住了九年。一八五五年進入波拿巴中學 **48** 就讀，成績優異，尤其是文科。十四歲時，魏爾倫把自己寫的第一首詩〈死亡〉（La Mort）寄給雨果。

　　一八六二年魏爾倫考完高中會考後，原本想進大學深造法律，如此一來通過國考便可到財政部服務，但他卻開始流連拉丁區的咖啡館，漸漸打進了藝文圈子，波特萊爾成為他的偶像。

　　一八六三年，魏爾倫跟家人一同搬入勒麥席耶街四十五號 **49**。父親擔心他的未來，一八六四年想辦法讓他先進了一家保險公司，幾個月後他又轉到巴黎第九區區公所上班，最後才轉入巴黎市政廳工作。如是之故，魏爾倫從一八六四到一八七一年間拿起了橡皮圖章，成為不折不扣的公務員。

　　魏爾倫的父親於一八六五年過世，他則於一八七〇年娶瑪蒂德（Mathilde Mauté）為妻。一八七一年，魏爾倫因為支持巴黎公社，搞砸了市政廳公務員的鐵飯碗，卻也於同年八月結識了小他十歲的韓波。當時魏爾倫跟妻子瑪蒂德住在岳父母位於尼寇萊街十四號 **50** 的家，竟然也讓剛到巴黎的韓波住了進去，雖然只住了三週，對岳家來說還是夠嗆的。（參見108頁）

　　一八七一到一八七三這兩年間，魏爾倫和韓波愛得轟轟烈烈，兩人還在一八七二年一起私奔倫敦。原本待得好好的，豈料魏爾倫突然想回頭投入妻子瑪蒂德的懷抱，並決定如果無法讓瑪蒂德回心轉意，就要舉槍自盡。於是乎，魏爾倫拋下韓波跑到比利時，獨自住在旅館裡。一八七三年七月三日（一說九日），隨後趕

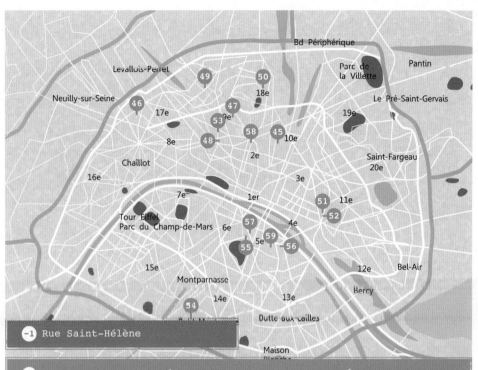

-1 Rue Saint-Hélène

45 10, Rue des Petites-Écuries, 75010 (M4, Château-d´Eau)

46 10, Rue Saint Louis, 75017 (M13, La Fourche)

47 32, Rue Chaptal, 75009 (M2, M12, Pigalle)

48 【舊】Lycée Impérial Bonaparte

【今】Lycée Condorcet. 8, Rue du Havre. 75009 (M3, M12, M13, M14, Saint-Lazare)

49 45, Rue Lemercier, 75017 (M13, La Fourche)

50 14, Rue Nicolet, 75018 (M4, Château Rouge)

51 17, Rue de la Roquette, 75011 (M5, Bréguet Sabin)

52 1, Rue Saint Sabin, 75011 (M5, Bréguet Sabin)

53 Hôtel Austin. 26, Rue d´Amsterdam, 75009 (M13, Liège)

54 Hôpital Broussais. 96, Rue Didot, 75014 (M13, Plaisance)

55 【舊】Hôtel Lisbonne

【今】Hôtel Fontaines de Luxembourg. 4, Rue de Vaugirard, 75006 (M4, M10, Odéon)

56 48, Rue du Cardinal Lemoine, 75005 (M10, Cardinal Lemoine)

57 Le Polidor. 41, Rue Monsieur-le-Prince, 75006 (M4, M10, Odéon)

58 Café le Central. 14, Rue Drouot, 75009 (M8, M9, Richelieu Drouot)

59 39, Rue Descartes, 75005 (M10, Cardinal Lemoine)

**51 52** 侯傑特街十七號（前棟）和聖薩卅路一號（後棟），魏爾倫在此寫下詩集《被詛咒的詩人》。

**53** 阿姆斯特丹路二十六號的奧斯汀旅館，魏爾倫一八八五年二月住過這裡。波特萊爾待過的迪埃普旅館則在二十二號。

**55** 沃吉哈路四號，昔日里斯本旅館所在地，今改名為盧森堡噴泉旅館。紀念牌上寫：「一八八九到一八九四年，魏爾倫經常在這間旅館住宿」。

到的韓波料定魏爾倫開不了槍，但也下定決心要離開魏爾倫。魏爾倫因此開了兩槍，不是自戕，而是打在韓波——他口中「可怕的伴侶」手腕上。

雖然魏爾倫立即後悔，要求韓波殺了他，但韓波還是嚇跑了。最後韓波念在兩人的一段情，撤銷對魏爾倫的告訴，但魏爾倫仍於一八七三年八月八日鋃鐺入獄，一直到一八七五年一月才出獄，同時皈依天主教。而與韓波的這段感情，則哺育魏爾倫寫下代表作《無言的浪漫曲》（*Romance sans paroles*）。

出獄後，魏爾倫在倫敦和法國都當過老師。擔任教職期間也曾跟男學生傳出曖昧情愫，因而在一八七九年九月被趕出學校。

事實上，魏爾倫是位標準的成年後才「覺醒」之雙性戀者。十七歲時他情竇初開，愛上表姊愛爾莎，可惜表姊嫁給有錢的糖廠老闆，讓魏爾倫為之心碎。另一方面，成為少奶奶的表姊仍時常幫助他，魏爾倫首部詩集《憂鬱詩篇》（*Poèmes saturniens*）便是受到表姊資助，才能在一八六六年出版。

可惜的是，愛爾莎於一八六七年因難產過世，魏爾倫深受打擊，不但酗酒無度，而且有了暴力傾向，甚至連親生母親都挨過他的拳頭。魏爾倫的母親認為這樣頹廢下去不是辦法，便鼓勵兒子娶媳婦，魏爾倫遂在一八七〇年八月娶瑪蒂德為妻，婚後兩人還育有一子。然而，魏爾倫婚後仍時有暴力傾向，甚至有家暴紀錄，夫妻兩人終於在一八七四年四月宣告分居。

一八八一年，魏爾倫在巴黎出版詩集《明智》（*Sagesse*），達到創作生涯高

**59** 笛卡爾街三十九號，一八九六年魏爾倫過世的地方，也是海明威一九二一到二五年的住所。牆上可看到魏爾倫與海明威各有一塊紀念牌。（參見220頁）

**57** 王子先生街四十一號的波麗多餐廳，魏爾倫最愛用餐的地方。

**58** 魏爾倫常去的中央咖啡館。

峰。一八八二年回到巴黎，成了半遊民半醉鬼的社會邊緣人。一八八二年十二月到一八八三年九月間則住在侯傑特街十七號 **51**，並在附近的聖薩班路一號 **52** 寫下詩集《被詛咒的詩人》（*Poètes maudits*）。

　　一八八五年二月，魏爾倫跟妻子瑪蒂德離婚判決之後，曾住在阿姆斯特丹路二十六號的奧斯汀旅館 **53**。到了一八八七年，雖然名氣越來越響亮，魏爾倫卻終日以咖啡館為家，並多次進入布胡塞醫院 **54**。一八九四年，魏爾倫被封為「詩人之王」，但他頹廢的形象已深植人心。同年五到七月因病住院，八月出院後，魏爾倫獨自住在沃吉哈路四號的里斯本旅館，如今則改名為盧森堡噴泉旅館 **55**。隨後又住到勒莫那紅衣主教街四十八號 **56**。

　　魏爾倫最愛用餐的地方是位於王子先生街四十一號的波麗多餐廳 **57**，該餐廳於十九世紀初開幕，在二十世紀時經常能看見紀德、喬伊斯、海明威的蹤影，至今已成為巴黎的老字號餐廳。魏爾倫也常去中央咖啡館 **58** 看人與被看。

　　一八九六年一月八日，魏爾倫在笛卡爾街三十九號 **59** 的情婦家過世，得年五十二歲。葬禮次日，好幾份地方小報都報導了一樁怪異事件——葬禮當晚，巴黎歌劇院屋頂掌管抒情詩的繆思女神愛拉多雕像的胳臂斷了，手上抱著的七絃琴也摔落在地，就砸碎在魏爾倫靈柩剛剛經過的地方。魏爾倫果然是位「被詛咒的詩人」。

# 韓波
## *Arthur Rimbaud*

◆ 1854-1891，法國天才詩人
◆〈醉舟〉、《地獄裡的一季》

　　亞瑟・韓波是位早熟的天才詩人，出生於法國香檳區，自小父母離異，童年時悒鬱寡歡。就讀中學期間，修辭學老師借了他一本雨果的《悲慘世界》，引發他對文學的興趣，並於一八七〇年一月二日寫下第一首詩作〈孤兒的新年禮物〉（Les Étrennes des orphelins）。

　　同年五月，年方十五的韓波寫信給帕納斯派的領袖龐維勒（Théodore de Banville），表達自己的意願：「我要成為帕納斯，否則什麼都不要。」這句聽起來有點耳熟的話，正與五十年前，時年十八歲的雨果寫給偶像夏朵布里昂的話類似。而讓韓波癡迷的「帕納斯派」是當時的一個文學流派，主張把個人情感隱藏在客觀事物背後，而非透過詩歌盡情傾吐，同時倡導詩歌與理性科學、細膩分析的結合，並追求詩歌格律和節奏上的完美。

　　韓波在信中還附上三首詩，希望能發表在《當代帕納斯》（*Le Parnasse contemporain*）上。結果不但慘遭拒絕，龐維勒還回信：「我永遠也不會刊登你的詩。」不過後來韓波到巴黎時，龐維勒曾讓韓波暫住過他家一陣子。

60 韓波之友協會在老鴿棚街和波拿巴街的轉角處，幫韓波的〈醉舟〉掛了個紀念牌。牌上刻著「一八七一年，詩人韓波在此地首度發表〈醉舟〉」。

　　到了八月，韓波第一次出逃巴黎。沒想到火車抵達巴黎北站時，卻因車票未付足而被拘留，最終靠老師擔保才得以脫身。十月又再次出逃比利時。一八七一年二月二十五日，韓波三度出逃，因為沒錢搭火車去巴黎，遂決定步行前往。

　　一八七一年八月，韓波在朋友引介下寫信給魏爾倫，兩人開始通信。九月中

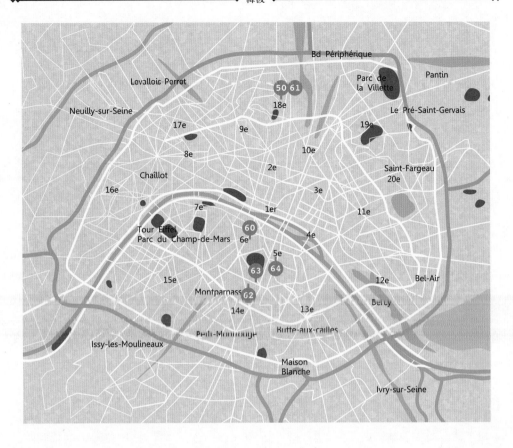

50 14, Rue Nicolet, 75018 (M4, Château Rouge)

60 Rues du Vieux-Colombier et Bonaparte, 75006 (M4, Saint-Sulpice)

61 14, Rue Nicolet, 75018 (M4, Château Rouge)

62 Rue Campagne-Première et Boulevard Raspail, 75014 (M4, M6, Raspail)

63 La Closerie des Lilas. 171, Boulevard de Montparnasse, 75005 (RER B, Port Royal)

64 Hôtel Cluny. 8, Rue Victor Cousin, 75005 (M10, Cluny-La Sorbonne)

丁香園咖啡館。韓波和魏爾倫都很喜歡這裡的熱情氛圍。

旬，韓波懷中揣著知名詩篇〈醉舟〉（Le Bateau ivre）拜訪魏爾倫，此後開始參加魏爾倫等人的「壞好男人」詩會，結識了當時巴黎詩壇上許多重量級人物。

當時，魏爾倫跟妻子瑪蒂德住在岳父母位於尼寇萊街十四號的家，卻仍然讓初抵巴黎的韓波住了進去，時間上雖然只有三週，仍然讓魏爾倫岳家頗感吃不消。而且自此以後，韓波與魏爾倫明目張膽的同志戀情引人側目，放浪形骸、吸食大麻的行徑更連文學圈也難以容忍。（參見102頁）

一八七二年初，韓波和魏爾倫住在第一鄉村街和哈斯拜耶大道交叉口一帶，兩人相當喜歡距此不遠的丁香園咖啡館熱情氛圍。五月時，韓波先住進王子先生街某間旅館裡，房間恰恰面對聖路易中學的校園。六月則搬到維克多‧庫贊街八號的克魯尼旅館。克魯尼旅館現今依然存在，韓波住過的小房間也還在，詩作〈最高塔之歌〉（la Chanson de la plus haute tour）就是在此地寫下的。

一八七二年，魏爾倫為了韓波拋妻棄子，兩人一起私奔到倫敦去。雙宿雙飛之後，兩人的確快活了一陣子。哪知一年後的一八七三年七月初，發生了「布魯塞爾悲劇」之開槍事件。魏爾倫因開槍傷及韓波入獄，韓波則隻身回到故鄉，傷心

**64** 克魯尼旅館。韓波一八七二年六月下榻於此,住過的房間也依然保留。

**64** 克魯尼旅館牆上的紀念牌,由韓波之友協會掛上。牌上刻有韓波的字句:「在這個時候,我有一間漂亮的房間。」〈最高塔之歌〉即在此完成。

之餘,完成追憶他和魏爾倫生活的傑作《地獄裡的一季》(*Une saison en enfer*)。《地獄裡的一季》於一八七三年十月在布魯塞爾出版,僅僅印製五百本,卻連五百本都沒賣完。

韓波早期的詩作風格追求帕納斯派形式的完美;中期著重於對現實生活的不滿和抗拒;後期詩作則加強了象徵主義色彩,著名長詩〈醉舟〉就是後期的作品,深受詩人波特萊爾〈感應〉影響。

不過,所謂的前期、中期與後期,看似創作期很長,其實不過短短四、五年,因為韓波主要的詩作都寫於十六至十九歲之間。創作時間雖短,韓波的作品卻在法國文壇擁有舉足輕重的地位。韓波現存詩作約一百四十首。

# 馬拉美
## *Stéphane Mallarmé*

◆ 1842-1898，法國象徵主義詩人
◆ 《牧神的午後》

　　史蒂芬・馬拉美於一八四二年在巴黎拉弗瑞爾街十二號 ⑤ 的官員家庭出生，小時候母親、父親和姊姊就相繼離開了人世，只有在外祖母懷中能得到一些關懷。馬拉美中學時迷上了詩歌，受到雨果、龐維勒和戈蒂耶較多影響。一八六〇年，馬拉美發掘到波特萊爾《惡之華》的魅力，成為其初期作品的一大啟發。一八六二年，馬拉美開始發表詩歌，同年前往英國進修英語。次年回到法國。

　　一八六五年，馬拉美寫下著名詩篇《牧神的午後》（*L'Après-midi d'un faune*），希望能在法蘭西劇院發表，可惜未能如願。但這首共有一百一十句亞歷山大體的長詩，實為其代表之作。

　　一八六六年，馬拉美的詩作開始受到詩壇關注，從而認識了文壇重量級人物，如魏爾倫、韓波、雨果、左拉、王爾德、瓦雷里等人，也跟畫家馬內變成好友。馬內參加一八七四年沙龍展有兩幅畫遭拒時，馬拉美還為文聲援馬內。

　　一八七四年，馬拉美住在莫斯科街二十九號 ⑥，以便就近於孔多塞中學 ⑦ 教書。一八七五年三月，馬拉美住進羅馬街八十七號四樓，該址於一八八四年二月改成八十九號 ⑧。這間小公寓裡有客廳、沙龍，還有兩個房間，後來成為著名「馬拉美週二」的沙龍所在地。馬拉美想出版新版《牧神的午後》，可惜出版社仍舊興趣缺缺，直到隔年才總算出版，馬內還幫忙畫插圖，馬拉美從此聲名大噪。

　　一八七七年起，馬拉美每週都在家中舉辦詩歌沙龍，成為當時最夯的藝文沙龍，所有檯面人物都是座上客，如魏爾倫、韓波、雨果、德布西、瓦雷里、紀德、魏爾蘭、于斯曼、羅丹夫婦等。因為固定在週二舉行，被戲稱為「馬拉美週二」。

　　一八九二年，德布西著手譜寫《牧神的午後前奏曲》（*Prélude à l'après-midi d'un faune*），並於一八九四年發表。俄羅斯芭蕾舞家尼金斯基（Vaslav Nijinski）則在一九一二年為《牧神的午後》編舞。一八九六年魏爾倫過世後，馬拉美被推選為新的「詩人之王」，成為法國詩壇現代主義和象徵主義詩歌的領袖人物。

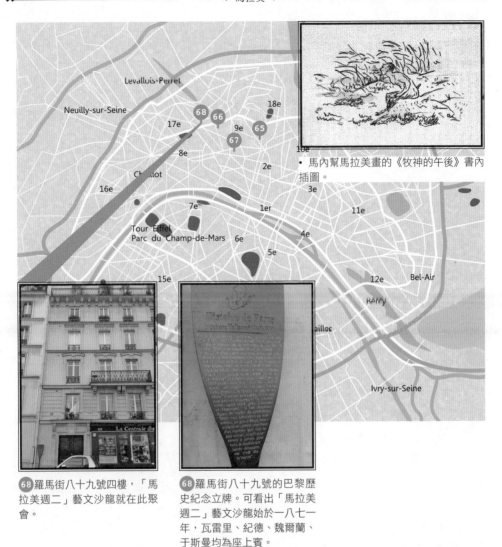

• 馬內幫馬拉美畫的《牧神的午後》書內插圖。

68 羅馬街八十九號四樓,「馬拉美週二」藝文沙龍就在此聚會。

68 羅馬街八十九號的巴黎歷史紀念立牌。可看出「馬拉美週二」藝文沙龍始於一八七一年,瓦雷里、紀德、魏爾蘭、于斯曼均為座上賓。

65 12, Rue Laferrière, 75009 (M12, Saint-Georges)

66 29, Rue de Moscou, 75008 (M2, Rome)

67 【舊】Lycée Impérial Bonaparte

　　【今】Lycée Condorcet. 8, Rue du Havre. 75009 (M3, M12, M13, M14, Saint-Lazare)

68 【舊】87, Rue de Rome

　　【今】89, Rue de Rome, 75017 (M2, Rome)

# 斯湯達爾
*Stendhal*
*(Henri Beyle)*

◆ 1783-1842，法國寫實主義作家
◆ 《紅與黑》、《帕爾瑪修道院》

斯湯達爾出身於法國東部格勒諾柏的資產家庭。父親是位律師，母親則在他七歲時過世，但其義大利血統卻對斯湯達爾影響甚深。

一七九九年，十六歲的斯湯達爾來到巴黎，入住格瑞奈勒街一一七號 ⑩ 和聖日耳曼大道一號 ⑰，準備投考知名的綜合理工學校，沒想到卻捲入大革命的洪流中。一八○○年，斯湯達爾住在里爾街七十九號院子最裡面的那間 ㉑，之後即隨拿破崙大軍前往義大利。義大利人民的熱情、輝煌的文化傳統與文學遺產，令本身具有義大利血統的斯湯達爾感觸甚深，就此在米蘭長住，並在該地完成多部著作。

旅居米蘭期間，斯湯達爾經常北上巴黎，並於一八○四、一八○六和一八○七年入住里爾街六十九號 ㉒，一八○八到一八○九年則住在雅各布街五十二號的漢堡旅館 ㉓。一八一○年短暫住在雅各布街二十八號的西班牙旅館 ㉔ 一陣子後，便搬進當時稱為盧森堡新街、後改名為康朋街的五號四樓 ㉕，並住到一八一四年為止。

㉓雅各布街五十二號，昔日漢堡旅館所在地。

㉔雅各布街二十八號，昔日西班牙旅館所在地。

一八一七年，斯湯達爾以本名亨利・貝爾發表了《義大利繪畫史》（*L'Histoire de la peinture*）一書，這也成了他唯一一部以真名發表的著作。其實他的筆名不勝枚舉，甚至超過兩百個，但其中最知名的

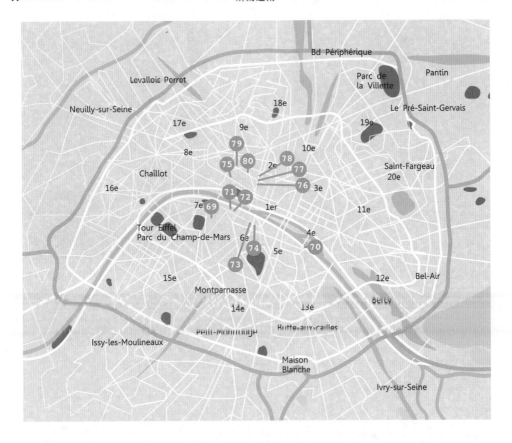

**77** 黎胥留街六十一號，昔日里爾人旅館所在地。旅館現已不存，但外牆上的紀念牌刻有：「斯湯達爾於一八二二到一八二三年住在此地。並於同一條街六十九號完成《羅馬漫步》和《紅與黑》兩部作品」。

**78** 黎胥留街六十九號，昔日瓦洛瓦旅館所在地，也是斯湯達爾一八二八到三〇年的住所。

當然就是斯湯達爾。

那麼，「斯湯達爾」這個筆名又是怎麼來的呢？一八一七年九月，斯湯達爾首度以「騎兵隊軍官斯坦達爾先生」（M. de Stendhal, officier de cavalerie）的筆名發表遊記《羅馬、那不勒斯和佛羅倫薩》（*Rome, Naples, Florence*）。這個筆名來自於他心儀的藝術史及考古學家溫克爾曼（Johann Joachim Winckelmann）的出生地：德國小城斯坦達爾（Stendal），但斯湯達爾多加了一個h，讓整個名字「Stendhal」看起來更像德文，而且還希望大家能發音成「斯湯達爾」（standhal），遂成為今日我們所熟知的筆名。

斯湯達爾旅義期間還有件小趣聞值得一提。話說他在一八一七年前往佛羅倫斯旅遊時，由於藝術氛圍過於「美麗」，他出現了心跳加速、暈眩，甚至出現幻覺等症狀。後來精神醫學界便依其筆名，將此症狀命名為「斯湯達爾症候群」。

斯湯達爾直到一八二一年才回到巴黎，之後幾乎均以旅館為家。首先住在黎胥留街四十五號的布魯塞爾旅館 **76**，住到一八二二年。隨後搬入黎胥留街六十一號的里爾人旅館 **77**。一八二八到一八三〇年，又改住黎胥留街六十九號的瓦洛瓦旅館 **78**，並在瓦洛瓦旅館完成了《羅馬漫步》與《紅與黑》。

斯湯達爾的代表作《紅與黑》（*Le Rouge et le noir*）於一八二九年動筆，一八三〇年大功告成。這部小說展示了十九世紀三〇年代法國社會的現狀，故第一

⑲高瑪丹街八號與牆上的紀念牌：「一八三八年十一月四日到十二月二十六日，短短五十二天內，斯湯達爾臨時起意，口述完成了巨作《帕爾瑪修道院》」。紀念牌由斯湯達爾之友協會掛上。

⑳丹尼艾拉‧卡薩諾瓦街二十二號，昔日的南特旅館，斯湯達爾過世處。

副標題為「十九世紀紀實」，第二副標題為「一八三〇年紀實」。斯湯達爾以現實主義的嚴謹結構，細膩描繪了男女追求情愛的內心世界，譜寫出可歌可泣的動人戀曲，足堪為其代表之作。而《紅與黑》之所以成為一部深受讀者歡迎的傑出作品，首先在於它有血有肉的現實主義和描寫書中主人翁的藝術魅力。

　　一八三六到一八三九年，斯湯達爾住在巴黎並繼續旅行。一八三八年十一月四日到十二月二十六日，短短五十二天內，他臨時起意，以口述方式完成了巨作《帕爾瑪修道院》。當時，斯湯達爾的落腳處為高瑪丹街八號四樓⑲。

　　《帕爾瑪修道院》這部傑出的作品似乎有很大一部分受到了米蘭經歷的影響，帶有自傳性。儘管斯湯達爾先前的作品已在小範圍內引起重視，但這部《帕爾瑪修道院》才是他第一部真正獲得成功的作品。巴爾札克視《帕爾瑪修道院》為難得的傑作，於一八三九年三月寫信給斯湯達爾表示仰慕之情。巴爾札克寫道：「棒極了，極其寫實地描繪了我所嚮往的軍旅生活場景。」並在一八四〇年的《巴黎人雜誌》（Revue parisienne）中提到「貝爾先生」寫的大作，最後還寫：「在我看來，《帕爾瑪修道院》的作者是我們這個時代最優秀的作家之一。」

　　一八四二年，斯湯達爾住進丹尼艾拉‧卡薩諾瓦街二十二號的南特旅館⑳。卻於三月二十二日走在巴黎街頭時突然二度中風，隨後於南特旅館過世。

# 巴爾札克
*Honoré de Balzac*

◆ 1799-1850，法國寫實主義巨匠
◆ 《人間喜劇》

一七九九年，奧諾雷‧德‧巴爾札克出生於法國中部圖爾的一個中產階級家庭。原本是農民家族，由於父親長袖善舞，善於經營，是「為達目的不擇手段之人」，使得家底日益豐厚。同時將原本的平民姓氏「巴勒薩」（Balssa）改成中古騎士姓氏「巴爾札克」（Balzac），又在姓氏前加上一個代表貴族的「德」（de）。

巴爾札克的母親小父親十多歲，一生痛恨自己沒有感情基礎的婚姻，因此對小巴爾札克也相當苛刻，使得嚴重缺乏母愛的巴爾札克一直到母親臨終前，都沒有辦法原諒親生母親的無情與冷漠。

從雙親對巴爾札克的影響可看出他往後的性格：追求成功不遺餘力，喜歡結交比自己年長的貴族女性。比方說，巴爾札克剛滿二十歲，便努力追求比自己年長二十歲的中年婦女貝妮夫人（Laure de Berny）。貝妮夫人對巴爾札克在寫作和金錢上均助益甚大，還讓他得以接觸上流社會的生活。

巴爾札克光在巴黎一地就搬了十幾次家，而且在諸多紅粉知己家暫住的紀錄尚未列入計算。但正由於到處搬家，巴黎走透透，使他對巴黎各地十分熟悉，並將這份熟悉感化成筆下種種人物的生活背景，成為鉅著《人間喜劇》的最佳場景。

一八一四到一八二四年間，巴爾札克住在瑪黑區 ，而同樣位於瑪黑區的聖殿街三十六號 波

83 維斯康堤街十七號。巴爾札克的印刷廠曾設立於此。也是浪漫主義畫家德拉克洛瓦一八三五到四四年的畫室所在地。

83 維斯康堤街十七號的紀念牌上寫：「《人間喜劇》作者巴爾札克於一八二六到一八二八年在這裡開設印刷廠」。

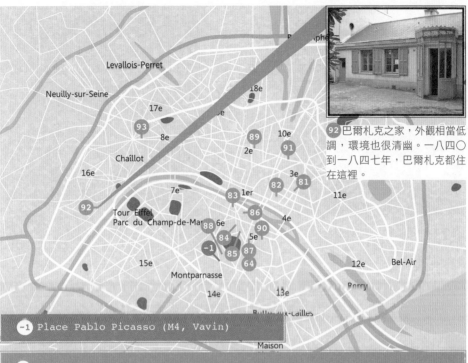

92 巴爾札克之家，外觀相當低調，環境也很清幽。一八四〇到一八四七年，巴爾札克都住在這裡。

-1 Place Pablo Picasso (M4, Vavin)

64 Hôtel Cluny. 8, Rue Victor Cousin, 75005 (M10, Cluny-La Sorbonne)

81 Quartier marais (M1, Saint-Paul ; M11, Rambuteau)

82 36, Rue du Temple, 75004 (M11, Rambuteau)

83 17, Rue Visconti, 75006 (M4, Saint-Germain-des-Prés)

84 2, Rue de Tournon, 75006 (M4, M10, Odéon)

85 1, Place de l´Odéon, 75006 (M4, M10, Odéon)

86 7, Rue des Grands Augustins, 75006 (M4, Saint-Michel)

87 Hôtel Cluny. 8, Rue Victor Cousin, 75005 (M10, Cluny-La Sorbonne)

88 Le Panthéon. Place du Panthéon, 75005 (RER B, Port-Royal)

89 Café de la Porte de Montmartre. 29, Boulevard Poissonnière, 75009
(M8, M9, Grands Boulevards)

90 Paroisse Saint Étienne du Mont. Place Sainte Geneviève, 75005 (M10,
Cardinal Lemoine)

91 Théâtre de La Porte Saint-Martin. 18, Boulevard Saint-Martin,
75010 (M4, M8, M9, Strasbourg-Saint Denis)

92 【舊】Rue Basse
【今】Maison de Balzac. 47, Rue Raynouard, 75016 (M6, Passy)

93 【舊】14, Rue Fortunée
【今】14, Rue Balzac, 75008 (M1, George V)

84 圖爾農街二號，巴爾札克一八二七到一八三〇年的住所。

85 歐德翁廣場一號，昔日的伏爾泰咖啡館所在地。巴爾札克常和朋友在此見面。

雷出版社，正是最早跟巴爾札克簽約的出版商，一八二二年即簽訂出版合約。另一方面，巴爾札克的父親希望他成為律師，他自己則對文學創作情有獨鍾，但創作初期卻苦於找不到自己的風格。

由於在寫作中得不到成就感，巴爾札克於一八二五年踏入出版事業，並在一八二六年不惜砸下重金，在維斯康堤街十七號一樓成立印刷廠，並將住家設在二樓 83。巴爾札克曾在一八三九年的《幻滅》（*Illusions perdues*）描述該地。可惜才過了兩年左右，印刷廠便因經營不善而於一八二八年宣告倒閉。除了為巴爾札克帶來驚人的巨額負債，也讓他下了一個重大的決定：專心致力於文學創作。

一八二九年是巴爾札克一生轉變最大的一年。該年出版的長篇小說《舒昂黨人》（*Les Chouans*）初步奠定了他在文學界的地位。即便當時文學界對他的寫作風格仍持保留態度，但他細心的觀察及對傳統婚姻的犀利批判，已讓他的名氣在巴黎文學沙龍裡快速攀升。

一八二七到一八三〇年間，巴爾札克都住在圖爾農街二號 84，並經常光顧位於歐德翁廣場一號的伏爾泰咖啡館 85，跟作家朋友與記者會面，可惜伏爾泰咖啡館已於一九五六年消失。有趣的是，巴爾札克將生活場景融入了自己的作品：在《幻滅》書中，主角呂西安也常跟朋友在「伏爾泰咖啡館」見面。

一八三一年，巴爾札克發表《驢皮記》（*La Peau de chagrin*），躋身法國最負盛名的作家之林，同年還在大奧古斯丁街七號 86 完成了《無名的傑作》（*Le Chef-d'oeuvre inconnu*）。有趣的是，一世紀後的一九三七年，正是在大奧古斯丁街七

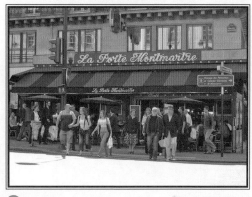

86 大奧古斯丁街七號的紀念牌。一八三一年，巴爾札克在此完成《無名的傑作》，一世紀後的一九三七年，畢卡索在同一地址畫下〈格爾尼卡〉。

89 蒙馬特門咖啡館，巴爾札克經常以這家咖啡館作為《人間喜劇》的寫作參考。

號，畢卡索畫下了立體派巨作〈格爾尼卡〉（*Guernica*）。

　　除了伏爾泰咖啡館，巴爾札克常安排筆下人物在真實的巴黎出沒。比如《幻滅》主角路西安慘遭芭潔茭夫人拋棄後，黯然住進一間小旅館的四樓。這間名為克魯尼的小旅館不但真正存在，至今也依然安在，地址為維克多·庫贊街八號 87。後來韓波還於一八七二年入住過 64（參見108頁）。另外，先賢祠廣場 88 是《人間喜劇》的重要背景。巴爾札克也經常拿蒙馬特門咖啡館 89 作為《人間喜劇》寫作的參考。高老頭的葬禮則在位於聖潔納維耶芙廣場的聖艾蒂安教堂 90 舉行。

　　一八四〇年三月，《佛特漢》（*Vautrin*）一劇在聖馬汀門劇院 91 上演。債台高築的巴爾札克將希望全寄託在此劇上，不幸到了第四幕時，因為有位演員的假髮跟法王路易·菲利浦的髮型類似，造成群情嘩然。該劇也於隔日即遭強制下檔。

　　一八四〇年，巴爾札克搬進巴斯街，即今日的瑞努瓦爾街四十七號 92。直到一八四七年為止，巴爾札克都在這間有客廳、餐廳、臥室、小廚房、客房及書房的寓所躲債（當時此地尚不屬於巴黎市內）。更於一八四二到一八四三年間，在這裡寫下許多本著作，包括《交際花盛衰記》（*Splendeurs et Misères des Courtisanes*）、《攪水女人》（*La Rabouilleuse*）、《貝姨》（*La Cousine Bette*）《邦斯舅舅》（*le Cousin pons*）等。

　　這間居所從一九〇三年起就成為小型私人博物館，一九四八年則捐贈給巴黎市政府，也是今日唯一一個對外開放的巴爾札克故居，即「巴爾札克之家」。我們可以參觀巴爾札克的工作室，看看他用壞的扶手椅、埋首期間超過十年的桌子、改得

**92** 巴爾札克的書桌。大作家日夜勤於筆耕，連書桌都因伏案埋首苦寫而磨得發亮。書桌後方的人理石半身像則出自巴爾札克好友「昂熱的達維德」之手。

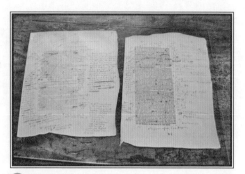

**92** 幾頁被巴爾札克改得面目全非的打印稿，不難發現大作家相當難搞。

面目全非的稿件、一只幫助他對抗疲勞的咖啡壺。

　　說到咖啡，巴爾札克的咖啡可謂赫赫有名，因為咖啡就是巴爾札克的現代興奮劑，他一天可以喝上三十杯，甚至還說出「我要不是在咖啡館，就是在去咖啡館的路上」的「最佳咖啡廣告代言詞」。為了連續十八個小時、不眠不休地撰稿、修稿、校稿，巴爾札克大量仰仗黑咖啡來提神醒腦。他還對咖啡做過深入研究，寫下《論現代興奮劑》（*Traité des excitants modernes*）一書。即使明知「現代興奮劑」足以對健康造成危害，但他依然選擇像個「藝術家」，為藝術而犧牲，繼續酗咖啡，即使賠上健康也在所不惜。

　　巴爾札克絕對是個工作狂：早上八點結束前夜的寫作工作後，先洗澡一個鐘頭，再接著瀏覽從印刷廠送來的稿件。巴爾札克腰際繫有兩件不可或缺的工具：裁信刀和剪刀，因為他隨時會在稿件上加入一堆數不清的補充，並貼上他想插進去的文字。萬一稿件留白處不夠大（其實印刷廠已經專程為他留了很大的空白了），他馬上可以用裁信刀和剪刀自己動手。巴爾札克無邊無際的訂正與修改常常把打字員整得死去活來，甚至宣稱一天幫巴爾札克打字不能超過一個鐘頭，因為同樣一篇文章大文豪可以改上十來次，甚至耽誤到截稿日期都照改不誤。

　　校完稿後，巴爾札克會吃頓清淡的午餐，旋即伏案埋頭苦寫，一直到下午五點才用晚餐，並於八點就寢。到了午夜，僕人會叫醒他。他就套上一件長袍，繼續寫作直到早上八點，如此週而復始，創作出大量作品。話說巴爾札克的長袍是他最著

93 巴爾札克街十四號，巴爾札克在此迎娶妻子依芙·漢斯卡。紀念牌的刻字已相當模糊，依稀辨認：「《人間喜劇》作者巴爾札克於一七九九年五月二十日出生於圖爾，一八五〇年過世於曾立於此地的宅邸中」。

→1 一九三九年，哈斯拜耶大道和蒙巴納斯大道交會口的畢卡索廣場上，豎立起一尊由羅丹雕塑的巴爾札克全身像。

名的裝扮，許多肖像畫中都可以看到他穿著這種稱為froc的長袍（夏天為棉質，冬天則是喀什米爾材質）。他寫作的書桌跟他搬了一家又一家，現今則在巴爾札克之家展出。桌上的墨水瓶也是他從學生時代就開始使用的。

巴爾札克既不串門子，也拒絕訪客（盡量降低到最低限度），更遑論旅遊。即使難得出趟遠門，懷中也揣著稿子。除此之外，巴爾札克不近女色，強要女性尊重他的工作時間。總之，任何人事物都不能破壞他的寫作習慣。

巴爾札克不喜歡社交生活——除非是結交可娶來為妻的女貴族——這點可說遺傳自他父親那種不達目的絕不終止的「專營學」。巴爾札克追逐女貴族一方面是為了找張長期飯票，另方面是為了彌補自小不足的母愛，希望能找一位有能力愛他並且鼓勵他創作的女人。

巴爾札克最後一個地址是幸運街十四號，如今已改為巴爾札克街十四號 93，離香榭麗舍大道不遠。這是他一八四六年購入以迎娶新婚妻子的房子。巴爾札克夫人依芙·漢斯卡（Eve Hanska）於一八五〇年正式入住，可惜該建築今日已遭摧毀。

巴爾札克終其一生都在追逐名利，五十一歲過世時債台高築，幾近失明，且不為自己才娶進門僅僅幾週的女人所愛。巴爾札克安葬於拉榭思墓園，墓上的青銅半身像同樣出自作家生前好友「昂熱的達維德」（David d'Angers）之手。

# 梅里美
*Prosper Mérimée*

◆ 1803-1870，法國中短篇小說作家
◆ 《卡門》

現今只要一提起《卡門》（*Carmen*），大家可能只會想到比才（Georges Bizet），殊不知《卡門》原作，其實出自於梅里美一八四七年發表的短篇小說，後來才經由比才改編成同名歌劇。

一八〇三年，普羅斯佩・梅里美在聖艾蒂安教堂對面的聖潔納維耶芙廣場七號 94 出生。父親為畫家，並在知名的綜合理工學院教書，後來還成為巴黎美術學院祕書長，母親則是藝術家。出身於藝術世家的梅里美自小浸淫於藝術氛圍中，終生衣食無憂，學識淵博，是法國現實主義文學中鮮有的學者型作家。

一八一一年，梅里美進入拿破崙中學就讀，也就是後來的亨利四世中學 95。一八二〇年，他住進位於小奧古斯丁街十四到十六號、現改名為波拿巴路的美術學校 96，雨果一家也於同一時期住在此地 39。（參見65頁）

一八三六年，梅里美改住聖日耳曼瑪黑街二十號、即後來的維斯康堤街 97。一八三八年則住在美術街十號 98。美術街也是《兩世界雜誌》一八三四到一八四五年總部所在地，該月刊創立於一八二九年，在十九世紀就很有名，直至今日依然發行，是歐洲現存最古老的法文雜誌。

除了這些地點，梅里美跟大他二十歲的忘年之交斯湯達爾一樣，經常出入文學沙龍。其中一間沙龍所在地至今依然保留完好：夏巴奈街一號 99，由藝評家德萊克魯茲（E.J. Delécluze）主持，每週日下午兩點在該址的「閣樓」接待在《地球報》（*Le Globe*）嶄露頭角的文學界青年才俊，這些「自由的浪漫派」包括了聖伯夫、斯湯達爾和梅里美等人。

梅里美在斯湯達爾的影響下，走上了現實主義的創作道路，主要以中短篇小說在法國文學史上占有一席之地。

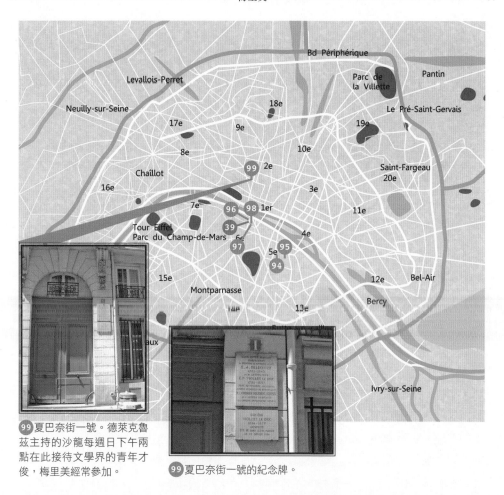

99 夏巴奈街一號。德萊克魯茲主持的沙龍每週日下午兩點在此接待文學界的青年才俊，梅里美經常參加。

99 夏巴奈街一號的紀念牌。

39 【舊】18, Rue des Petits-Augustins
　　【今】18, Rue Bonaparte, 75006 (M4, Saint-Germain-des-Prés)

94 7, Place Sainte-Geneviève, 75005 (M10, Cardinal Lemoine)

95 Lycée Henri IV. 23, Rue Clovis, 75005 (M10, Cardinale Lemoine)

96 【舊】14-16, Rue des Petits-Augustins
　　【今】École des Beaux Arts. 14, Rue Bonaparte, 75006 (M4, Saint-Germain-des-Prés)

97 【舊】20, Rue des Marais Saint-Germain
　　【今】20, Rue Visconti, 75006 (M4, Saint-Germain-des-Prés)

98 10, Rue des Beaux Arts, 75006 (M4, Saint-Germain-des-Prés)

99 1, Rue Chabanais, 75002 (M3, Quatre Septembre)

# 左拉
## *Emile Zola*

◆ 1840-1902，自然主義作家
◆ 《盧貢－馬卡爾家族》、《酒店》、《娜娜》

愛彌兒・左拉為自然主義之父。他最著名的鉅作就是嘔心泣血，歷經二十餘年寫成的《盧貢－馬卡爾家族》（*les Rougon-Macquart*）系列，這部大部頭作品是繼巴爾札克《人間喜劇》之後，十九世紀另一部長篇鉅作，共包含二十本小說，描寫法國十九世紀第二帝國時期的人間百態，各本情節雖不連貫，但主角皆隸屬於同一家族。

左拉所有作品都融入了他對巴黎的熱愛。左拉在巴黎開創事業，也在巴黎建立文學與政治上的知名度與影響力，傳世作統統以巴黎為背景，乃至於世人一想到十九世紀的巴黎，眼前就會浮現左拉的小說：《神父》（*La Curée*）、《巴黎之腹》（*Le Ventre de Paris*）、《酒店》（*L'Assommoir*）、《娜娜》（*Nana*）、《婦女的樂趣》（*Au bonheur des dames*）和書中人物所詮釋的巴黎。

左拉筆下的巴黎之所以如此多樣，除了歸因於他勤於搬家，從而認識了巴黎的方方面面，更因為他分外嚴謹的工作態度。極其重視資料收集研究的左拉，每寫一部作品，必定親臨故事發生背景的相關地點實地考察。可以說左拉的巴黎，就是最真實的巴黎。

左拉於一八四〇年四月二日在巴黎第二區的聖約瑟夫街十號四樓 ❶ 出生，就在巴黎證交所附近。三歲左右，左拉的工程師父親為了興建堤壩與運河，舉家南遷至普羅旺斯的艾克斯。約莫四年後，七歲的左拉失去了父親，最終於一八五八年二月與母親搬回巴黎。

青年左拉初來乍到，相當不習慣巴黎，整天窩在王子先生街六十三號 ❷ 的家中。同年三月一日，左拉進入著名的聖路易中學 ❸ 就讀，但當時已經十八歲的左拉一來年紀比同班同學都大，二來因為從小在外省長大，個性大咧咧，跟文雅的巴黎同學們格格不入。

一八五九年，左拉參加中學會考再度敗北，而且最差勁的一門功課正是法文。

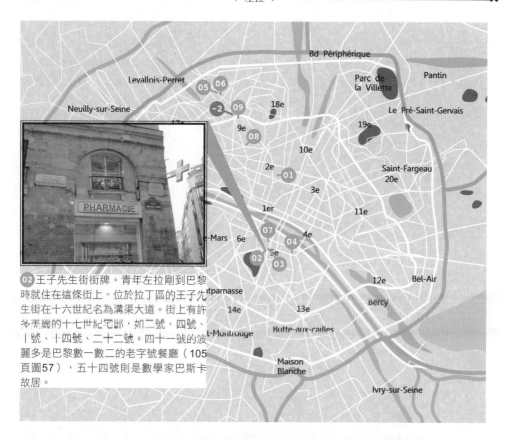

02 王子先生街街牌。青年左拉剛到巴黎時就住在這條街上。位於拉丁區的王子先生街在十六世紀名為溝渠大道。街上有許多美麗的十七世紀宅邸，如二號、四號、十號、十四號、二十二號。四十一號的波麗多是巴黎數一數二的老字號餐廳（105頁圖57），五十四號則是數學家巴斯卡故居。

-1 11, Grande Rue des Batignolles（今不存）

-2 9, Avenue de Clichy, 75018 (M2, M13, Place de Clichy)

01 10, Rue Saint-Joseph, 75002 (M3, Sentier)

02 63, Rue Monsieur-le-Prince, 75006 (M4, M10, Odéon)

03 Lycée Saint-Louis. 44, Boulevard Saint-Michel, 75006 (M10, Cluny-La Sorbonne)

04 35, Rue Saint Victor, 75005 (M10, Maubert Mutualité)

05 【舊】1, Rue Moncey

【今】1, Rue Dautancourt, 75017 (M13, Guy Môquet)

06 11, Avenue de Clichy, 75017 (M2, M13, Place de Clichy)

07 9, Rue de l´École de Médecine, 75006 (M4, M10, Odéon)

08 66, Rue Saint Lazare, 75009 (M12, Trinité-d´Estienne d´Orves)

09 21 bis, Rue de Bruxelles, 75009 (M2, M13, Place de Clichy)

06 克利希大街十一號，左拉曾與女友和母親一起住在這裡，一樓為創立於一八三○年的顏料店韋爾尼顏料店，一八七○年前，馬內經常到這裡買顏料。

09 布魯塞爾街二十一號，左拉過世地。

　　誰都沒想到這個從小口齒不清，連S和T都說不清楚的男孩子，後來竟會成為十九世紀法蘭西偉大的文學家，與雨果、巴爾札克、福樓拜並列。

　　一八六○年，左拉住在聖維克多街三十五號 04 的閣樓裡，外省時期的兒時好友塞尚經常住在他這裡欣賞巴黎風光。後來左拉又搬了好幾次家。一八六二年三月一日開始在樺樹出版社上班，負責打包郵寄讀者購書，月薪一百法郎，不久後就被調到廣告科。

　　一八六三年，左拉好友塞尚再度從外省北上，希望進入巴黎美術學院就讀，可惜沒考上；另一方面，塞尚也送了作品參加一八六三年的沙龍畫展，卻與畢沙羅、莫內和馬內等一起被拒於門外。後經當時拿破崙三世恩准，「被拒者沙龍」才得以順利開展。

　　該畫展因馬內的作品「草地上的午餐」（*Le Déjeuner sur l'herbe*）中，有一名側躺在草地上的全裸女子與兩位衣冠楚楚的紳士共進午餐，引起了傷風敗俗之社會議論。當時只有左拉力排眾議，為文捍衛馬內。該畫也成為現代畫濫觴。

　　左拉與塞尚關係密切，塞尚不但帶領左拉結識當時的前衛畫家（皆為後來的印象派大師），如畢沙羅、莫內、竇加、雷諾瓦和馬內等人，就連後來成為左拉夫人的亞歷山德琳娜（Gabrielle-Alexandrine Meley），也是塞尚於一八六四年介紹給左拉的。後來左拉在小說《作品》（*L'Œuvre*）中描寫一位叫克勞德的畫家，指的就是塞尚，但兩人也因為書中描寫畫家放浪形骸的生活，宣告決裂。

一八六六年，左拉離開樺樹出版社，全心投入寫作。此時他手頭較為寬裕，也為了接近畫家朋友，遂搬離拉丁區，將母親接到蒙塞街一號，即今日的朵當庫爾街 ⑤。接著又搬到克利希大街十一號 ⑥，與左拉及其女友同住。隨後又搬了好幾次家。

一八七〇年，普法戰爭爆發，自幼喪父的左拉因為出身單親家庭，外加深度近視，免於從軍，也終於與同居五年的女友結婚，賃居於醫學院路九號 ⑦，並常在此與畫家朋友聚會。左拉每週還定期出入有「印象派繪畫發源地」之稱的蓋布瓦咖啡館 ▬1。可惜這家咖啡館現已不存，但於克利希大街九號 ▬2立有紀念牌。

左拉與兒時好友塞尚漸行漸遠後，很快結識了許多當時已經成名或尚未成名的作家：艾德蒙·龔古爾、福樓拜、都德、屠格涅夫，並形成了定期聚餐的「五人幫」。後生晚輩莫泊桑、于斯曼則因推崇福樓拜和左拉，常常跟隨其後。

一八七八年五月二十八日，左拉因《酒店》一書大賣，在一個叫默塘的地方買下一棟宅邸。因為覺得地名默塘唸起來有點拗口，左拉便將母音en改成了閉口音符é，默塘（Meudan）也就成了梅塘（Médan），並一直沿用至今。好些年輕作家自此慕名而來，在左拉周圍形成了一個文學團體，即所謂的「梅塘集團」，其中自然包括了于斯曼和當時尚未成名的莫泊桑。

一八八八年底，左拉在梅塘別莊與幫傭的洗衣婦金娜（Jeanne Rozerot）產生婚外情，還為了小他二十七歲的小情人積極減肥，猛騎腳踏車來回周旋於兩個女人之間，後來則將金娜安置在聖拉薩街六十六號 ⑧。左拉夫人並未生育，倒是情婦金娜先後為左拉生下一女一兒，但一直等到左拉死後數年才得以認祖歸宗。

一八八九年，左拉舉家遷至布魯塞爾街二十一號之一 ⑨。一八九八年一月十三日，左拉上書聲援慘遭誣告的猶太軍官德雷福斯，而他這封出現在《震旦報》頭版頭條、名為「我控訴」的信，似乎也埋下了數年後左拉不幸身亡的種子。

一九〇二年九月二十八日，左拉因煤氣中毒過世於布魯塞爾街，煤氣中毒肇因眾說紛紜，始終未解。左拉則在數千名敬慕者護送下，安葬蒙馬特公墓。

左拉的文學地位雖不可磨滅，生前卻有一大遺憾：始終進不了象徵最高榮譽的法蘭西學院。根據法蘭西學院存檔顯示，左拉從一八九〇年五月一日首度提出申請，直至一八九七年四月為止，前後共提出二十五次申請，卻因作品「淫穢、不入流、上不了廟堂」，從未成功過。幸好左拉已於一九〇八年被迎入先賢祠第二十四墓室安奉，與雨果、大仲馬為鄰。

# 龔古爾兄弟

*Edmond de Goncourt*

◆ 1822-1896，龔古爾文學獎創立人

*Jules de Goncourt*

◆ 1830-1870，龔古爾文學獎創立人

　　龔古爾兄弟於一九○三年創立了龔古爾文學獎，該獎每年由十人評審團從當年法文出版品中選出得獎作品，並定期於十一月第一個週四在杜鴻餐廳 ⑩ 公布，是法蘭西文壇的傳統盛事。兄弟中的哥哥艾德蒙於一八二二年出生，弟弟于勒於一八三○年出生，童年分別在孚日山區和巴黎羅西尼街二十二號 ⑪ 度過。兄弟雖相差八歲，但不論外貌、品味、興趣，都像孿生兄弟般相似。貴族家庭出身的兩兄弟終身未娶，抱持獨身主義，小說中也不時流露對女人的偏見。

　　一八三八到四九年間，兄弟兩人跟家人一起住在卡普西尼街十四號 ⑫。一八四九年，兩兄弟從母親那邊繼承了一筆遺產，搬到聖喬治街四十三號 ⑬，原本住一樓，後來搬到四樓靠院子最裡面的公寓，兄弟倆就此展開共同創作的生涯。

　　聖喬治街隸屬於蒙馬特一帶，附近的市井生活每天都提供了他們寫作的素材。除了龔古爾兄弟，畫家雷諾瓦住過三十五號 ➋；發明薩克斯風的薩克斯（Adolphe Sax）住過四十八到五十號 ➋；新浪潮大導演楚浮（François Truffaut）名作《地下鐵》（*Le Dernier Métro*）則在五十一號拍攝 ➌。

　　龔古爾兄弟勤於筆耕，一八六○年代終於開始小有名氣。一八六二到一八六六年在樺樹出版社工作的左拉還是他們的粉絲。龔古爾兄弟的小說強調反映現在的生活，動筆之前必先進行廣泛調查，可說是以事實為根據的「文獻小說」創始人。描寫人物時大多真有其人，尤重突出人性本惡，從而被歸為自然主義作家。

　　一八六八年，兄弟搬到較為幽靜的市郊奧特伊一帶。兩年後，弟弟于勒因梅毒撒手歸天。哥哥艾德蒙則繼續住在沒有自來水的屋舍中，並在家中擺設許多古玩和舊貨。每逢週日下午，還在家中閣樓接待左拉、于斯曼、都德、福樓拜、莫泊桑、屠格涅夫等人。

　　一八九六年七月，哥哥艾德蒙因游泳受了風寒，在好友都德懷中嚥下最後一口氣，安葬於蒙馬特墓園第十三區。艾德蒙生前已預立遺囑，指定都德為其遺囑執行人，負責設立龔古爾文學院及文學獎，兩兄弟生前的十位文人好友則為院士。

-1 聖喬治街三十五號，畫家雷諾瓦曾經住過這裡。

10 杜鴻餐廳。每斗的龔古爾文學獎均於在此地公布。

13 聖喬治街四十三號。龔古爾兄弟搬入後展開了共同創作的文學生涯。

13 聖喬治街四十三號的紀念牌，上刻：「兩兄弟於一八五一到一八六八年住在此地」。應是指後來住在四樓的時間。

-1 35, Rue Saint-Georges, 75009 (M12, Saint-Georges)
-2 48-50, Rue Saint-Georges, 75009 (M12, Saint-Georges)
-3 51, Rue Saint-Georges, 75009 (M12, Saint-Georges)

10 Drouant. 17, Rue Gaillon, 75002 (M3, Quatre Septembre)
11 22, Rue Rossini, 75009 (M7, Le Peletier)
12 14, Rue des Capucines, 75001 (M3, M7, M8, Opéra)
13 43, Rue Saint-Georges, 75009 (M12, Saint-Georges)

# 都德
## *Alphonse Daudet*

◆ 1840-1897，法國小說家
◆ 〈最後一課〉、《小東西》

　　也許你不記得阿爾封斯・都德這個名字，但一定不會忘記〈最後一課〉中那個愛蹺課、淘氣可愛的小男孩弗朗士，僅一夜之隔，卻連想說法語也沒機會說的感人故事，而都德正是〈最後一課〉的作者。

　　都德於一八四〇年在法國南部尼姆出生，在外省度過童年，直到十八歲才北上巴黎。一八五七年，他住進圖爾農街七號的參議院旅館 ⑭。有趣的是，波特萊爾一八四六年也住在這裡。

　　都德從青少年時期就開始文學創作，一八五八年即發表詩集《戀愛中的女人》（*Les Amoureuses*），作品也常被刊登在報紙上。

　　一八六一年，都德和女演員瑪麗・瑞厄（Marie Rieu）住在阿姆斯特丹路

⑭圖爾農街七號，昔日參議院旅館所在地，都德在一八五七年入住。位於盧森堡公園和參議院對面的圖爾農街雖短，在不同時代卻住過許多文學家和名人：二號住過巴爾札克、四號住過拉馬丁、五號住過詩人普維、七號住過都德和政治家甘必大。

二十六號的奧斯汀旅館 ⑮。瑪麗後來成為《莎孚》中女主角名模芬妮的原型。該年稍晚，都德因罹患肺病前往北非的阿爾及利亞短暫休養。有意思的是他們住過的奧斯汀旅館，因為三十年後，于斯曼也常到這裡附設的餐廳用餐，並在《逆流》一書中多有描繪。

　　一八六二年二月四日，都德首齣戲劇《最後的偶像》（*La Dernière idole*）在巴黎歐德翁劇院上演，引起了一些回響。一八六三年又前往法國南部的亞爾勒等地。一八六六年，都德發表《磨坊書簡》（*Lettres de mon moulin*）其中的十二封信函，榮獲第二帝國授與榮譽軍團勳章，但《磨坊書簡》全集要等到一八六九年才正式出

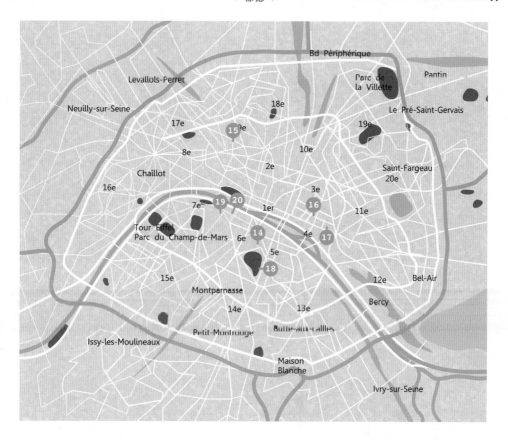

14　7, Rue de Tournon, 75006 (M4, M10, Odéon)

15　Hôtel Austin. 26, Rue d'Amsterdam, 75008 (M13, Liège)

16　24, Rue Pavée, 75004 (M8, Chemin Vert)

17　21, Place des Vosges, 75004 (M8, Chemin Vert)

18　3, Avenue de l'Observatoire, 75006 (RER B, Luxembourg)

19　31, Rue de Bellechasse, 75007 (M12, Solférino)

20　41, Rue de l'Université, 75007 (M12, Solférino)

⑮聖拉薩車站附近的阿姆斯特丹路。這條路上有好幾家旅館，二十六號的奧斯汀旅館接待過魏爾倫和都德，二十二號的迪埃普旅館則接待過波特萊爾。

⑯今日的帕維街二十四號已成為巴黎市立歷史圖書館，圖書館內立有都德的紀念牌。

版。

　　一八六七年，都德娶才貌雙全的茱莉·阿拉爾（Julie Allard）為妻，兩人婚後育有兩兒一女。一八六八年，距前作《磨坊書簡》發表兩年之後，都德出版了第一部長篇小說《小東西》（Le Petit chose）。這部半自傳性的作品輕描淡寫地敘述了他的生活經歷及內心感受，可說是都德的代表作，其淡淡的愁緒，低調的諷喻，字裡行間帶有「含淚的微笑」，使都德擁有了「法國狄更斯」的美名。

　　一八六七到一八七六年間，都德一家住在帕維街二十四號⑯，可惜該址今日已經成為巴黎市立歷史圖書館。

　　一八七〇年，普法戰爭開戰，都德應召入伍，軍旅生活提供了他新的創作題材。一八七一年四月二十五日，巴黎爆發巴黎公社事件，都德離開巴黎。一八七三年，他發表了著名的短篇小說集《月曜日故事集》（Contes du lundi），內容大多反映普法戰爭時期法國人民的愛國主義情緒，膾炙人口的〈最後一課〉和〈柏林之圍〉便是其中收錄的名篇。

　　普法戰爭以後，都德多半致力於長篇小說的創作。一八七二年出版小說《塔拉斯孔城的達達蘭》（Tartarin de Tarascon），同年十月一日，在渥德維爾寫下《阿萊城姑娘》（L'Arlésienne），這是一齣取材自《磨坊書簡》的三幕劇，由比才作曲，演出時卻非常失敗。得等到一八七四年的《小弟佛羅蒙與大哥萊勒》

⑰ 孚日廣場二十一號，都德於一八七七年搬進這裡。

⑳ 大學街四十一號牆上的都德紀念牌。都德於一八九七年在此病逝。

（*Fromont jeune et Risler aîné*）才總算大獲成功。社會大眾也重新發掘他之前作品的價值。都德開始活躍於巴黎藝文圈，結識了福樓拜、龔古爾兄弟、左拉，以及印象派畫家馬內、雷諾瓦和莫內等人。一家人也終於能在一八七七年，搬進孚日廣場二十一號⑰，住進一間像樣的公寓裡。

一八八〇到一八八五年間，都德住在天文台大道三號⑱，並於一八八四年出版小說《莎孚》（*Sapho*）。一八八五到一八九七年間，都德一家人的落腳處則是貝拉夏斯街三十一號⑲。

一八九一年，都德長子雷翁迎娶雨果的孫女貞娜，可惜兩人於四年後離婚。一八九五年，都德一家跟普魯斯特交好，尤其是次子呂西安英俊瀟灑、高雅迷人，跟大自己六歲的普魯斯特「關係密切」，一八九七年時，普魯斯特還為了呂西安跟人單挑決鬥。呂西安同時還是詩書畫文、樣樣精通的才子考克多的好友。

一八九七年，都德病逝於大學街四十一號⑳。過世後長眠於拉榭思墓園第二十六區。

## 福樓拜
### *Gustave Flaubert*

◆ 1821-1880，法國自然主義作家
◆ 《包法利夫人》、《情感教育》

以《包法利夫人》（*Madame Bovary*）、《薩朗波》（*Salammbô*）和《情感教育》（*L'Educaton sentimentale*）名留文學史的居斯塔夫‧福樓拜，出生於法國西北部諾曼第地區的盧昂，父親是當地市立醫院的院長。

一八四一年，福樓拜抽中免服役籤，免於入伍，其實福樓拜的體格壯碩，身手矯捷，運動細胞尤其活躍，游泳、劍術、騎術、狩獵，無一不精，如此好男不當兵，真是法蘭西軍旅一大損失。

由於父親堅持福樓拜念法律，他便在巴黎的大學註冊了法律系，卻一直等到隔年才真正安頓下來。一八四二年時，他住在勒佩勒提耶街五號的歐洲旅館 ㉑，接著又於七月時搬入歐德翁街三十五號 ㉒，秋天卻又住到東街七號 ㉓ 去。

一八四四年一月，在一次相當嚴重的羊癲瘋發作後，福樓拜毅然決然放棄法律，轉投文學懷抱，就連父母斬斷他所有金援也在所不惜。他於同年六月回到科瓦塞，寫下《情感教育》第一個版本，當時的福樓拜以科瓦塞和盧昂為主要基地，巴黎僅權充冬日「行館」，兼作幽會的愛情小築和蒐集創作資料的文獻中心。

一八四六年，福樓拜的父親和他最鍾愛的妹妹相繼過世，照顧外甥女卡洛琳的重責落到福樓拜肩頭。但也正於該年春天，福樓拜開始了他跟女詩人柯萊為期十來年的戀人關係。

柯萊在當時的文壇可謂花名遠播，除了福樓拜，她曾先後是維尼、繆塞等文人的情婦。福樓拜雖然數度想跟柯萊保持距離，尤其是

㉔ 亥勒德旅館。福樓拜一八五三年十一月入住此地，狄更斯也住過這間旅館。（參見152頁）

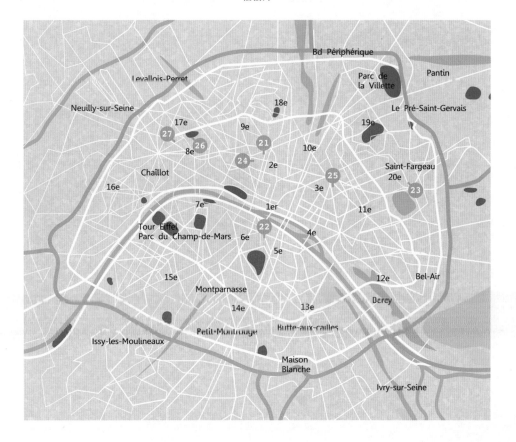

**21** 5, Rue Le Peletier, 75009 (M7, Le Peletier)

**22** 35, Rue de l´Odéon, 75006 (M4, M10, Odéon)

**23** 7, Rue de l´Est, 75020 (M11, Jourdain)

**24** Hôtel du Helder. 4, Rue du Helder, 75009 (M7, M9, Chaussée d´Antin-La Fayette)

**25** 42, Boulevard du Temple, 75011 (M3, M5, M8, M9, M11, République)

**26** 4, Rue Murillo, 75008 (M2, Courcelles)

**27** 240, Rue du Faubourg-Saint-Honoré, 75008 (M2, Ternes)

㉕聖殿大道四十二號，福樓拜的《包法利
夫人》即在此處完成與發表。

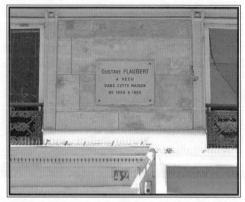

㉕聖殿大道四十二號牆上的紀念牌，刻著：「福樓
拜於一八五六到一八六九年住在此地」。

一八五三年十一月，還在亥勒德旅館㉔租了個小房間。但兩人情絲糾纏不清，老
是藕斷絲連。直到一八五五年三月六日福樓拜寫給柯萊最後一封信，兩人關係才終
告結束。

　　一八五五年，《包法利夫人》寫到最後大結局階段時，福樓拜住進聖殿大道
四十二號㉕。《包法利夫人》於一八五六年開始在《巴黎雜誌》上連載，卻因內
容太過敏感，被指控為淫穢之作，法界批評該書「違反公共和宗教、道德及善良風
俗」，要求刪除某些片段，但福樓拜堅持不從。

　　事情發生時，詩人拉馬丁很支持他，對福樓拜說「法國沒有法庭能定你的
罪」。一八五七年二月，法院果然審判無罪，福樓拜也因此事聲名大噪。不過同一
時期的波特萊爾就沒這麼好運，他因為出版《惡之華》而慘遭社會輿論批評，最後
還被法庭判決有罪，必須繳交罰金。（參見98頁）

　　一八六九年，福樓拜因為聖殿大道租金太貴，搬到可以看到蒙梭公園的穆希洛
街四號四樓㉖居住。住了幾年，又於一八七五年住進聖奧諾黑郊區街二四〇號五
樓㉗，繼續和左拉、屠格涅夫、都德、艾德蒙・龔古爾等文友往來，而且這時還
多了位文壇新秀——莫泊桑。

　　福樓拜終身未婚，但風流成性，經常流連於風月場所。乃至於有人懷疑他的死

❷ 巴黎露黑郊區街二四○號，福樓拜於　八七五年
搬入此地。

・福樓拜手稿。　八八○年三月二十四、
二十五日的書信。

是因梅毒併發症所致。事實上在十九世紀時，除了內心鬱卒這種「心靈類世紀病」
以外，梅毒不啻為另一重大「生理類世紀病」，得此花柳病而喪命的文人雅士不計
其數。

　　福樓拜死後長眠於盧昂，根據《龔古爾日記》的記載，由於墓地太小，一時竟
無法將棺材放進去。

# 莫泊桑
*Guy de Maupassant*

◆ 1850-1893，法國短篇小說之父
◆ 《脂肪球》、《女人的一生》

　　居伊‧德‧莫泊桑與福樓拜、左拉感情深厚，並以數本小說在法蘭西文壇占有一席之地：《女人的一生》（*Une Vie*）、《俊友》（*Bel Ami*）、《溫柔鄉之戀》（*Mont-Oriol*）、《兩兄弟》（*Pierre et Jean*）、《像死一般堅強》（*Fort comme la mort*）和《我們的心》（*Notre coeur*），但若論及莫泊桑的文學成就，還是以短篇小說最為出色，其中又以《脂肪球》（*Boule de suif*）為首選。

　　莫泊桑上大學前都在家鄉諾曼地度過，在盧昂上中學時成績優良，開始寫些小詩，並經常參與戲劇演出。莫泊桑的母親是個熱愛文學的布爾喬亞，鍾情於古典文學，尤其喜歡莎士比亞。一八六七年，母親把莫泊桑介紹給家中世交福樓拜認識，福樓拜也不吝於指點熱愛文學的他。但得等莫泊桑到巴黎之後，才跟福樓拜有密切的聯繫。

　　中學會考後，莫泊桑在母親和福樓拜的建議下，於一八六九年前往巴黎研讀法律。但普法戰爭隨即爆發，莫泊桑自願從軍，雖然打壞了律師夢，文壇卻因而多了顆璀璨明珠。

　　戰後，父親幫忙他把未服完的兵役年限以賠款了事，莫泊桑也因而離開家鄉諾曼第，正式在巴黎長住。起先父親介紹他進入海軍部，這段期間他住在蒙錫街二號 ㉘ 陰暗的一樓，一直住到一八七六年為止。一八七八年底到一八八二年，則在福樓拜引介下進入公共教育部。

　　莫泊桑在公家機關共工作了十年，白天服公職，晚上勤於筆耕。一八七二到一八八〇年間，他最愛的消遣就是週日和假期到塞納河泛舟、玩水，跟文友及印象派畫家出遊。又因為寫作名利雙收，除了出入巴黎上流社會，更流連於風月場所溫柔鄉。一八七七年與屠格涅夫初識時，屠格涅夫覺得莫泊桑未老先衰，原來那時年僅二十七歲的莫泊桑已經染上了梅毒。

　　福樓拜視莫泊桑如子，幫助他在報紙上刊登作品，如《費加洛報》和《巴黎回

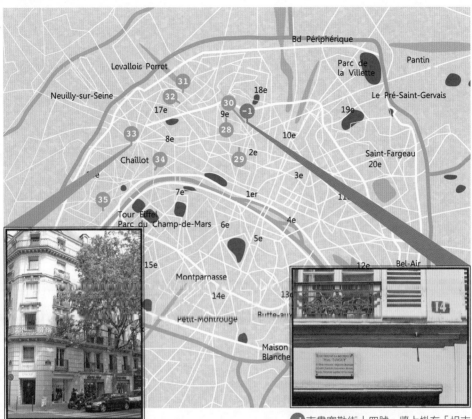

33 維克多‧雨果大道十四號，
莫泊桑於一八八九年一度在此
落腳。

-1 克婁塞勒街十四號，牆上掛有「坦吉
老爹的店」紀念牌。

-1 14, Rue Clauzel, 75009 (M12, Saint-Georges)

28 2, Rue Moncey, 75009 (M13, Liège)

29 16, Boulevard des Italiens, 75009 (M8, M9, Richelieu-Drouot)

30 19, Rue Clauzel, 75009 (M12, Saint-Georges)

31 83, Rue Dulong, 75017 (M3, Malesherbes)

32 【舊】10, Rue Montchanin
　　【今】10, Rue Jacques-Bingen, 75017 (M3, Malesherbes)

33 14, Avenue Victor Hugo, 75116 (M6, Kléber)

34 24, Rue du Boccador, 75008 (M9, Alma-Marceau)

35 17, Rue Berton, 75016 (RER C, Avenue du Pdt. Kennedy)

克費塞勒街十四號，昔日「坦古老爹的店」所在地，為印象派畫家大本營，畢沙羅、莫內、雷諾瓦、高更、羅德列克、梵谷經常在此出沒。

義大利人大道十六號，《俊友》中常出現的場景「利希咖啡館」舊址，現已成為銀行。

聲報》，指引他順利踏上文學之路。莫泊桑也在福樓拜家認識了屠格涅夫、左拉以及其他自然主義和現實主義的作家。

另一方面，莫泊桑也參加左拉的自然主義文友「梅塘聚會」（參見127頁）。一八七九年，六位標榜自然主義的梅塘文人，商定各寫一篇以普法戰爭為背景的中短篇小說，莫泊桑在福樓拜的鼓勵下，端出的正是後來成為不朽之作的《脂肪球》，也是他的第一部作品。

隔年，《脂肪球》收入《梅塘夜譚》（*Les Soirées de Médan*）出版，立即造成轟動。福樓拜更盛讚《脂肪球》是「足以傳世的一大傑作」。莫泊桑年方三十便闖出名號，成為知名作家，卻也於同年面臨福樓拜驟逝的打擊，痛失最支持他的文學導師。

一八八〇到一八八九這十年是莫泊桑的創作高峰期，共發表六部小說，三百多篇中短篇小說，還有三部遊記。因為首部作品便享有盛名，使得莫泊桑在創作時無後顧之憂，可以完全按照自己的步調與章法進行。他每年固定出版兩到四冊，既不會讓自己太累，又不至於讓讀者忘了他。

莫泊桑的小說承襲了福樓拜的創作方法，敘述精緻，文字簡潔、質樸，全局架構和題材取擷則青出於藍，並側重摹寫世態炎涼，故事情節和人物安排宛若一幅幅社會風俗畫。莫泊桑的作品尤以風格、敘述、概念和深入取勝，再加上他的生花妙

筆，自然十分引人入勝，暢銷大賣。

生意頭腦加上天賦，使得莫泊桑財源滾滾而來。一八八五年的《俊友》更在四個月內就刷了三十七刷。而一七九一年就開始營業的利希咖啡館 ㉙，則是《俊友》一書中經常出現的場景，不過現址已成為銀行。

白天的成功總加倍引來夜裡的失落。熙攘熱鬧的拜會接見使莫泊桑更加需要自由的空間，尤其是染上了不可告人的毛病梅毒之後，莫泊桑更需要空間來忘卻病症，他喜歡隱居、孤獨與沉思，時常出國旅遊尋找靈感。也由於小說大賣，經濟寬裕，讓他得以搬到克婁塞勒街十九號 ㉚，一八七六到一八八二年都住在此地。

有趣的是，同條街十四號 -1 有間顏料店，名為「坦吉老爹的店」，自一八七○年開張後就成為印象派畫家的大本營，經常可在店中發現畢沙羅、莫內、雷諾瓦、高更、羅德列克、梵谷等人的身影。坦吉老爹不但同意讓窮畫家以畫作來支付顏料費，還在店後的小空間展示並銷售畫作。梵谷畫過一幅畫，正是坦吉老爹穿著布列塔尼外套，端坐在他收藏的日本石版畫前。

一八八二年，莫泊桑搬到杜隆街八十三號 ㉛ 的豪宅。一八八四到一八八九年則住在蒙查寧街十號，也就是現今的雅克班讓街 ㉜。一八八九年，莫泊桑入住維克多雨果大道十四號 ㉝，卻因為覺得過於吵鬧，不久後便搬到波卡朵爾街二十四號 ㉞。

單身多金，才氣縱橫，莫泊桑身邊不乏膚如羊脂白玉、豐滿滑膩的「脂肪球」，而他在出入史特勞斯夫人（Geneviève Straus）主辦的文學沙龍時，也見過正值強說愁年齡的少年普魯斯特。話說史特勞斯夫人原本是比才遺孀，後來嫁給史特勞斯律師，跟少年普魯斯特是忘年之交，並成為普氏鉅著《追憶似水年華》中蓋爾芒特公爵夫人的原型。

莫泊桑曾寫下「我如流星進入文壇，我似迅雷般離開了」之句，彷彿呼應自己的文學之路，因為他的文學生涯其實僅限於一八八○到九○年這短短十年。生前便享有盛名，躋身法國首席作家之林，可惜因深受梅毒之害，漸漸步上瘋狂之路。

一八九二年一月一日到二日深夜，由於僕人事先偷偷把子彈換掉，莫泊桑舉槍自殺不成，遂打破玻璃，拿碎玻璃片往脖子上比畫。四天之後，莫泊桑被送進專門治療社會名流的精神科名醫布朗雪的診所，帕西的貝爾頓街十七號 ㉟。

歷經完全喪失心智的一年半後，一八九三年七月六日，莫泊桑終於不敵梅毒侵蝕，四十二歲即英年早逝。身後安葬於蒙巴納斯墓園第二十六區，離他的諾曼第老鄉——亞森羅蘋之父盧布朗不遠。

# 于斯曼

*Joris-Karl Huysmans*

- 1848-1907，法國中短篇小說家
- 《逆流》

喬里－卡爾・于斯曼是作家也是藝評家，他在巴黎的蘇傑街十一號 36 出生。中學畢業後先在法學院修業兩年，才在一八六六年進入內政部任職，直到一八九八年退休為止。

一八七一年，于斯曼住在沃吉哈路一一四號 37 。沃吉哈路穿過六區和十五區，全長四公里三六〇公尺，是全巴黎最長的一條路。于斯曼後來又搬到謝爾什－米迪街七十三號 38 。

于斯曼在文學創作前期擁護自然主義，是梅塘聚會的常客。一八七七年四月十六日，左拉、艾德蒙・龔古爾、福樓拜、于斯曼等人在特拉普餐廳聚會，這一天是自然主義文學史上的大日子。一八七九年，六位標榜自然主義的梅塘文人商定各寫一篇以普法戰爭為背景的中短篇小說，隔年《梅塘夜譚》六人集出版，于斯曼描寫他在普法戰爭期間短暫行旅生活的中篇小說《背上背包》（*Sac au dos*），也被左拉收入其中。

一八八四年，于斯曼出版他最重要的作品《逆流》（*À rebours*），此書在現代文學史中舉足輕重。書中主人翁德塞森特原型取自當時活躍於上流社會、風度翩翩的世家權貴子弟孟得司鳩伯爵（Robert de Montesquiou），普魯斯特在《追憶似水年華》中，也同時借用了此人的部分特色來描繪他筆下的夏呂斯男爵。

于斯曼嗜讀波特萊爾、魏爾倫、馬拉美等象徵前輩先驅的作品，是個仇恨當代，不滿現狀，對自己感到嫌惡的憤青。寫作風格具有濃重的悲觀主義色彩，骯髒猥褻的情節中不時表露出極其突出的「黑色幽默」，故而也被列入頹廢派之林。

一九〇三到一九〇七年，于斯曼就任龔古爾學院第一屆主席，並一直擔任到因癌症逝世於聖普拉西德街三十一號 39 為止。後安葬於蒙巴納斯墓園第二區。

36 蘇傑街十一號，于斯曼一八四八年
於此地出生。

38 謝爾什－米迪街七十三號。
于斯曼曾住在這裡。

39 聖普拉西德街三十一號，于
斯曼一九〇七年於此逝世。

39 聖普拉西德街三十一號牆上的于斯
曼紀念牌。

36 【舊】11, Rue Suger
　　【今】9, Rue Suger, 75006 (M4, Saint-Michel)
37 114, Rue de Vaugirard, 75006 (M12, Falguière)
38 73, Rue du Cherche-Midi, 75006 (M10, Falguière)
39 31, Rue Saint-Placide, 75006 (M12, Rennes)

## 凡爾納
### *Jules Verne*

◆ 1828-1905，法國科幻和冒險小說家
◆ 《地心歷險記》、《環遊世界八十天》、《海底兩萬里》

　　于勒・凡爾納是法國科幻和冒險小說家，有「現代科幻小說之父」之譽。他出生於南特市一個法官家庭，十九歲時前往巴黎學習法律，畢業後結識了大仲馬。正如同莫泊桑有前輩福樓拜的鼓勵，凡爾納受到大仲馬的大力支持。大仲馬鼓勵他走向文學創作，凡爾納遂棄法從文，為劇院創作劇本。凡爾納受大仲馬影響很深，小仲馬曾經感慨地說，就文學而言，凡爾納更像大仲馬的兒子。

　　凡爾納在巴黎出沒期間，正值拿破崙三世和奧斯曼男爵大刀闊斧整頓巴黎的時期。一八四八年，凡爾納落腳於舊喜劇院街二十四號 ⑩ 攻讀法律，即便他把重心擺在文學創作和與文人結交上，依然於一八五〇年順利取得律師執照。

　　一八五一年，小仲馬介紹凡爾納到抒情劇院擔任院長祕書，他便於一八五三年搬入好消息大道十一號 ㊶，後來又搬到十八號頂樓（七樓）㊷。在劇院工作期間，劇院有時會上演凡爾納寫的劇碼。當時流行奧芬巴哈式的輕歌劇，凡爾納也追隨潮流寫了些輕鬆小品，但收入不豐。

　　一八五七年，凡爾納跟夫人歐諾瑞妮（Honorine）搬到魚販大道十八號 ㊸，並於一八六〇到六一年間又搬了幾次家。

　　一八六二年，凡爾納認識了出版商赫茨勒（Pierre-Jules Hetzel）。赫茨勒的出版社位於雅各布街十八號 ㊹。凡爾納揣著被退稿十六次的《空中旅行》（*Un Voyage en l'air*）給赫茨勒看，得到賞識，兩人簽訂長達二十年的合約，死忠的凡爾納往後

㊶好消息大道十一號。凡爾納於一八五三年短暫入住此地。

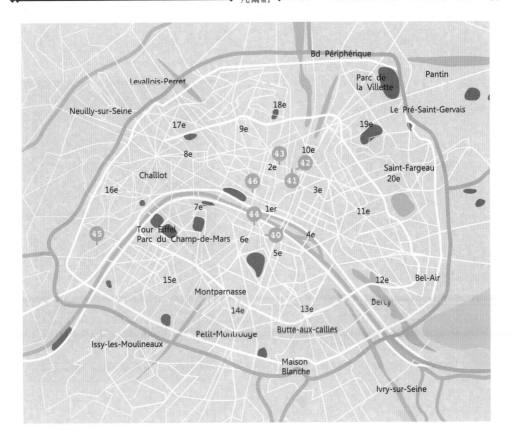

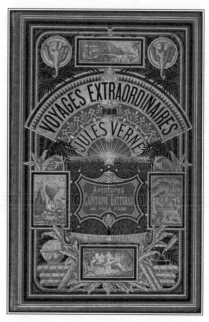

42 好消息大道十八號。凡爾納一八五三年時住在位於七樓的頂樓。

‧ 凡爾納的知音赫茨勒出版的《哈特拉船長歷險記》封面。

四十年都沒換過出版社，更與知音赫茨勒結下終身友誼。《空中旅行》後來出版時把書名改為《氣球上的五週》（*Cinq semaines en ballon*），一出版便造成轟動。

　　一八六三年，凡爾納搬到拉封丹街三十九號 45，一直住到一八六九年。後來他還買了艘船悠哉出遊。一八七〇年，拿破崙三世在色當宣告普法戰爭開打時，凡爾納的船正停靠在巴黎的藝術橋下隨波蕩漾。除此之外，凡爾納從外地到巴黎來見出版商赫茨勒時，多半住在法蘭西喜劇院對面馬勒侯廣場一號的羅浮宮大飯店 46。

　　凡爾納的主要成就是一套名為《在已知和未知世界中奇妙的漫遊》（*Voyages extraordinaires*）的科幻冒險小說，書中涵蓋範圍從地球到太空，從地質、地理到航海、航空，包羅萬象。他最知名的小說計有《地心歷險記》（*Voyage au centre de la Terre*）、《哈特拉船長探險記》（*Aventures du Capitaine Hatteras au pôle nord*）、《格蘭特船長的兒女》（*Les Enfants du capitaine Grant*）、《海底兩萬里》（*Vingt*

46 馬勒侯廣場一號的羅浮宮大飯店,就在法蘭西喜劇院對面。凡爾納從外地到巴黎見出版商時,多半下榻於此。

*mille lieues sous les mers*)、《環遊世界八十天》(*Le Tour du monde en quatre-vingt jours*)和《神祕島》(*L'Île mystérieuse*)。

　　凡爾納的小說語言生動流暢,故事引人入勝,老少咸宜,深受大眾歡迎,是全球作品翻譯數量第二多的通俗小說家,僅次於英國推理天后阿嘉莎・克莉絲蒂(Agatha Christie)。

## 屠格涅夫
*Ivan Tourgueniev*

- ◆ 1818-1883，俄國現實主義大師
- ◆ 《父與子》、《初戀》

　　伊凡・屠格涅夫是十九世紀俄國現實主義大師，他自從一八四四年在聖彼得堡邂逅了西裔法籍女中音寶琳（Pauline Viardot）之後，從此只屬意這位已婚佳人。即便寶琳家庭生活美滿，屠格涅夫仍情有獨鍾，還跟寶琳一家人關係良好，終生未娶。

　　一八四七到四八年間，屠格涅夫住在特隆樹街一號 47，一八五〇年跟福樓拜和喬治桑往來密切。一八五五年，屠格涅夫接見同樣來自俄羅斯家鄉的小老弟托爾斯泰，勸告當時還是軍官的托爾斯泰應該投身寫作，不該去打仗，鼓勵他棄武從文，往文學路上邁進。

　　一八五七年，屠格涅夫再度來到巴黎，入住正對杜樂麗花園的希沃里路二一〇號 48，並結識了梅里美和大仲馬兩人，當時托爾斯泰就住在旁邊的二〇六號 -1。

　　一八六一年，屠格涅夫與福樓拜結識，兩人成為摯友。他則搬到拱廊街十一號 49居住。同年，屠格涅夫落腳於法國依夫林省的布吉瓦，如今在他住過的舊址上設有屠格涅夫紀念博物館。

　　一八七〇年代，屠格涅夫認識了左拉，還幫左拉在俄國出版小說，並和都德、凡爾納等人過從甚密。一八七四年，屠格涅夫與福樓拜、都德、龔古爾、左拉組成「五人幫」，每月定期聚會。屠格涅夫從而成為俄國和西歐的文化橋樑，向西歐介紹俄羅斯文學，尤其是普希金和托爾斯泰的作品，同時也將法國文學翻譯成俄文，比如好友福樓拜的作品。

　　屠格涅夫一直跟寶琳一家人維持良好關係，從一八七一到一八八三年逝世為止，都住在寶琳位於杜耶街四十八號、現改為五十號之一 50 的家裡。

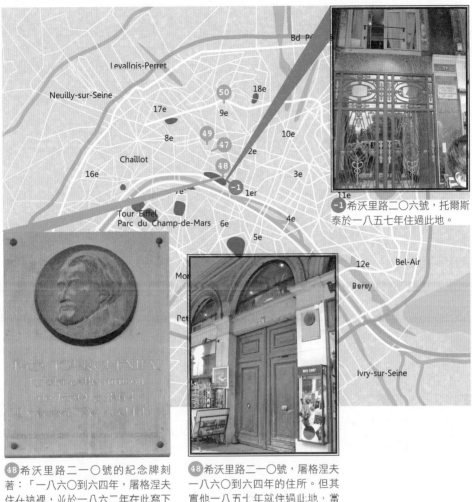

-1 希沃里路二〇六號，托爾斯泰於一八五七年住過此地。

48 希沃里路二一〇號的紀念牌刻著：「一八六〇到六四年，屠格涅夫住在這裡，並於一八六二年在此寫下《父與子》（*Pères et le fils*）」。

48 希沃里路二一〇號，屠格涅夫一八六〇到六四年的住所。但其實他一八五七年就住過此地，當時托爾斯泰還是他的鄰居。

-1 206, Rue de Rivoli, 75001 (M1, Tuileries)

47 1, Rue Tronchet, 75008 (M8, M12, M14, Madeleine)

48 210, Rue de Rivoli, 75001 (M1, Tuileries)

49 11, Rue de l´Arcade, 75008 (M8, M12, M14, Madeleine)

50 【舊】48, Rue de Douai

【今】50 bis, Rue de Douai, 75009 (M2, Blanche)

# 王爾德
*Oscar Wilde*

◆ 1854-1900，愛爾蘭作家、詩人、劇作家
◆《格雷的畫像》

　　奧斯卡‧王爾德出生於愛爾蘭都柏林一個富裕的家庭，兒時曾跟家人來過巴黎。後來他先後於一八八○、一八八三和一八八四年再訪巴黎。

　　一八八三年二月，王爾德回到這個青少年時期便深深烙印在腦海中、也是歐洲知識份子最活躍的城市，入住伏爾泰堤岸旅館第十四號房 ⑤¹，專心創作戲劇。王爾德在巴黎待了三個月，期間在朋友介紹下拜會雨果，在他家用過晚餐，同時跟印象派畫家交好，如竇加（Edgar Degas）和畢沙羅（Camille Pissaro）。王爾德也在這段時間認識了魏爾倫，但兩人並未發展出更深入的關係。

　　一八八四年，王爾德和新婚妻子康斯坦絲在希沃里路二○八號的瓦格罕旅館 ⑤²度蜜月。一八八六年，王爾德認識了羅博特（Robert Ross），兩人相戀，後者還成為他的遺囑執行人。一八九○年《格雷的畫像》（*Portrait de Dorian Gray*）出版，他也在文壇開始闖出名氣。

　　一八九一年起，王爾德出入馬拉美的週二聚會，並由此認識了紀德，也在同年邂逅阿爾弗萊德（Lord Alfred Douglas de Queensberry），兩人成為情人，過著放縱無度的生活，即使在大眾面前也毫不避諱。阿爾弗萊德的父親看不下去，規勸再三毫無結果，一狀告上法庭。王爾德遂因雞姦罪鋃鐺入獄，在瑞丁監獄服刑兩年。服刑期間，妻兒改姓。王爾德於一八九七年出獄，心情上無比快樂，數度向朋友表明「世界真美好」，並再次從英國來到法國，在諾曼第待了一陣子。

　　一九○○年，王爾德入住美術街十三號的亞爾薩斯旅館 ⑤³，入住時特意使用化名。當時他住在第六和第七號房，仰仗作品收入和女鄰居接濟過活。如今，當年的旅館已改名為「旅館」。

　　一九○○年十一月三十日，王爾德因腦膜炎撒手人寰（一說是梅毒）。身後安葬於拉榭思墓園第八十九區，墓地還雕刻成一座小小的獅身人面像，並在一九七七年被巴黎市政府列為歷史遺跡。

❺❶ 伏爾泰堤岸旅館。王爾德於一八八三年入住第十四號房。該房間依然保留至今。

❺❷ 希沃里路二〇八號，昔日瓦格罕旅館所在地。王爾德和新婚妻子一八八四年在此度蜜月。

• 拉榭思墓園的王爾德之墓，獅身人面像是按照他在詩集《斯芬克斯》中的意象雕製而成。王爾德家族和愛爾蘭政府則於二〇一一年出資重修，在雕像外加裝高達兩公尺的塑膠防護罩。

❺❸ 美術街十三號，昔日亞爾薩斯旅館所在地，今已更名為「旅館」。王爾德當初住第六和第七號房，並於一九〇〇年在此病逝。當初的房間在整修後變成第十六號房。阿根廷作家波赫士（Jorge Luis Borges）後來也住過此地。大門上方兩邊各有一面牌匾紀念兩位文學家。

❺❶ Hôtel du Quai Voltaire. 19, Quai Voltaire, 75007 (RER C, Musée d´Orsay)

❺❷ 208, Rue de Rivoli, 75001 (M1, Tuileries)

❺❸ L´Hôtel. 13, Rue des Beaux Arts, 75006 (M4, Saint-Germain des Prés)

## 狄更斯
### *Charles Dickens*

◆ 1812-1870，英國小說家
◆ 《孤雛淚》、《小氣財神》、《塊肉餘生錄》

查爾斯‧狄更斯是英國維多利亞時期的著名小說家，以《孤雛淚》（*Oliver Twist*）、《小氣財神》（*A Christmas Carol*）、《塊肉餘生錄》（*David Copperfield*）對英國文學造成深遠影響，他雖然不像王爾德那樣「酗巴黎」，但也曾數度來到巴黎。

一八四六年七月，狄更斯入住希沃里路二二八號的莫里斯大飯店 54 。一八四六年十一月到一八四七年一月則住在古爾塞街四十八號的布萊頓旅館 55 ，並趁著待在巴黎的三個月中，認識了雨果、戈蒂耶、大仲馬、維尼、德拉克洛瓦等人。

一八五五年十月到一八五六年四月，狄更斯住在香榭麗舍大道四十九號，該址現已成為連鎖冰淇淋專賣店 56 ，並結交了不少法國藝文界人士，如拉馬丁和喬治桑。據說，狄更斯雖然說得一口帶有濃重英國腔的法語，但句法、用詞卻十分精準，使法國知識界相當驚訝。狄更斯還曾於一八六三年入住亥勒德旅館 57 。

55 古爾塞街四十八號，狄更斯住過的布萊頓旅館今已不存，該址現為一座中式磚紅塔樓，也是巴黎市區唯一一棟中國風建築，法國人稱其為「中國塔」或「巴黎紅樓」，於一九二六年落成，曾是有「中國古董教父」之稱的浙江旅法人士盧芹齋的私人宅邸，現在則是藝廊。

54 莫里斯大飯店。狄更斯一八四六年七月住在這裡。

57 亥勒德旅館，狄更斯一八六三年下榻於此。

54 Hôtel Meurice. 228, Rue de Rivoli, 75001 (M1, Tuileries)

55 48, Rue de Courcelles, 75008 (M2, Courcelles)

56 49, Avenue des Champs-Elysées, 75008 (M1, George V)

57 Hôtel du Helder. 4, Rue du Helder, 75009 (M7, M9, Chaussée d'Antin-La Fayette)

# 普魯斯特
*Marcel Proust*

◆ 1871-1922，法國意識流作家

◆ 《追憶似水年華》

◆ 一九一九年龔古爾文學獎得主

　　普魯斯特的父親亞德里安・普魯斯特（Adrian Proust）是醫學院教授，也是當時最具權威的傳染病學專家，母親珍娜・威爾（Jeanne Weil）則是來自亞爾薩斯的猶太後裔，兩人於一八七〇年成婚，婚後在羅瓦街八號靠街道側租屋而居。

　　一八七一年七月十日，小普魯斯特出生於外叔公位於奧特伊的拉封丹街九十六號家中。小普魯斯特是家中長子，出生時巴黎公社正鬧得如火如荼，父親亞德里安還被流彈所傷。雙親雖然擔心小普魯斯特在這種情況下是否身心健全，但他除了健康狀況欠佳，其實是個天資聰穎、易感早熟的孩子。母親珍娜奠定了他深厚的文化底子，普魯斯特這輩子最愛的人也是親愛的媽媽。

　　一八七三年五月，弟弟羅伯（Robert Proust）出生，羅伯後來繼承父親衣鉢，成為外科醫師。大家都稱羅伯是「帥普魯斯特」，普魯斯特則是「小普魯斯特」，直到他四十歲都沒改口。

01 羅瓦街八號，普魯斯特父母婚後在此賃屋而居。

02 拉封丹街九十六號的紀念牌。該址為小普魯斯特出生地，雖然當年的建築已於一八九七年拆毀重建，但牆上掛有：「一八七一年七月十日，普魯斯特於此地出生」紀念牌。

　　一八七三年八月，普魯斯特一家四口搬進馬勒澤爾布大道九號 03 靠內院的公寓，並在此地住到一九〇〇年。普魯斯特在此寫下第一本著作《歡愉與時日》（*Les Plaisirs et les jours*），一本收錄散文詩和短篇小說的文集，但直到一八九六

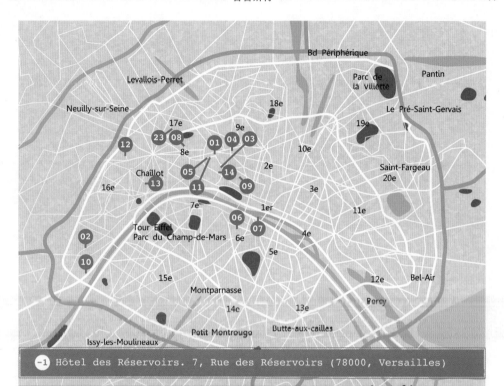

-1 Hôtel des Réservoirs. 7, Rue des Réservoirs (78000, Versailles)

01 8, Rue Roy, 75008 (M9, Saint-Augustin)

02 96, Rue Jean de La Fontaine, 75016 (M9, Jasmain)

03 9, Boulevard Malesherbe, 75008 (M8, M12, M14, Madeleine)

04 Lycée Condorcet. 8, Rue du Havre. 75009 (M3, M12, M13, M14, Saint-Lazare)

05 134, Boulevard Haussmann, 75008 (M9, M13, Miromesnil)

06 L´École libre des sciences politiques. 27, Rue Saint-Guillaume, 75007 (M4, Saint-Germain-des-Prés)

07 Bibliothèque Mazarine. 23, Quai de Conti, 75006 (M4, Saint-Germain-des-Prés)

08 45, Rue de Courcelles, 75008 (M2, Courcelles)

09 Hôtel Ritz. 15, Place Vendôme, 75001 (M8, M12, M14, Madeleine)

10 145, Route de Versailles, 75016 (M10, Chardon-Lagache)

11 102, Boulevard Haussmann, 75008 (M9, Saint Augustin)

12 8 bis, Rue Laurent Pichat, 75116 (M2, Porte Dauphine)

13 44, Rue Hamelin, 75016 (M6, Broissière)

14 28, Rue Boissy-d´Anglas, 75008 (M8, M12, M14, Madeleine)

23 93, Rue de Courcelles, 75008 (M2, Courcelles)

**03** 馬勒澤爾布大道九號。普魯斯特一家四口於一八七三年八月搬入此地靠內院的公寓，他對這一帶充滿了回憶。

年才出版。這本文集的靈感來自於頹廢主義和花花公子孟得司鳩伯爵（Robert de Montesquiou）。

　　一八七八年起，一家人每年都會前往厄爾－盧瓦爾省的父親出生地伊利耶過復活節，伊利耶也成為《追憶似水年華》書中貢布雷的原型。有意思的是，一九七一年四月八日起，伊利耶正式改名為「伊利耶－貢布雷」，成為法國唯一一個因為文學作品而改名的城市。

　　一八八一年，不到十歲的普魯斯特跟父母一同前往布隆森林遊玩，回家途中突然劇烈咳嗽不止，首次犯了哮喘，即便名醫父親亞德里安也束手無策，好在後來化險為夷。但從此以後，死亡威脅便在普魯斯特小小的心中扎了根。一年中最要命的就是春季，因為對花粉過敏，普魯斯特看到繁花似錦，呼吸到春日氣息，哮喘的老毛病就會發作。

　　十一歲的普魯斯特曾在回答「你認為最悲慘的事？」的提問時，寫下「跟媽媽分開」的答案，也被視為是赫赫有名「普魯斯特問卷」的第一份。（一般認為是一八八四到一八八七年間。）

　　一八八二年十月，普魯斯特進入豐塔納中學就讀。四個月後，該校恢復原來的校名孔多塞中學 **04**。入學第一年雖然重修，但一八八四年十二月就榮登榮譽榜，成為班上的模範生。根據普魯斯特在孔多塞中學的同學阿雷維（Daniel Halévy）說，普魯斯特跟當時他們這群小男孩全然不同，他非常特別，經常十分憂鬱。

　　一八八六年，普魯斯特在政治家費利克斯‧佛瑞（Félix Faure）之女安端妮特

（Antoinette Faure）的生日派對上填寫了一份問卷，後來成為赫赫有名的「普魯斯特問卷」。而費利克斯・佛瑞則在一八九五年當上了法蘭西第三共和國總統。

　　一八八七年，普魯斯特陷入初戀，對象是波蘭外交官之女瑪麗・德・貝納達基（Marie de Bénardaky），兩小無猜，經常於週四下午跟安端妮特姊妹在香榭麗舍花園遊玩，可惜不久後戀情旋即告吹。

　　一八八八年到一八八九年間，普魯斯特在中學內跟隨戈謝（Maxime Gaucher）研習修辭學。哲學課則受教於達爾呂（Alphonse Darlu），並曾獲得哲學論述作文比賽第一名。由於健康不佳，普魯斯特時常缺課，但雨果、繆塞等作家名篇均已熟讀在心。

　　一八八九年六月，普魯斯特通過中學會考，獲得文學士學位。在孔多塞中學為校內刊物《綠色評論》（*Revue Verte*）、《丁香評論》（*Revue Lilas*）撰稿評論，還在同學作曲家比才的兒子雅克（Jacque Bizet）引介之下，開始出入雅克母親史特勞斯太人位於奧斯曼大道一三四號 **05** 的文學沙龍，因而認識了花花公子夏爾（Charles Haas），夏爾後來成為《追憶似水年華》中夏爾・斯萬的原型之一。此外，普魯斯特也跟加斯東（Gaston Arman de Caillavet）成為好友，並在加斯東母親主持的沙龍裡，認識了大作家阿納托爾・法朗士（Anatole France）＊。

　　一八八九年十一月，普魯斯特自願入伍，在奧爾良第七十六步兵團服役，留下美好回憶。一八九〇年服役期間，他又填了一份「普魯斯特問卷」。這份問卷於一九二四年重新問世，還被冠上「普魯斯特筆下的普魯斯特」之稱，於二〇〇三年以高達十萬兩千歐元的價格賣出。

　　一八九〇年十一月普魯斯特以二等兵身分退伍後，在巴黎自由政治學院註冊。巴黎自由政治

• 卡爾納瓦萊博物館內，重現了普魯斯特房間當年的樣貌。可看到父親亞德里安的肖像就掛在床邊。

＊小注
　阿納托爾・法朗士為一九二一年諾貝爾文學獎得主，他出生於馬拉給堤岸十九號。喬治桑和繆塞於一八三二到一八三六年住過此地。（參見86、87頁）

學院現已改名為巴黎政治大學 ❻，以培養政治家、企業管理者為名，被譽為「法國社會精英的搖籃」，歷任法國總統，從龐畢度、密特朗、席哈克、薩柯奇均畢業於該校；藝文界除了普魯斯特以外，服裝設計師克里斯汀迪奧也是校友。

一八九一年九月，普魯斯特前往卡堡度假，此地的海濱浴場後來成為《追憶似水年華》中巴爾貝克一地的原型。該年十二月，普魯斯特與王爾德成為朋友。

一八九二年三月，普魯斯特為孔多塞校友創辦的《宴會》（Le Banquet）月刊撰稿，可惜該月刊於隔年旋即停刊。由於常常在各文學沙龍串門子，普魯斯特附庸風雅之名遠播在外，從而過起上流社會生活，也開始幫《高盧人》（Les Gaulois）和《費加洛報》等寫些小詩、散文和文章。七月時，雅克・布朗區（Jacques Blanche）幫普魯斯特畫了一幅肖像，據與普魯斯特熟識的友人說，普魯斯特沒留落腮鬍的時候，就跟畫裡一模一樣。此作現收藏於巴黎奧塞美術館。

一八九三年，普魯斯特為《白色評論》（Revue Blanche）撰稿。普魯斯特家境優渥，生活無虞，常出入聖日耳曼和聖奧諾黑等上流社會聚集的高級地段，因而認識了花花公子孟得司鳩伯爵。孟得司鳩出身紈絝子弟，既是詩人、藝評家，也是審美家，他帶著普魯斯特進出貴族主辦的沙龍，累積了許多日後寫作的素材。

一八九四年間，普魯斯特也經常偕同「密友」委內瑞拉裔作曲家雷納爾多・哈恩（Reynaldo Hahn）出入沙龍。根據德・洛西斯侯爵（Marquis de Lauris）回憶，普魯斯特在十九世紀末便已成為文學沙龍新寵。一來由於滿頭烏髮的他外表稱頭，二來他非常健談，很會找話題，即使自己不善於運動，碰到運動員仍能跟他們大談運動經。

一八九三年夏天和一八九四年，普魯斯特再度跟母親前往諾曼第的特胡維爾，入住黑石旅館一一〇號。這間共有三百個房間的旅館位於海灘上。七十年後，莒哈絲住進了一〇五號房。（參見214頁）

一八九五年三月，普魯斯特取得文學士學位，但好幾年沒犯的氣喘老毛病再犯，讓他決定改變生活習慣，每天夜裡寫作，白天休息，不論是家人或僕人都不能進入房間打擾他。他也結識了作家都德的次子呂西安（Lucien Daudet）。呂西安比普魯斯特小六歲，很崇拜他。

除了政治學院的學業，普魯斯特也是哲學大師伯格森（Henri Bergson）的學生。伯格森後來娶了普魯斯特家族中某位女士，普魯斯特還擔任婚禮時的伴郎。而伯格森既是老師也是親戚的這層關係，對普魯斯特日後創作《追憶似水年華》更是影響甚深。

**08** 古爾塞街四十五號，普魯斯特一家人一九〇〇到一九〇六年間住在此棟三樓。

一八九五年六月，普魯斯特通過考試，成為瑪扎罕圖書館 **07** 館員。但七月即暫調國民教育部，九月與密友哈恩同遊布列塔尼，十二月則獲准長假，從此不再擔任公務員。從該年九月直到一九〇〇年初，普魯斯特專心埋首於第一部小說，可惜終未完成，直至一九五二年才以《讓·桑德伊》（*Jean Santeuil*）發表。

一八九六年六月，第一本著作《歡愉與時日》散文詩集終於出版，由大作家法朗士作序。但出版後遭受洛蘭（Jean Lorrain）大肆抨擊，洛蘭還惡意揭發他和呂西安的同性戀情。根據二〇一二年二月六日《焦點》（*Le Point*）雜誌「歷史上的今天專欄」所記，一八九七年二月六日，普魯斯特在默塘森林跟洛蘭決鬥，由於兩人均不善使劍，決鬥改用手槍。最後經兩人同意，分別朝地上各開一槍，完成決鬥儀式，雙方便偃兵息甲，各自打道回府。

一八九八年發生了德雷福斯事件，普魯斯特力主重審。一九〇〇年一月，魯斯金（John Ruskin）過世，由於他生前不准他人翻譯自己的作品，英文不甚了了的普魯斯特便在他過世之後，在母親逐字口譯和表姊的幫助下，開始以優美流暢

⑪ 奧斯曼大道一〇二號，普魯斯特在這裡完成了《追憶似水年華》。

⑪ 奧斯曼大道一〇二號的紀念牌；「普魯斯特於一九〇七到一九一九年住在這棟建築物裡」。

的法文「翻譯」魯斯金的作品。並於一九〇四年在《法蘭西信使》（*Mercure de La France*）刊載魯斯金《亞眠的聖經》（*Le Bible d'Amiens*）法文譯本。

一九〇〇年十月，普魯斯特舉家遷往古爾塞街四十五號三樓 ⓞ⑧，一直住到一九〇六年為止。普魯斯特還曾因讀到住在同條街上九十三號 ㉓ 的女作家柯蕾特的作品，感動得流下淚來。（參見170頁）

一九〇三年十一月，父親亞德里安因腦出血過世。一九〇五年九月，母親珍娜因腎炎去世。雙親的去世促使普魯斯特開始以文字追尋童年，一般認為《追憶似水年華》就是這個時期構思的。他也開始經常在麗池大飯店 ⓞ⑨ 用晚餐。另一方面，因為父母相繼去世，打擊甚大，健康每下愈況，普魯斯特受不了刺激，於十二月住進索利耶醫生的診所 ⑩ 整整四天。

一九〇六年八月到十二月間，普魯斯特住在凡爾賽蓄水池路七號的蓄水池旅館 ⚊1。十二月遷入奧斯曼大道一〇二號 ⑪。該公寓原本屬於普魯斯特外叔公所有，過世後改由普魯斯特的母親和舅舅共同繼承，又因舅舅和母親相繼過世，改由舅媽和普魯斯特兄弟共同繼承，後來再由舅媽全部買下。

這間公寓既陰暗又喧鬧、不啻為「布爾喬亞粗劣品味的戰利品」，但普魯斯特小時候母親常常帶他到這裡來，因此他在父母雙亡後向舅媽租下公寓，一住就住了十五年，直到一九一九年才搬走。期間完成了《追憶似水年華》。而為了避免行道樹花粉飛入引起氣喘，他房間的窗戶總是關著，並垂下厚重的窗帘。由於失眠日益

嚴重，為隔絕一切噪音，一九一〇年還請人將臥室牆壁全部加上軟木貼面。

一九〇七到一九一〇年間每個夏天，普魯斯特都會去卡堡的格蘭大飯店避暑。他每次到卡堡都會撐一把陽傘，因為他非常怕曬太陽，但他也害怕隨時變天，又怕冷，所以還會圍著圍巾。普魯斯特常常坐在海灘上，看著來來往往的人群，對每個人都極感興趣，包括門房和服務生，頻頻打聽他們一切。普魯斯特甚至自比為喜歡包打聽的「門房」，「我跟門房有點像」。

好友蘇波（Philippe Soupault）也提到，普魯斯特在卡堡的時候，每天晚上都會有許多人聚集等他來。等他一到，大家紛紛嚷「普魯斯特先生來了！」然後就端上一把高背藤椅給他坐，普魯斯特則會給他們很多小費。

除此之外，普魯斯特也很好客，在卡堡時每週都會邀請朋友、甚至朋友的朋友用餐，至少三四次，享受一下眾星拱月的感覺。但由於賓客眾多，普魯斯特往往沒過多久就覺得累，再加上想回房寫作，這時他就會請賓客抽雪茄，等大家開始吞雲吐霧，快樂似神仙之際，普魯斯特就會稱說自己不能聞菸味，一聞到菸味就會咳嗽氣喘，宴會便能如他所願提早結束了。

一九〇七年二月，他在《費加洛報》發表題為〈一個弒親者的孝心〉（*Sentiments filiaux d'un parricide*）文章，在文中分析記憶與罪惡感兩種情緒，記憶與罪惡感也成為未來他作品中最重要的兩大元素。

一九〇九年夏天，普魯斯特發表若干針對文學、藝術或社會的評論，其中最知名的便是《駁聖伯夫》（*Contre Sainte-Beuve*）。他與考克多則於一九一〇年三月結識，兩人開始通信。文采風流的兩人還將地址寫成所謂的「馬拉美式的地址詩」四行詩，令郵差大傷腦筋。

一九一二年，普魯斯特想出版《追憶似水年華》第一卷《在斯萬家那邊》（*Du côté de chez Swann*），卻慘遭新法蘭西評論社總編紀德退稿，原因是紀德風聞普魯斯特「附庸風雅、愛好藝術、幸喜出入上流社會」已久，懶得打開他的手稿。一九一三年十一月，總算有格拉塞願意出版《在斯萬家那邊》，前提是作者需自費。

• 絕大部分的《追憶似水年華》就是在這張不起眼的小黃銅床上完成的。

但一九一四年五月時，從一九〇七年起就是普魯斯特情人的亞爾福瑞得（Alfred Agostinelli）因飛機失事身亡。第一次世界大戰旋即爆發，自費出版《在斯萬家那邊》一事遂擱置下來。戰爭期間，普魯斯特透過親朋好友廣知天下事。他對國外政局、歐洲戰事都極表關心，細心閱讀所有軍事專欄。

另一方面，普魯斯特從一九一四年開始雇用賽萊絲特（Céleste Albaret）當管家。根據她的說法，普魯斯特有時候非常早就開始工作，比方說下午，有時候則是晚上十點、十一點才開始工作，一切都取決於他的健康狀況。也由於健康狀況不佳，除了咖啡牛奶外，他幾乎什麼都不吃。

賽萊絲特每天除了幫普魯斯特準備兩杯咖啡牛奶和兩個可頌，也負責「檢查」登門拜訪的客人。哪怕是再好的朋友，一進玄關就得先通過賽萊絲特這關，她會問訪客是否碰過女性、甚至跟女性握手都不行，因為花粉會引起普魯斯特的氣喘，所以只要有可能接觸到花的人都得先消毒，才能進入正廳。而且普魯斯特一次只接見一個客人，很少有例外。

客人一進到屋裡，往往會看到躺在黃銅床上的普魯斯特，身上穿著三件襯衣並圍著圍巾，手上則戴著白手套，興高采烈地朗誦自己剛寫的篇章給訪客聽。由於他滿臉落腮鬍，而且越唸越開心，邊唸邊笑，每每致使客人聽得滿頭霧水。

普魯斯特的小黃銅床相當有名，因為絕大部分的《追憶似水年華》就是在這張不起眼的小黃銅床上完成的。普魯斯特家中到處都有床，除了臥室，沙龍也有張床。管家賽萊絲特整理房間床鋪時，普魯斯特就會穿戴整齊、直直躺在沙龍的床上。另一方面，普魯斯特家中灰塵奇多、奇厚，因為他怕氣喘，不准撢灰塵，怕引起發病。

普魯斯特非常怕吵，除了要求僕人服侍他時得穿上有厚墊的軟拖鞋，還給住家樓上的僕人很多錢，請他們穿上軟拖鞋、輕聲走路。當時一般僕人月薪為五十法郎，但只要保持安靜，他不時會給他們一百法郎的「安靜費」。有時甚至給他們錢，要他們別到樓上幫傭，以免吵到他，使得住在普魯斯特樓上的

⑪奧斯曼大道一〇二號，因舅媽轉賣給瓦罕－貝爾尼耶銀行（Varin-Bernier），普魯斯特被迫遷出，現今牆上還看得到當年「Varin-Bernier」字樣。該址現為CIC銀行。

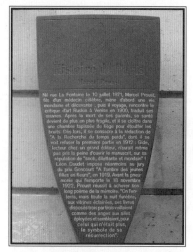

• 普魯斯特紀念牌。

• 巴黎地鐵「瑪德蓮站」，普魯斯特經常出入瑪德蓮一帶。二○○七年為了紀念瑪德蓮地鐵站一百週年，該站貼出一系列地鐵文化海報。

鄰居瞠目結舌，不知如何是好。

　　普魯斯特也鮮少出門，就連頭髮都是自己用圓剪刀剪的。但有時卻會在三更半夜拜訪朋友，口袋中只揣著一瓶維奇礦泉水。普魯斯特是個禮貌極其周到的人，他去看過一次俄羅斯芭蕾舞「牧神的午後」，當時包廂裡還有雷諾瓦、羅丹，大家彼此讓來讓去的，等到快閉幕時才終於就座。

　　普魯斯特也是個異常敏感的人。考克多收過他寫的十來頁書信，信中表達其忐忑不安的心情，就因為前幾天他在路上看到考克多擦身而過，「你是不是故意不理我？」令考克多啼笑皆非，因為他壓根就沒看到普魯斯特。考克多認為，普魯斯特無止境地活在禮貌與不禮貌的迷宮裡。

　　普魯斯特自幼體弱多病，身形孱弱，個頭矮小，在許多人的既定印象裡，他是個弱不禁風的男人，但根據好友莫蘭的說法，普魯斯特其實非常有男子氣概，是個十分勇敢的男子漢，雖然瘦小卻不弱小。一次大戰期間，有次他從麗池大飯店出來，跟一個魁梧的美國人同時看到一輛計程車，兩人都想上車，瘦小的普魯斯特出手就是一拳。

　　一九一六年，普魯斯特與格拉塞斷絕來往。作品續由法蘭西評論社出版。該年六月，因為舅媽將奧斯曼大道的住所賣給瓦罕－貝爾尼耶銀行，普魯斯特被迫遷出，先在女演員萊亞納（Réjane）位於洛朗・畢夏街八號之一 **⑫** 的家中住了一陣子。

**13** 阿姆蘭街四十四號。普魯斯特搬入此地後，一直住到過世為止。該址一樓現為艾儷舍聯合旅館。

**13** 阿姆蘭街四十四號的紀念牌：「普魯斯特從一九一九年便住在此地，直到一九二二年過世為止」。

　　一九一七年，普魯斯特與保羅‧莫蘭（Paul Morand）成為好友。根據保羅‧莫蘭的描述，普魯斯特的「臉色非常蒼白，濃密的鬍鬚好像奶酪，眼睛是深茶褐色的，頭髮又黑又濃，牙齒非常漂亮，聲音非常輕柔感性卻又無比權威。領帶雖然歪七扭八，領子也歪歪扭扭，但那是因為他一直拉扯襯衫，領帶一下就跑到脖子那邊去。普魯斯特說話的聲音則像在唱歌，句子往往非常長，常常左一句右一句，旁人都還沒想到要說什麼，他自己又接下去，好像爬山永遠都不會爬到山頂似的。」

　　一九一七年十月，普魯斯特遷入阿姆蘭街四十四號 **13**，並在此地待到過世為止。一九一九年十二月，伽利瑪出版《追憶似水年華》第二卷《在少女們的身旁》（*A l'ombre des Jeunes filles en fleurs*），並以六比四票通過獲得龔古爾獎。作家都德之子、新聞記者兼作家的雷翁‧都德，在票選中起了關鍵性作用。

　　一九二一年三月，諾貝爾文學獎得主弗朗索瓦‧莫里亞克（François Mauriac）曾到阿姆蘭街看望普魯斯特，留下了極其怪異的印象：「房間晦暗，普魯斯特本人則像戴了張如假包換的蠟製面具，唯一看似有生命的，只有他的頭髮。」五月，普魯斯特在網球博物館參觀荷蘭畫展時，突感不適。

　　普魯斯特經常向管家賽萊絲特表示，死神正追著他跑，可是他得寫完他的作品，否則就太可惜了。一九二二年初春的某天早上，普魯斯特像個孩子似地，開心

地對賽萊絲特說：「我在夜裡寫下了『完』（fin）這個字，我現在可以死了。我的作品會發表。我不至於賠上性命，白寫一場。」

　　一九二二年七月，普魯斯特在伯西丹格拉街二十八號的「屋頂上的牛」⑭享用了生前最後一頓大餐。十一月十八日早上七點，已經不進食很久的普魯斯特要管家賽萊絲特幫他準備一杯熱咖啡牛奶，「就為了讓妳，還有我弟羅伯高興高興。」但此時的他其實已近生命盡頭。

　　賽萊絲特請來醫生，幫普魯斯特打針急救。普魯斯特緊緊捏住賽萊絲特的手腕，慘聲哎道：「啊，賽萊絲特，妳出賣了我。妳答應過我不會讓醫生幫我打針，醫生老習慣幫人打針，就為了延長半小時、一刻鐘、一小時的生命……好可怕。」

　　弟弟羅伯也於此時趕到，並請來另一位名醫。名醫想幫普魯斯特再打一針，但遭到他的拒絕：「算了，羅伯，別再讓我受罪了。」不久之後，弟弟羅伯問他：「我們害你很痛苦嗎？」「對，我的小羅伯。」普魯斯特那雙清澄的雙眼看著他們，支氣管炎也奪去了普魯斯特的生命。

　　普魯斯特過世三天後，在夏悠的聖皮耶教堂舉行喪禮。喪禮過後則安葬於拉榭思墓園第二十五區。

　　值得一提的是，由於普魯斯特跟「瑪德蓮」關係密切，不但經常出入瑪德蓮一帶，也愛將瑪德蓮小蛋糕浸到椴花茶中。因此在一九九四年四月一日愚人節零點零分，巴黎地鐵局將「瑪德蓮站」改名為瑪汀・普魯斯特（Martine Proust），除了紀念普魯斯特外，也代表暱稱「普魯斯特的瑪德蓮」（la Madeleine de Proust），可謂法式戲謔最佳代表！

# 紀德
*André Gide*

◆ 1869-1951，法國小說家、散文家
◆ 《如果一粒麥子不死》
◆ 一九四七年諾貝爾文學獎得主

　　一八六九年十一月二十二日，安德烈‧紀德出生於梅迪西街十九號，即現在的艾德蒙羅斯登廣場二號 **15**，並在此地住到一八七五年。一八七五年起，改住圖爾農街二號三樓 **16**。

　　一八八〇年，年僅十一歲的紀德失去了父親。母親因為不想看到小紀德老在自己身邊打轉，常叫他「跟好朋友『皮耶』玩去，也就是說一個人。」──紀德於《如果一粒麥子不死》（*Si le Grain ne meurt*）中回憶道。

　　一八八三年到一八九七年這十四年，紀德都住在科麥耶街四號四樓 **17**，並於一八八九年自亨利四世中學 **18** 畢業。一八九〇年五月，紀德認識了象徵派詩人瓦雷里（Paul Valéry），展開兩人之間長達五十五年的友誼。**-1**

**16**圖爾農街二號三樓。紀德一八七五到一八八三年住在此地，卻也在此面臨喪父之痛。

　　一八九一年，紀德自費出版《安德烈‧瓦爾特筆記》（*Les Cahiers d'André Walter*），在書中宣告對表姊瑪德蓮的愛慕之意。在二月某次文友聚會中，他結識馬拉美等人，從此成為馬拉美「週二聚會」一員，並於同年十一月認識王爾德。由於經常和王爾德在一起，終於在一八九二年啟蒙了紀德的同志意識。但他仍於母親死後，在一八九五年十月和表姊瑪德蓮結婚。

　　一八九七年，紀德搬入哈斯拜耶大道四號五樓 **19**，並在此地住到一九〇三年。住在哈斯拜耶大道期間，他出版了《背德者》（*L'Immoraliste*），一部極其成功的小說，寫法雖然傳統，平鋪直敘，卻寫出已婚男子暗戀美少男的驚世駭俗內容，那些今日看來毫不腥羶色的描述，在當時卻非常不得了。

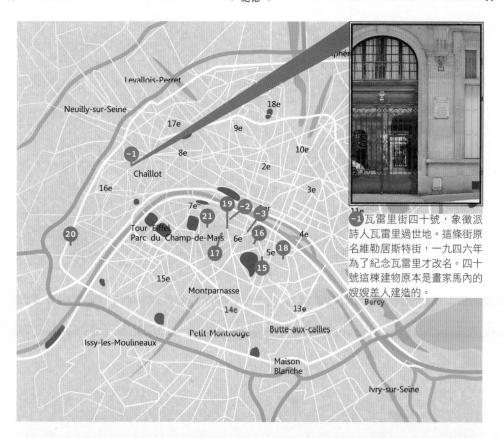

-1 瓦雷里街四十號，象徵派詩人瓦雷里過世地。這條街原名維勒居斯特街，一九四六年為了紀念瓦雷里才改名。四十號這棟建物原本是畫家馬內的嫂嫂差人建造的。

-1 【舊】40, Rue Villejust
　　【今】40, Rue Paul-Valéry, 75116 (M2, Victor Hugo)
-2 44, Rue du Bac, 75007 (M12, Rue du Bac)
-3 Hôtel Madison. 143, Boulevard Saint-Germain, 75006 (M4, Saint-Germain-des-Prés)

15 【舊】19 Rue de Médicis
　　【今】2, Place Edmond Rostand, 75006 (RER B, Luxembourg)
16 2, Rue de Tournon, 75006 (M4, M10, Odéon)
17 4, Rue de Commaille, 75007 (M10, M12, Sèvres-Babylone)
18 Lycée Henri IV. 23, Rue Clovis, 75005 (M10, Cardinale Lemoine)
19 4, Boulevard Raspail, 75007 (M12, Rue du Bac)
20 Villa Montmorency. 18 bis, Avenue des Sycomores, 75016 (M9, M10, Michel-Ange-Auteuil)
21 1 bis, Rue Vaneau, 75007 (M13, Varenne)

⑲哈斯拜耶大道四號，紀德一八九七到
一九○二年的住所。他住在此地期間出
版了《背德者》。

㉑瓦諾街一之一號六樓。紀德於一九二八
年搬入此地，並於住在此地時，成為
一九四七年諾貝爾文學獎得主。

　　一九○六年初到一九二八年八月初，紀德的住所改為西科摩爾大道十八之一號
的蒙莫朗西別墅 ⑳，並一直住到一九五一年為止。住在此地期間，他不但於一九
○八年與友人創辦新法蘭西評論雜誌社，後來促成了伽利瑪出版社的誕生，也發表
了多部作品。

　　紀德是一個前衛的同志作家，他鼓勵達達主義和超現實主義，但自己的作品卻
遭到社會抨擊，認為會腐敗青年的心靈。以一九○九年發表的《窄門》（*La Porte
étroite*）來說，兩個彼此相愛的表姊弟，因為進天堂的門太窄了，只容得下一個
人，不能兩人並肩進入，雖然郎有情妹有意，最後卻因必須「純淨」，終未結合。
女人香消玉殞，男人則抱憾終生。

　　一九二五年，紀德出版小說《偽幣製造者》（*Les Faux monnayeurs*），揭
櫫「偽幣製造者」（虛偽的人）是社會的產物，大家可以批評，卻無法改善。隔
年一九二六年出版自傳《如果麥子不死》，一九二七年出版遊記《剛果之行》
（*Voyage au Congo*），再隔年出版《查德歸來》（*Le Retour du Tchad*）。

　　一九二八年，紀德搬入瓦諾街一之一號六樓 ㉑。紀德跟一九三○年初許多法
國知識份子一樣，對蘇聯興趣濃厚，思想開始左傾，並於一九三五年六月國際筆會
在巴黎召開之際，與馬勒侯（André Malraux）共同擔任主席。馬勒侯何許人也？
他曾擔任戴高樂政府的文化部部長，也曾榮獲諾貝爾文學獎提名，與紀德同樣是大

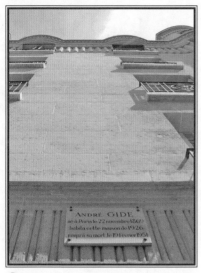

㉑瓦諾街一之一號的大門上方掛有紀德的
紀念牌。

㉓麥德遜大飯店。《齊瓦哥醫生》作者、俄
羅斯作家巴斯特納克曾於一九三六年入住。

作家。一九三二年，馬勒侯在巴克街四十四號㉒寫下《人類境況》（*La Condition humaine*），並獲得一九三三年龔古爾文學獎，後於席哈克總統任內移靈奉厝至先賢祠安葬。

話說當年國際筆會開會之際，以《齊瓦哥醫生》（*Le Docteur Jivago*）榮獲一九五七年諾貝爾文學獎的俄羅斯作家巴斯特納克（Boris Pasternak）也前往巴黎共襄盛舉，並入住麥德遜大飯店㉓，但他婉拒了與兩位主席見面。直到隔年，馬勒侯和紀德才分別於三月和七、八月各自前去拜訪他。紀德並於該年十一月出版《蘇聯歸來》（*Retour d'URSS*）一書，承認自己相信共產主義的錯誤。

一九四七年，紀德榮獲諾貝爾文學獎。四年多後，一九五一年二月十九日，則因肺炎在巴黎病逝。

紀德去世後曾鬧了點小風波。話說紀德去世第二天，一九五二年諾貝爾文學獎得主弗朗索瓦・莫里亞克收到一封紀德發的電報。這封紀德死後才發出的「墓外電報」十分啟人疑竇，當時盛傳，該電報是某位詩人轉寄給天主教作家莫里亞克的，因為他與同為天主教信徒的保羅・克勞岱爾（Paul Claudel）都是紀德的宿敵。結果搞了半天，原來是沙特假冒紀德之名寫的。電報內容為：「根本沒地獄，大可享樂個痛快。順便告訴克勞岱爾。署名：安德烈・紀德」。

# 柯蕾特
*Colette*

◆ 1873-1954，法國貴婦女作家
◆《克羅汀娜四部曲》

　　法國貴婦女作家柯蕾特二十歲跟威利結婚後，才從法國中部鄉間來到巴黎。一八九三年五月，兩人在大奧古斯汀堤岸的戈蒂耶－維亞出版社樓上住過幾週，但柯蕾特很討厭這個地方，兩人遂於六月搬至雅各布街二十八號四樓 ㉒。

　　安頓下來後，阮囊羞澀的威利請老婆大人寫下兒時記憶，讓他的「文學工業」起死回生。於是柯蕾特幕後捉刀，以威利之名出版了《克羅汀娜上學去》（*Claudine à l'école*）等一系列小說，在一九〇〇年初造成轟動，白花花的版稅順利落入威利口袋。

　　一九〇一年，兩人搬到古爾塞街九十三號 ㉓，接著又於一九〇二年搬到同條街的一七七號之一 ㉔。也在這段時期住在同條街四十五號 ⑧ 的普魯斯特，曾經邊讀柯蕾特的作品、邊感動到流下眼淚。（參見160頁）

　　柯蕾特和威利於一九〇六年分居。柯蕾特和女演員貝爾伯夫女侯爵、暱稱「蜜西」（Marquise de Belbeuf，"Missy"）墜入情網。兩人合作表演啞劇《埃及夢》（*Rêve d'Égypte*）時，還公開在舞台上接吻。交往期間，柯蕾特經常住在蜜西位於喬治維爾街家中 ㉕。

　　一九一一年，柯蕾特在《晨報》（*Le Matin*）結識了儒維涅（Henry de Jouvenel），搬進他家居住 ㉖，並於次年下嫁儒維涅。兩人於一九二三年離婚時，據說是因為柯蕾特和儒維涅的兒子有染。不過當時柯蕾特已因《藍色麥子》（*Le Blé en herbe*）和《親愛的》（*Chéri*）成為法國當代最偉大的作家。

　　一九二七年，柯蕾特遷入被她稱為「隧道」的薄酒來街九號樓中樓的上層 ㉗。一九三五年則梅開三度。

　　一九三八年，柯蕾特再度搬回薄酒來街九號，但這次住在一樓 ㉘，窗戶正對皇家宮殿花園，從而有「皇家宮殿花園貴婦」之稱。她房間的陽台上至今還刻有C的字樣。柯蕾特在此住到一九四五年過世為止，身後安葬於拉榭思墓園第四區。

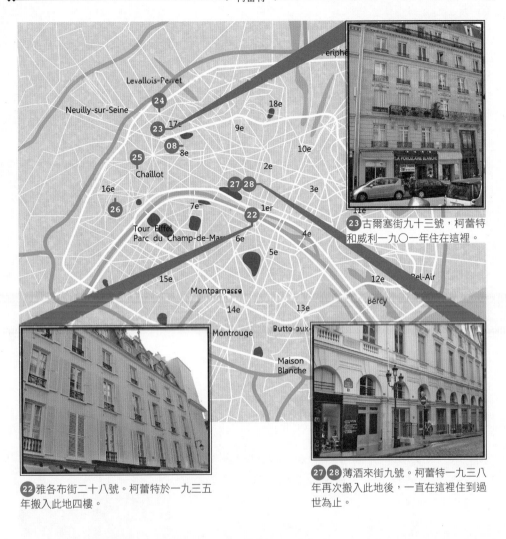

**23** 古爾塞街九十三號，柯蕾特和威利一九〇一年住在這裡。

**22** 雅各布街二十八號。柯蕾特於一九三五年搬入此地四樓。

**27 28** 薄酒來街九號。柯蕾特一九三八年再次搬入此地後，一直在這裡住到過世為止。

**08** 45, Rue de Courcelles, 75008 (M2, Courcelles)
**22** 28, Rue Jacob, 75006 (M4, Saint-Germain-des-Prés)
**23** 93, Rue de Courcelles, 75008 (M2, Courcelles)
**24** 177 bis, Rue de Courcelles, 75017 (M3, Pereire)
**25** 2, Rue Georges Ville, 75116 (M2, Victor Hugo)
**26** 57, Rue Cortambert, 75116 (M9, Rue de la Pompe)
**27** 9, Rue de Beaujolais, 75001 (M7, M14, Pyramides)
**28** 9, Rue de Beaujolais, 75001 (M7, M14, Pyramides)

# 考克多
*Jean Cocteau*

◆ 1889-1963，法國電影導演、編劇、舞台劇作家
◆《詩人之血》、《奧菲》

「書寫是種愛的行為；倘若不是的話，書寫便只是書寫。」考克多說。

讓・考克多出生於巴黎西郊，從小家境優渥，在充滿藝術的氛圍中長大。一八九〇到一八九七年間，他都過著夏天住老家，冬天住布瑞耶爾街四十五號❷⑨的生活。

一八九八年考克多九歲時，父親自殺身亡。他於一九〇〇年進入孔多塞中學❸⓪就讀，成為普魯斯特的小學弟。但考克多在一九〇四年即因缺課過多，遭到學校退學，並未畢業。

一九〇七年，考克多母子兩人搬入馬拉可夫街六十二號，該街現已改名為雷蒙・龐加萊大道❸①。考克多在母親帶領下進入上流社會，成為倜儻風流的花花公子，並與都德之子呂西安交好。

一九〇八年時，考克多入住畢弘宅邸❸②，這棟建於一七二八年的貴族宅邸當時權充接待藝術家之用，野獸派畫家馬諦斯（Henri Matisse）、現代舞創始人鄧肯（Isadora Duncan）、雕塑家羅丹（Auguste Rodin）都曾住過。一九一九年，此地正式改為羅丹美術館。

一九一〇年，考克多母子搬到安茹街十號❸③，並一直住到一九三九年為止。這段期間內，在都德之子呂西安和雷納爾多・哈恩（Reynaldo Hahn）的引介下，考克多在比才遺孀史特勞斯夫人家認識了普魯斯特，並與俄國芭蕾舞團相關人士熟識。

一九一五年，考克多認識了畢卡索，還結識了莫迪里亞尼（Amedeo Modigliani）那幫蒙巴納

❸⑤瑪德蓮廣場九號。一九三八年春天，考克多和戀人讓・馬赫落腳於此。

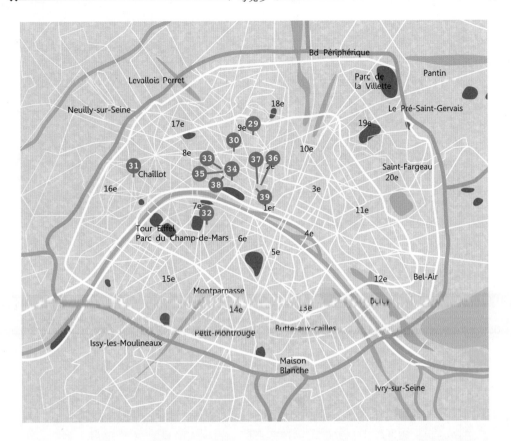

㊱薄酒來街十五號，昔日薄酒來旅館所在地。
考克多於一九三九年入住。

㊲薄酒來街十七號的大胃福餐廳，雨果和考克多
都是這間餐廳的常客。

斯畫家。一九一八年七月十二日，他甚至和詩人阿波利奈爾一同擔任畢卡索和奧嘉
婚禮的見證人。一九三八年初，考克多入住康朋街三十七號的卡斯堤耶旅館㉞。
同年春天，則和戀人讓‧馬赫（Jean Marais）住在瑪德蓮廣場九號㉟。

　　一九三九年十二月時，考克多住在薄酒來街上的薄酒來旅館㊱。這間旅館奧
地利作家、中短篇小說巨匠茨威格（Stefan Zweig）一九二二年時也住過，可惜現
已不存。同條街上的十七號就是鼎鼎大名的大胃福餐廳㊲。大胃福自一七六〇年
開張就是巴黎最夯的餐廳之一，大文豪雨果也是常客，白豆煨羊胸則是他的最愛。

　　除了大胃福，考克多也是馬克西姆餐廳㊳的常客。馬克西姆餐廳同樣頗有名
堂，一八九三年開張後，就以新藝術風格的內部裝潢馳名在外，普魯斯特和考克多
都是常客。一九七〇年代時，碧姬芭杜曾經打赤腳入內用餐，造成嘩然。後來餐廳
幾經易主，一九八一年一度由服裝設計師皮耶卡登買下。

　　一九四〇年底，考克多搬進皇家宮殿一帶的蒙彭席耶街三十六號樓中樓㊴，
一住就住了二十四年。一九四〇年代可說是考克多的成熟期，這段期間除了與畢
卡索等畫家過從甚密，也與俄羅斯芭蕾舞團關係良好，並曾與史特拉汶斯基（Igor
Stravinsky）、香奈兒多次合作，香奈兒甚至還幫助考克多戒除鴉片毒癮。除此之
外，考克多跟當時的歌壇紅星小麻雀皮雅芙（Édith Piaf）也是好朋友。兩人雖然不
是同年同月同日生，卻於一九六三年十月十一日同一天過世。

　　考克多身兼電影導演、編劇、舞台劇作家、畫家、雕塑家、演員於一身，但他
最希望自己被稱為詩人。他最有名的電影是詩人三部曲：《詩人之血》（*Le Sang*

③8 馬克西姆餐廳。考克多和晉魯斯特常在此用餐。

③9 蒙彭席耶街三十六號,考克多於一九四〇年底搬入這裡,一住就住了二十四年。

③9 蒙彭席耶街三十六號的紀念牌,紀念牌上刻有考克多的簽名。

*dun poète*)、《奧菲》(*Orphée*)、《奧菲的遺囑》(*Le Testament d'Orphée*)。此外,一九四六年他還改編童話故事《美女與野獸》(*La Belle et la bête*)並將之搬上大銀幕。考克多的電影除了詩意盎然、畫意無限,男主角也皆由他的同性戀人讓‧馬赫擔綱。

# 阿波利奈爾
## *Guillaume Apollinaire*

◆ 1880-1918，超現實詩人、哲人與作家
◆ 《圖像集》

在詩人吉庸姆‧阿波利奈爾短短三十八載的人生中，一輩子都跟戰場和醫院脫不了干係。一九一六年三月，他在前線受傷，砲彈落頂，雖然大難不死，但小傷難免，被送進聖寵谷軍醫院 ④，四月轉送奧塞堤岸的義大利醫院。五月四日，阿波利奈爾又因意外傷到腦部，再度被送進聖寵谷軍醫院的附屬醫院開刀。

一九一七到一九一八年是阿波利奈爾的創作旺盛期，詩歌《圖像集》（*Calligrammes*）便於一九一八年四月出版。他在該年五月娶白衣天使雅克琳為妻，但十一月便因西班牙流感過世。過世後，畢卡索將朵拉‧瑪爾（Dora Maar）的頭像獻給他，並於一九五九年六月將頭像矗立在聖日耳曼德珮區的羅蘭普拉區方場上 ❶。

阿波利奈爾生前最愛到蒙馬特一帶的狡兔小酒館 ④ 用餐。塞納河畔的舊書攤 ④ 也是他流連忘返的地方，曾多次在《兩岸晃遊者》（*Le Flâneur des deux rives*）中提及。阿波利奈爾身後安葬於拉榭思墓園第八十六區，墓碑造型頗為特異。

值得一提的是，現今密哈波橋 ④ 橋頭的銅質紀念牌上，刻有阿波利奈爾柔情似水的詩句：「密哈波橋下塞納水長流／柔情蜜意／寸心還應憶否／多少歡樂事總在悲哀後／鐘聲其響夜其來／日月逝矣人長

❹密哈波橋橋頭。密哈波橋建於一八九五到一八九七年，是巴黎跨越塞納河三十六座橋的其中一座。橋頭刻有阿波利奈爾的詩句。

在」。這首詩是當初阿波利奈爾跟情人洛朗森（Marie Laurencin）分手後寫下的，洛朗森也未曾忘情，一九五六年去世時要求與阿波利奈爾的情書一起下葬。

41 位於蒙馬特的狡兔小酒館。阿波利奈爾的最愛。

· 拉榭思墓園內阿波利奈爾的墓。

40 聖寵谷軍醫院。阿波利奈爾於一九一六年在此療傷。聖寵谷醫院可說是今日法國總統的御用醫院，不但薩柯奇先後於二○○七、二○○九年兩度入院，席哈克二○○五年因腦血管不適，同樣前往該醫院掛病號。

-1 羅蘭普拉區方場上由畢卡索雕刻的朵拉·瑪爾頭像，題獻給阿波利奈爾。

-1 Paroisse St Germain. Square Laurent-Prache, 53, Rue de Rennes Paris, 75006 (M10, Mabillon)

40 Hôpital Val de Grâce. 74, Boulevard de Port Royal, 75005 (RER B, Port Royal)

41 Lapin Agile. 22, Rue des Saules, 75018 (M12, Lamarck-Caulaincourt)

42 Quai des Grands Augustins et Quai Saint-Michel, 75006 (M4, Saint-Michel)

43 Pont Mirabeau. Quai Louis Blériot, Quai André Citroën, 75016 (M10, Javel-André Citroën)

# 阿拉貢
*Louis Aragon*

◆ 1897-1982，法國超現實主義作家
◆ 《夢幻之潮》、《巴黎鄉巴佬》

# 艾爾莎
*Elsa Triolet*

◆ 1896-1970，一九四四年龔古爾文學獎得主
◆ 《第一個回合花了二百法郎》

　　路易・阿拉貢是超現實主義的大將之一，他學醫出身，跟超現實主義另一員大將布勒東，正是於一九一七年在聖寵谷醫院學醫時相識。

　　一九一九年三月，阿拉貢和布勒東、蘇波（Philippe Soupault）創辦了《文學》雜誌（*Littérature*），三人還參加查拉（Tristan Tzara）創始的達達主義團體，《文學》也成了為「達達」發聲的機關刊物。阿拉貢、布勒東等眾達達們，常常到塞爾塔咖啡館❹相聚。

　　一九二四年，阿拉貢發表《夢幻之潮》（*Une vague de rêves*），比布勒東的《超現實主義宣言》還早，可謂超現實主義運動第一部理論著作。一九二六年，他再出版小說《巴黎鄉巴佬》（*Le Paysan de Paris*），為其代表作。一九二七年一月，阿拉貢和布勒東等超現實主義者加入法國共產黨，並擔任《人道報》（*L'Humanité*）記者。

　　另一方面，原籍俄羅斯的艾爾莎・特奧萊於一九一三年左右邂逅未來派詩人馬雅科夫斯基（Vladimir Maiakovski），但最後馬雅科夫斯基和艾爾莎的姊姊成為一對。艾爾莎為了療癒情傷，也為了逃避一次大

❹塞爾塔咖啡館。阿拉貢、布勒東等達達派常在此相聚。

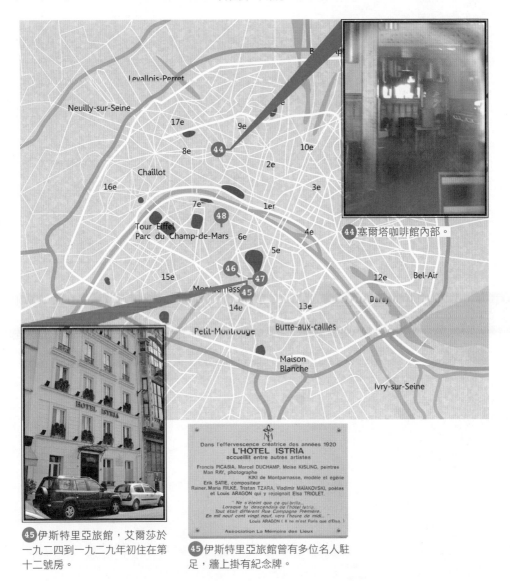

44 塞爾塔咖啡館內部。

45 伊斯特里亞旅館，艾爾莎於一九二四到一九二九年初住在第十二號房。

45 伊斯特里亞旅館曾有多位名人駐足，牆上掛有紀念牌。

44 Café Certa. 5, Rue de L´Isly, 75008 (M3, M12, M13, M14, Saint Lazare)

45 Hôtel Istria. 29, Rue Campagne-Première, 75014 (M4, M6, Raspail)

46 La Coupole. 102, Boulevard du Montparnasse, 75014 (M4, Vavin)

47 5, Rue Campagne-Première, 75014 (M4, M6, Raspail)

48 56, Rue de Varenne, 75007 (M12, Rue du Bac)

圓頂餐廳。阿拉貢和艾爾莎在此一見鍾情。

戰後俄羅斯的百業蕭條，遂前往巴黎並嫁為人婦，但於數年後仳離。一九二四到
一九二九年初，她都住在第一鄉村街二十九號伊斯特里亞旅館的第十二號房 ，
杜象（Marcel Duchamp）、曼雷（May Ray）的工作室就在旅館隔壁。

　　伊斯特里亞旅館其實曾有多位名人駐足，除了杜象和曼雷，畫家皮卡比亞
（Francis Picabia）、畫家奇斯林（Moise Kisling）、查拉、曼雷的繆思「蒙巴納斯
的琪琪」（Kiki）都住過這間旅館。

　　後來，艾爾莎擔任前情人馬雅科夫斯基在巴黎的口譯，因而在圓頂餐廳 認
識了阿拉貢。艾爾莎本來就欣賞阿拉貢的《巴黎鄉巴佬》，兩人相見恨晚，當天晚
上伊斯特里亞旅館便多了一對文壇情侶。從此以後，兩人相知相惜又相守，至死不
分離，死後也葬在一起。雖然阿拉貢偶爾會享受齊人之福，艾爾莎過世後甚至還公
開同志傾向，但仍無損兩人情誼。

　　一九二八年，阿拉貢和艾爾莎結為連理，同年九月，在第一鄉村路五號 設
置工作坊，一九二九到一九三五年間都住在此地。

48 瓦罕尼街五十六號。阿拉貢和艾爾莎在一九六〇年三月搬入，阿拉貢於二十二年後在此過世。如今該址為法國總理麾下的各處所辦公室。

　　阿拉貢雖然在一九三一年與超現實主義者決裂，但晚年又重回超現實主義。一九四二年發表的《艾爾莎的眼睛》（*Les Yeux d'Elsa*），除了是對愛人艾爾莎的禮讚，也是重量級的超現實主義作品。

　　艾爾莎也不遑多讓，她到法國後逐漸改以法文寫作，中篇小說《第一個回合花了二百法郎》（*Le Premier accroc coûte deux cents francs*）榮獲一九四五年龔古爾文學獎。

　　一九六〇年三月起，兩人在瓦罕尼街五十六號 48 賃屋而居。艾爾莎後於一九七〇年過世，阿拉貢則於一九八二年十二月二十四日在瓦罕尼街過世。

# 布勒東

*André Breton*

◆ 1896-1966，超現實主義之父
◆ 《娜嘉》、《超現實主義宣言》
◆ 《文學》雜誌創辦人之一

　　安德烈‧布勒東原本學醫出身，就讀醫學院期間，因為接觸到佛洛伊德的潛意識概念，對日後作品產生了重大影響。一九一七年，他和阿拉貢在花神咖啡館創造出「超現實」一詞，達達主義也在此地成形。

　　不同於以蒙巴納斯、蒙馬特、聖日耳曼德珮三區為大本營的藝文界人士，布勒東的巴黎行腳並不受限於此三區。比方說，一九一九年，布勒東住在先賢祠廣場十七號的偉人旅館 ❹，整天忙著跟阿拉貢一起編寫《文學》雜誌。

　　一九二一年，他住在德朗布荷街三十五號的德朗布荷旅館 ❺。這間旅館至今依然存在，而且旅館所在的德朗布荷街其實曾有

❹ 先賢祠廣場十七號的偉人旅館。布勒東一九一九年住在此地時，忙著和阿拉貢一起編寫《文學》雜誌。

許多名人過往，西蒙波娃就住過隔壁三十三號的浴場旅館 ❽（參見193頁）。日裔畫家藤田嗣治也於一九一七到一九二四年住在五號 ❶。

　　一九二一年，布勒東與蘇波合寫了超現實主義的首部著作《磁場》（*Les Champs magnétiques*），體現何為「自動書寫」。一九二四年，布勒東與達達主義決裂，並於同年十月發表《超現實主義宣言》（*Manifeste du surréalisme*）。一九二七年他加入法國共產黨，隔年一九二八年則發表小說《娜嘉》（*Nadja*）。

　　而從一九二二起到一九六六年過世為止，布勒東都住在皮耶封丹街四十二號 ❺。他與其他「超現實人士」經常光顧位於克利希大道八十二號的西哈諾咖啡館 ❺，可惜如今西哈諾咖啡館已經不在了。

**50** 德朗布荷旅館。牆上掛有布勒東紀念牌，他於一九二一年住在此地。梵谷一八九一年也住過這裡。

**51** 皮耶封丹街四十二號，布勒東從一九二二年住到一九六六年過世為止。該址一樓現為小劇院。

**52** 克利希大道八十二號，昔日西哈諾咖啡館所在地，布勒東和其他超現實主義者當年經常在此聚會。

**-1** 5, Rue Delambre, 75014 (M6, Edgar Quinet)

**49** Hôtel des Grands Hommes. 17, Place du Panthéon, 75005 (RER B, Luxembourg)

**50** Hôtel Delambre. 35, Rue Delambre, 75014 (M6, Edgar Quinet)

**51** 42, Rue Pierre Fontaine, 75009 (M2, Blanche)

**52** 82, Boulevard de Clichy, 75018 (M2, Blanche)

**89** Hôtel des Bains. 33, Rue Delambre, 75014 (M6, Edgar-Quinet)

# 普維
## *Jacques Prévert*

◆ 1900-1977，法國詩人、編劇、作詞家
◆ 〈枯葉〉、《天堂的孩子》

　　雅克‧普維既是詩人、作詞家，也是著名的電影編劇，如《朗基先生的罪行》（*Le Crime de Monsieur Lange*）、《霧港》（*Quai des brumes*）、《破曉》（*Le Jour se lève*）、《夜間訪客》（*Les Visiteurs du soir*）、《天堂的孩子》（*Les Enfants du paradis*）等。他也寫過許多影史留名的雋永對白，「巴黎對相愛的人而言太小了。」就是他的經典名句。

　　普維的風格深受超現實主義之影響，極擅長賦予日常生活中種種簡單的事物深刻的喻意。舉凡街頭的小角落、書本的某個篇章、一頓簡單的早餐，他處處、事事、時時，皆可成詩，有時以文字遊戲的方式，有時以簡單、單調、機械化的描述方式，表達他對世事的觀察與感受。

　　普維同時也是編劇好手，曾與多位名導演合作，其於一九四五年所寫的電影劇本《天堂的孩子》就被視為最具詩意的寫實經典鉅作，在電影史上有著崇高的地位。而尤‧蒙頓（Yves Montant）演唱的經典香頌〈枯葉〉（*Les Feuilles mortes*），歌詞同樣出自普維之手。

-1普維家附近的圖爾農咖啡館，此處在二十世紀初相當受藝文人士歡迎。

　　普維於一九〇〇年二月四日出生於巴黎近郊訥伊的路易‧菲立浦街十九號❺❸一個布爾喬亞家庭（一說是訥伊的夏爾特街十九號❺❹。）

　　一九〇七年二月，小普維跟家人住在沃吉哈路七號三樓❺❺，並在九號上小學。後來一家人又搬到費胡街四號❺❻。一九一〇年冬，再搬到圖爾農街五號六樓❺❼。在二十世紀初，圖爾農街十八號的圖爾農咖啡館-1相當受藝文人士歡迎。畫

57 圖爾農街五號。普維十歲時與家人搬入此地，後來還在此迎娶小他三歲的西蒙妮。

59 鼎鼎有名的雙叟咖啡廳。一九一二年住在老鴿棚街時，小普維常跟父親一同前來。

家英迪里亞尼、奧地利作家茨威格都是常客。

　　一九一二年，普維一家人改住老鴿棚街七號 58。住在老鴿棚街時，他經常跟父親去雙叟咖啡廳 59 和利普酒館 60，從而養成在咖啡館和小酒館觀察人生百態的習慣。

　　雙叟咖啡廳和利普酒館各有來頭，前者於一八一三年以賣新鮮物事起家，有可能是來自東方的新奇玩意兒，所以店內才有那兩座大名鼎鼎的東方雙叟雕像。直到一八七三年因業務擴充搬入現址，一八八○年一度成為酒館，並於一九一四年改裝成咖啡館。布勒東、阿拉貢也在此地醞釀出超現實運動。一九三○年代的存在主義情侶沙特和西蒙波娃更讓雙叟咖啡廳大放異彩。利普酒館則創立於一八八○年，以銷售亞爾薩斯啤酒和醃酸菜馳名。

　　十五歲時，普維放棄學業，開始到處打工。一九一六年三月進入好市集百貨當銷售員，並頻繁出入蒙巴納斯的咖啡館。

　　一九二四年，普維住在城堡街五十四號 61，該址也成為超現實主義運動的重要據點，經常可以看到阿拉貢、布勒東、畫家依夫・坦吉（Yves Tanguy）等人。這段時間的普維還是書友之家書屋的常客。

　　一九二五年四月，普維在小時候的家圖爾農街五號，迎娶小他三歲的西蒙妮。一九三○年則在雙叟咖啡廳公開抨擊布勒東，正式退出超現實主義運動。

　　一九三一年，普維搬到王子妃街三十九號 62，他常去「親愛的朋友」 63 用餐，因為餐廳老闆會讓他和朋友們賒帳。該年秋天，普維先住在馬提尼克萊姆酒吧附近的衛城旅館 -2，隨後又住在伯諾瓦街二十八號的蒙大拿旅館 64，而去鄰近的

花神咖啡館⑥喝咖啡則是他的最愛。

　　花神咖啡館於一八八五年開張營業，因大道上的花神雕像命名。布勒東和阿拉貢一九一七年在此地創出「超現實」一詞後，達達主義遂就此成形。到了一九三〇年代，花神咖啡館已是沙特、波娃和所有藝文人士的最愛。

　　一九四〇年，為了逃避戰火，普維前往法國南部，直到一九四三年初才回到巴黎，住在美術街四之一號的尼斯旅館⑥，但該旅館現已不存。普維從青少年起每天就抽三包菸，一九七七年四月十一日終因肺癌過世。

---

-1 Café Tournon. 18, Rue de Tournon, 75006 (M4, M10, Odéon)

-2 La Rhumerie martiniquaise. 166, Boulevard Saint-Germain, 75006
(M4, Saint-Germain-des-Prés)

---

53 19, Rue Louis Philippe, 92200, Neuilly-sur-Seine (M1, Les Sablons)

54 19, Rue de Chartres, 92200, Neuilly-sur-Seine (M1, Les Sablons)

55 7, Rue de Vaugirard, 75015 (M4, M6, M12, M13, Montparnasse-
Bienvenüe)

56 4, Rue Férou, 75006 (M4, Saint-Sulpice)

57 5, Rue de Tournon, 75006 (M4, M10, Odéon)

58 7, Rue du Vieux Colombier, 75006 (M4, Saint-Sulpice)

59 Les Deux Magots. 6, Place Saint-Germain des Prés, 75006 (M4,
Saint-Germain-des-Prés)

60 Lipp. 151, Boulevard Saint-Germain, 75006 (M4, Saint-Germain-des-
Prés)

61 54, Rue du Château, 75014 (M13, Pernety)

62 39, Rue Dauphine, 75006 (M4, Saint-Germain-des-Prés)

63 10, Rue Jacob, 75006 (M4, Saint-Germain-des-Prés)

64 Hôtel Montana. 28, Rue Saint-Benoît, 75006 (M4, Saint-Germain-des-
Prés)

65 Café de Flore. 172, Boulevard Saint-Germain, 75006 (M4, Saint-
Germain-des-Prés)

66 4 bis, Rue des Beaux-Arts, 75006 (M4, Saint-Germain-des-Prés)

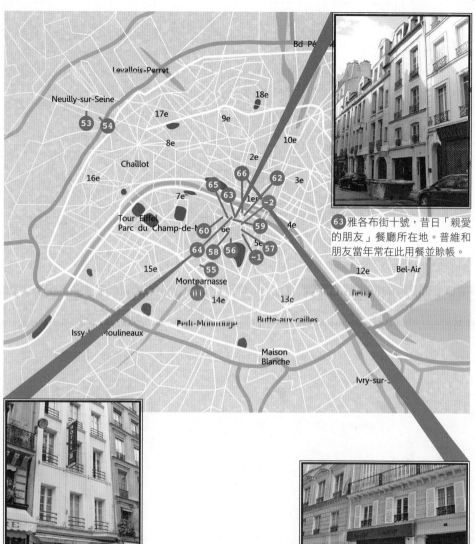

63 雅各布街十號,昔日「親愛的朋友」餐廳所在地。普維和朋友當年常在此用餐並賒帳。

64 伯諾瓦街二十八號的蒙大拿旅館。普維於一九三一年落腳於此。

66 美術街四之一號,昔日尼斯旅館所在地。普維一九四三年回到巴黎時入住此處。

# 沙特
## *Jean-Paul Sartre*

◆ 1905-1980，法國存在主義大師

◆ 《存在與虛無》

尚－保羅‧沙特於一九〇五年六月二十一日在巴黎出生，十五個月大就失去了父親，四歲時由於角膜翳導致右眼斜視，一直予人其貌不揚的感覺。從出生到一九一七年，沙特都住在勒高夫街一號靠街道這側的七樓 **67**。而在一八八五到一八八六年間，佛洛伊德（Sigmund Freud）曾住在同一條街的十號 **-1**。

十六歲時，沙特進入亨利四世中學 **68** 當寄宿生，跟尼贊（Paul Nizan）成為好友。兩人不但均為獨子，還有個共同的毛病。尼贊曾說：「沙特跟我一樣都斜眼，只不過斜不同邊。」哥兒倆被稱為「尼特」（Nitre）與「沙贊」（Sarzan）。

**67** 勒高夫街一號。沙特十二歲之前都住在這棟的七樓。

沙特住在大學城時認識了西蒙波娃，兩人成為情侶，沙特暱稱波娃為「海狸」（因為法文Beauvoir的諧音Beaver，在英文裡是「海狸」的意思）。一九二九年，兩人雙雙通過哲學教師會考資格，波娃獲得第二名，僅次於沙特。

一九三一到三六年，沙特在勒哈佛某所中學教哲學。一九三七年則在訥伊的巴斯特中學 **69** 執教，並暫居於德朗布荷街上的旅館小房間。西蒙波娃則於同年春天住在同條街上的浴場旅館 **89**（參見193頁）。一九三八和三九年，沙特分別出版了《嘔吐》（*La Nausée*）和《牆》（*Le Mur*），旋即造成轟動。

沙特在一九三九年成為戰俘，並於一九四一年回到巴黎，回來後有時住在母親位於朗巴勒大道二十三號的公寓裡 **70**，有時則跟波娃住在蒙巴納斯後火車站的密斯特拉旅館 **71**，要不就是到花神咖啡館 **72** 坐坐。沙特也開始在孔多塞中學 **73** 任

**71** 密斯特拉旅館。沙特與波娃於一九四一年下榻這間旅館。

**75** 波拿巴路四十二號。沙特和母親在一九四五年一月搬入此地。

教，一週教課三個半天。

一九四三年，沙特和波娃住進塞納街上的路易斯安那旅館 **74**。兩人為了各自保有自由，一向各住各的，並未同居，因此各自擁有一個房間。該年六月，《存在與虛無》（*L'Être et le néant*）出版。隔年五月《蒼蠅》（*Les Mouches*）和《無路可出》（*Huis-clos*）上演。

一九四五年一月，沙特的繼父去世，他和母親便搬進波拿巴路四十二號 **75**。此時他已經成了「存在主義之父」，忙於應付每天的存在。隨後又搬到哈斯拜耶大道二二二號 **76**，正式離開聖日耳曼德珮一帶，進駐蒙巴納斯。

一九四五年十月，為了宣揚存在主義哲學，沙特和波娃、梅洛－龐蒂（Maurice Merleau-Ponty）共同創辦了《現代》雜誌（*Les Temps modernes*）。

一九六四年，沙特被提名為該年度諾貝爾文學獎候選人，但他一得知這個消息，立即通知瑞典科學院，告知若該院把獎項頒發給他，他將拒絕接受。然而，瑞典科學院並沒有採納沙特的意見，仍舊把諾貝爾文學獎頒給了沙特，他也果然拒絕受獎。一九六九年，沙特搬進埃德加·基內大道二十九號二樓 **77**。

一九八〇年四月十五日，沙特因肺氣腫過世於布胡塞醫院 **78**。出殯時萬人空巷，可與雨果過世的場面媲美。沙特最後長眠於蒙巴納斯墓園第二十區。

二〇〇〇年三月，巴黎議會決議將介於聖日耳曼大道一四九和一七〇號之間的小路口改名為「沙特－波娃廣場」 **-2**，以紀念這兩盞照亮聖日耳曼區的明燈。

-2 沙特－波娃廣場街牌。　72 花神咖啡館。沙特和波娃常在此出沒。

-1 10, Rue Le Goff, 75005 (RER B, Luxembourg)

-2 Place Sartre-Beauvoir. Boulevard Saint-Germain, 75006 (M4, Saint-Germain-des-Prés)

67 1, Rue Le Goff, 75005 (RER B, Luxembourg)

68 Lycée Henri IV. 23, Rue Clovis, 75005 (M10, Cardinal Lemoine)

69 Lycée Pasteur. 21, Boulevard d´Inkermann, 92200, Neuilly-sur-Seine (M1, Les Sablons)

70 23, Avenue de Lamballe, 75016 (RER C, Avenue du Pdt. Kennedy)

71 Hôtel Mistral. 24, Rue Cels, 75014 (M13, Gaîté)

72 Café de Flore. 172, Boulevard Saint-Germain, 75006 (M4, Saint-Germain-des-Prés )

73 Lycée Condorcet. 8, Rue du Havre. 75009 (M3, M12, M13, M14, Saint-Lazare)

74 Hôtel de la Louisiane. 60, Rue de Seine, 75006 (M4, Saint-Germain-des-Prés)

75 42, Rue Bonaparte, 75006 (M4, Saint-Germain-des-Prés)

76 222, Boulevard Raspail, 75014 (M4, M6, Raspail)

77 29, Boulevard Edgar-Quinet. 75014 (M4, M6, M12, M13, Montparnasse-Bienvenüe)

78 Hôpital Broussais. 96, Rue Didot, 75014 (M13, Porte de Vanves)

89 Hôtel des Bains. 33, Rue Delambre, 75014 (M6, Edgar-Quinet)

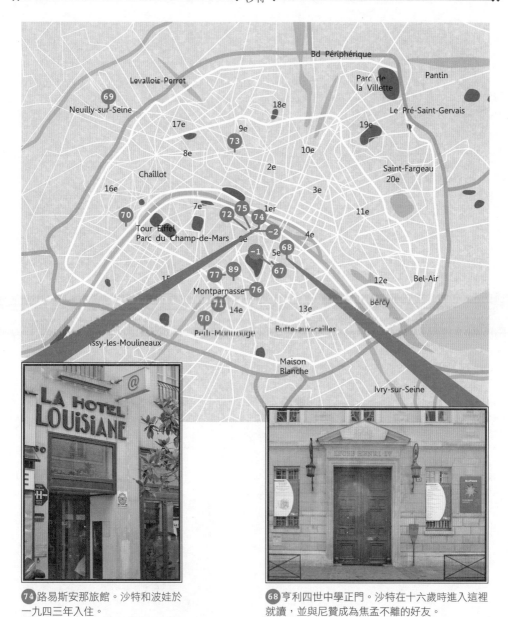

Bd Périphérique

Levallois-Perret

Neuilly-sur-Seine ⑥⑨

Parc de
la Villette

Pantin

18e

Le Pré-Saint-Gervais

17e

9e

⑦③

19e

8e

10e

Saint-Fargeau
20e

2e

Chaillot

16e

3e

7e

⑦⑤

1er

⑦⑤ ⑦④

11e

⑦⓪

Tour Eiffel
Parc du Champ-de-Mars

5e

-2

4e

-1

5e ⑥⑧

⑦⑦ ⑧⑨

⑥⑦

12e

Bel-Air

15e

Montparnasse ⑦⑥

Bercy

⑦①

14e

13e

Butte-aux-cailles

⑦⓪

Petit-Montrouge

Issy-les-Moulineaux

Maison
Blanche

Ivry-sur-Seine

⑦④路易斯安那旅館。沙特和波娃於
一九四三年入住。

⑥⑧亨利四世中學正門。沙特在十六歲時進入這裡
就讀，並與尼贊成為焦孟不離的好友。

# 西蒙波娃
## *Simone de Beauvoir*

◆ 1908-1986，法國存在主義作家
◆ 女權運動創始人之一
◆ 《第二性》

　　西蒙波娃喜歡出入蒙巴納斯一帶的咖啡館，因為她是道道地地的蒙巴納斯人，一九〇八年出生於蒙巴納斯大道一〇三號 **79**。從出生後到一九一九年十一歲為止，波娃都住在一〇五號的圓亭咖啡館樓上。

　　話說蒙巴納斯一帶的咖啡館或餐館都有些來頭。一〇五號的圓亭咖啡館 **80** 在波娃出生三年後開張，是兩次大戰期間畫家和超現實主義者的最愛。圓亭正對著的一〇八號多姆咖啡館 **81** 於一九〇五年開張，吸引了很多俄羅斯和西裔顧客，托洛斯基、列寧、畢卡索便是其中之三。一〇二號則是充滿傳奇的圓頂餐廳 **82**，於一九二七年開張，全店走裝飾藝術風。阿拉貢在此邂逅艾爾莎，亨利米勒曾戴著小圓眼鏡在吧台用早餐，馬諦斯喜歡來這裡喝啤酒，喬伊斯會把威士忌排成一排，卡繆在第一四九號桌慶祝諾貝爾桂冠加頂，沙特給小費超級大方，是間充滿傳奇的餐廳。九十九號的菁英咖啡館 **83** 則是美國作家群的最愛，夏卡爾、畢卡索也是常客。

　　一九一三到二五年間，波娃就讀雅各布街三十九號的德紀荷學院 **84**。後來由於

**80** 一〇五號的圓亭咖啡館。波娃十一歲以前，都住在圓亭咖啡館樓上。

**81** 一〇八號的多姆咖啡館。多姆咖啡館就在圓亭對面，托洛斯基、列寧、畢卡索是其中常客。

家裡經濟狀況變差，被迫搬到罕尼街七十一號六樓的小房間 **85**。一九二九到三一

82一○二號、充滿傳奇的圓頂餐廳。沙特和波娃常來此地用餐。

89浴場旅館。波娃於一九三七年春天下榻於此。

年間，波娃住在祖母留下來的小套房裡，位於丹費爾－羅什洛大道九十一號86。一八二八年夏天，波娃正準備哲學教師會考之際，認識了終生伴侶沙特。

一九三一到三三年，波娃前往馬賽和盧昂教書。一九三六到三七年，她回到巴黎的莫里哀中學87執教，當時她在快活街十一號之一的英國皇家旅館88租了個小房間，早上沒課時，常去多姆咖啡館用餐、看報、下棋。

一九三七年春天，波娃住進德朗布荷街三十三號的浴場旅館89，當時沙特住在同條街另一家旅館。同年秋天，她和沙特入住塞勒街二十四號的密斯特拉旅館90，一直住到一九三九年九月為止。當時，波娃喜歡去緬因大道七十七號的三劍客91用餐，並忙於《女賓》（*L'Invitée*）的寫作。

一九三九年，二次世界大戰爆發，沙特前往前線作戰，波娃則搬到瓦凡街二十一號的丹麥旅館92。後來波娃在卡彌兒・賽伊中學93教書時，也就是一九四○到四一年，也曾再次入住此處。

一九四二年，波娃從密斯特拉旅館自己拉著拖車，搬入王子妃街的奧布松旅館94跟兩名高中女生合住。她戲稱此地為「陋室」。一九四三年，波娃的教師資格被取消，雖然很多人認為是因為她跟兩名未成年少女同居（但此說已因無證據而被推翻），但事實上是因為，波娃在課堂上教學生普魯斯特和紀德的作品，蔑視了所有的道德和家庭規範。

一九四三年七月到一九四六年底，波娃和沙特住在塞納街六十號的路易斯安那旅館95，這段時期是他們兩人的創作旺盛期，波娃出版了《女賓》，沙特則出版了《存在與虛無》，並將《蒼蠅》和《無路可出》搬上舞台。

一九四八到一九五五年，波娃改住在聖母院對面的柴堆路十一號96，並在

此寫下「女權運動聖經」《第二性》（*Le Deuxième sexe*）和《達官貴人》（*Les Mandarins*），兩書先後於一九四九年和一九五四年出版。

　　一九五五年，波娃搬入生前最後一個住所，舍爾薛街十一之一號 **97**，直到一九八六年在蒙巴納斯的科欽醫院 **98** 過世為止。

　　波娃的葬禮比沙特更為盛大隆重，她安葬於蒙巴納斯墓園第二十區，長眠在法國哲學家愛人沙特身邊，手上則戴著美國作家愛人納爾遜‧艾格林（Nelson Algren）送給她的戒指。

---

**-1** Passerelle Simone de Beauvoir. 75012 (M6, Quai de la Gare)

---

**79** 103, Boulevard du Montparnasse, 75006 (M4, Vavin)

**80** La Rotonde. 105, Boulevard du Montparnasse, 75006 (M4, Vavin)

**81** Le Dôme. 108, Boulevard du Montparnasse, 75014 (M4, Vavin)

**82** La Coupole. 102, Boulevard du Montparnasse, 75014 (M4, Vavin)

**83** Le Sélect. 99, Boulevard du Montparnasse, 75006 (M4, Vavin)

**84** 39, Rue Jacob, 75006 (M4, Saint-Germain-des-Prés)

**85** 71, Rue de Rennes. 75006 (M4, Saint-Sulpice)

**86** 91, Avenue Denfert-Rochereau, 75014 (M4, M6, Denfert-Rochereau)

**87** Lycée Molière. 71, Rue du Ranelagh, 75016 (M9, Ranelagh)

**88** 11 bis, Rue de la Gaîté, 75014 (M6, Edgar-Quinet)

**89** Hôtel des Bains. 33, Rue Delambre, 75014 (M6, Edgar-Quinet)

**90** Hôtel Mistral. 24, Rue Cels, 75014 (M13, Gaîté)

**91** 77, Avenue du Maine, 75014 (M13, Gaîté)

**92** Hôtel du Danemark. 21, Rue Vavin, 75006 (M4, Vavin)

**93** Lycée Camille-Sée. 11, Rue Léon Lhermitte, 75015 (M8, Commerce)

**94** Hôtel d´Aubusson. 33, Rue Dauphine, 75006 (M4, Saint-Michel)

**95** Hôtel de la Louisiane. 60, Rue de Seine, 75006 (M4, Saint-Germain-des-Prés)

**96** 11, Rue de la Bûcherie, 75005 (RER B, C, Saint-Michel-Notre-Dame)

**97** 11 bis, Rue Schoelcher, 75014 (RER B, Denfert-Rochereau)

**98** Hôpital Cochin. 27, Rue du Faubourg-Saint-Jacques, 75014 (RER B, Port-Royal)

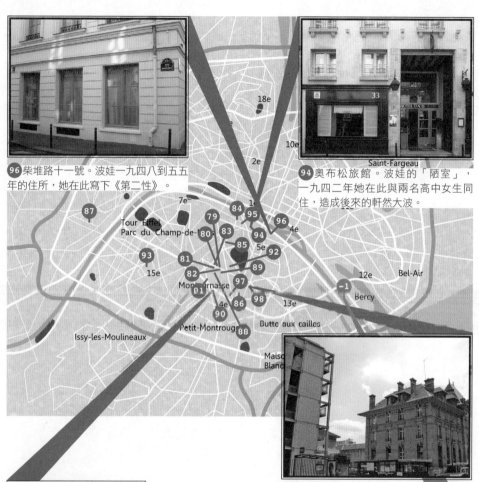

96 柴堆路十一號。波娃一九四八到五五年的住所，她在此寫下《第二性》。

94 奧布松旅館。波娃的「陋室」，一九四二年她在此與兩名高中女生同住，造成後來的軒然大波。

98 科欽醫院，波娃一九八六年於此病逝。

90 密斯特拉旅館。波娃和沙特於一九三七年秋天入住，直到一九三九年九月。旅館牆上掛有紀念牌。

-1 橫跨塞納河上的西蒙波娃行人橋，連接貝爾西公園和法國國家圖書館。從公園這頭遠眺，對岸的法國國家圖書館的四棟大樓就像四本打開的書本。

# 卡繆
## *Albert Camus*

◆ 1913-1960，法國存在主義作家
◆ 《異鄉人》、《瘟疫》
◆ 一九五七年諾貝爾文學獎得主

　　阿爾貝‧卡繆出生於法屬阿爾及利亞。他在一九四〇年三月抵達巴黎後，先住在蒙馬特拉維尼昂街十六號的波瑞耶旅館 **99**，但很快就搬到聖日耳曼大道一四三號的麥德遜大飯店 **100**，白天在《巴黎晚報》（*Paris Soir*）報社工作，晚上苦寫《異鄉人》（*L'Étrange*）。《異鄉人》在一九四〇年五月完稿，卡繆旋即於夏天投筆從戎，抵抗德軍，但因肺癆被勒令退伍。

　　一九四一年年底，卡繆負責地下刊物《戰鬥報》（*Combat*）的出版工作，該報發行三十萬份，沙特和莒哈絲的情人馬斯科羅都是主筆。二次大戰德軍占領巴黎期間，莒哈絲、她先生安特爾摩、情人馬斯科羅等人在伯諾瓦街祕密抗德，成立所謂的「伯諾瓦街幫」。當安特爾摩被捕時，卡繆還在樓下負責把風，由馬斯科羅爬到樓上，將地下組織的文件藏到聖伯諾瓦街五號四樓 **101**。（參見214、215頁）

　　一九四三年一月，卡繆入住阿維亞堤克旅館 **102**，五個月後即認識沙特。該年年底，卡繆在伽利瑪出版社從事校對工作，並在拉榭思街二十二號的信使旅館 **103** 租了個小房間，可惜信使旅館今已不存。卡繆每天忙於工作，只能在夜裡騰出一兩個鐘頭來寫《瘟疫》（*La Peste*）。

　　一九四四年間，卡繆入住紀德位於瓦諾街一之一號 **104** 附屬的小套間。該年五月沙特的《無路可出》正式上演之前，他曾跟卡繆在路易斯安那旅館排演過好幾次。卡繆原本是該劇的演員和導演，卻在最後關頭時，要沙特換一個名氣更響亮的人來當導演。可惜兩人的友誼於一九五一年生變。該年卡繆在隨筆《反叛者》（*L'Homme révolté*）中宣揚反對革命暴力。但隔年發行的《現代》（*Les Temps modernes*）雜誌發表了一篇由尚松（Jeanson）寫的《反叛者》評論文章，該文惹怒了卡繆，造成他和沙特徹底決裂。

　　卡繆於一九五七年十月十七日獲得諾貝爾文學獎，成為法國當時第九位、也是最年輕的獲獎者。一九六〇年一月四日，卡繆因車禍過世。

104 瓦諾街一之一號。卡繆一九四四年的住所。

100 麥德遜大飯店。卡繆一九四〇年住在這裡時,白天在《巴黎晚報》工作,晚上則潛心撰寫《異鄉人》。

102 阿維亞堤克旅館,卡繆一九四三年一月住在這裡。

101 聖伯諾瓦街五號四樓。二戰抗德組織「伯諾瓦街幫」的文件藏匿處。卡繆和莒哈絲都是成員。

99 16, Rue de Ravignan, 75018 (M12, Abbesses)
100 Hôtel Madison. 143, Boulevard Saint-Germain, 75006 (M4, Saint-Germain-des-Prés)
101 5, Rue Saint-Benoît, 75006 (M4, Saint-Germain-des-Prés)
102 Hôtel Aviatic. 105, Rue de Vaugirard, 75006 (F12, Falguière)
103 22, Rue de la Chaise, 75007 (M10, M12, Sèvres-Babylone)
104 1 bis, Rue Vanneau, 75007 (M13, Varenne)

# 聖修伯里

*Antoine de Saint-Exupéry*

◆ 1900-1944，法國小說家
◆ 《小王子》、《夜航》
◆ 一九三一年費米娜獎得主

　　安端・德・聖修伯里是里昂人，他在一九一七年成為巴黎博舒埃中學 01 的寄宿生，也曾在聖路易中學 02 學習數學。

　　一九一九年，原本想投考海軍學校的聖修伯里只通過了筆試，口試卻沒過關。這段期間雖然有家裡的資助，但生活依然困苦，他在路易斯安那旅館 03 住過幾週。這間旅館在二十多年後，沙特和波娃也曾入住 74 95。

　　一九二○年，從小對繪畫很有興趣的聖修伯里以旁聽生身分，在美術學校建築系 04 旁聽建築課程。一九二○到二一年間，他都住在馬拉給堤岸九號 05 的表姨家，打開窗戶就可以看到塞納河和羅浮宮。

　　年少輕狂的聖修伯里經常出入花都最夯的地點，從而結識許多文人，紀德便是其中之一。後來紀德還幫他的《夜航》寫了一篇極為出色的序言。聖修伯里也開始嘗試文學創作，甚至跟巴爾札克一樣身著家居長袍，躺在床上做文學大夢。

　　一九二三年，聖修伯里不時會去維荷訥伊街五號之一 06 的阿姨家小住一番。他在服兵役

02 聖路易中學。聖修伯里在此學習數學。

03 路易斯安那旅館。聖修伯里於一九一九年下榻此地。沙特和波娃後於一九四三到一九四六年入住。（參見189、193頁）

04 美術學校。一九二〇年，聖修伯里在這裡旁聽建築課程。

13 皇家橋飯店。聖修伯里和康蘇埃羅於一九三五年短暫入住。

屆滿時，答應未婚妻不再從事飛行員一職，因此找了份磚場生管的工作，卻做得索然無味，最後也因身分懸殊而和未婚妻解除婚約。一九二四年，聖修伯里在維維安街二十二號 07 租了間小公寓，年底則搬到博蒂街十二號的朋友家 08 。

因為銷售卡車的薪水十分微薄，聖修伯里說服了一個朋友，跟他一起搬進奧爾納諾大道七十之一號的鐵達尼亞旅館 09 （現已改名為宜必思奧爾納諾旅館），兩人共同分擔房租，於一九二四到二六年在此落腳。

不過，聖修伯里一點都不喜歡鐵達尼亞旅館，唯一好處是非常便宜。上劇院、聽音樂會、看電影就是兩人晚上最好的消遣，如果電影不好看的話，聖修伯里會隨時離座，打道回府。他有時候還會刻意不吃中餐，把錢拿來買黑貓牌香菸。聖修伯里也很喜歡光顧巴黎的美式酒吧，蒙巴納斯一帶的圓頂 10 便是其中之一。

一九三一年十二月，聖修伯里的小說《夜航》（*Vol de nuit*）榮獲費米娜獎，大賣十五萬本，還改編成電影，甚至連新款嬌蘭香水都以「夜航」為名。小說的成功也讓聖修伯里對未來較為有信心，他在豪宅區瑪德蓮一帶的卡斯特拉尼街十號 11 租了間公寓，從一九三一年住到一九三四年。但他和妻子康蘇埃羅（Consuelo）花錢大手大腳，落得最後付不出房租的下場。

一九三四年七月初，夫婦倆於夏拉奈耶街五號 12 賃屋而居。聖修伯里一九三五年從中東回到巴黎時，因為擔心未付房租會遭門房白眼，不想回夏拉奈耶街，便跟康蘇埃羅入住皇家橋飯店 13 。皇家橋飯店離伽利瑪出版社非常近，走路五分鐘就到，許多作家經常在此聚會。

一九三六年二月，因為付不出夏拉奈耶街五號的房租，兩人再度被房東掃地出門，暫住露德希亞大飯店 14 。該年四月，一家人搬入沃班廣場十五號 15 一間有著

迷人露台的現代化公寓裡。由於擔心會因為沒有繳稅，財產遭到查封，家中布置非常樸素，幾塊簡單的板子一搭就成了書桌。儘管經濟狀況不佳，兩人的排場挺大，家中不但有管家，連兒子都搭計程車上學。一家人在這邊住到一九三八年。一九三八到三九年間則改住米開朗基羅路五十二號⑯。

聖修伯里的名作《小王子》（*Le Petit Prince*）在紐約寫成，配上聖修伯里親自畫的水彩插圖後，於一九四三年在紐約出版。

一九四四年七月三十一日，在一次執行偵察飛行勤務返航途中，聖修伯里在地中海失事，他也自此下落不明。二〇〇二年，法國文化部水下考古部門宣布，在馬賽附近發現飛機殘骸，由於當地漁民之前也曾打撈到刻有「Saint-Ex」字樣的手環，從而確定這些殘骸正是當時由聖修伯里駕駛的洛克希德「閃電P38」型飛機。

01 Lycée Bossuet. 6, Rue Guynemer, 75006 (M12, Rennes)

02 Lycée Saint Louis. 44, Boulevard Saint-Michel, 75006 (M10, Cluny-La Sorbonne)

03 Hôtel de La Louisiane. 60, Rue de Seine, 75006 (M4, Saint-Germain-des-Prés)

04 École des Beaux Arts. 14, Rue Bonaparte, 75006 (M4, Saint-Germain-des-Prés)

05 9, Quai Malaquais, 75006 (M4, Saint-Germain-des-Prés)

06 5 bis, Rue de Verneuil, 75007 (M12, Rue du Bac)

07 22, Rue Vivienne, 75002 (M3, Bourse)

08 12, Rue Petit, 75019 (M5, Laumière)

09 【舊】Hôtel Titania
   【今】Hôtel Ibis Ornano. 70 bis, Boulevard Ornano, 75018 (M4, Porte Clignancourt)

10 La Coupole. 102, Boulevard du Montparnasse, 75014 (M4, Vavin)

11 10, Rue de Castellane, 75008 (M3, M9, Havre-Caumartin)

12 5, Rue de Chanaleilles, 75007 (M13, Varenne)

13 Hôtel Pont-Royal. 7, Rue Montalembert, 75007 (M12, Rue du Bac)

14 Le Lutétia. 45, Boulevard Raspail, 75006 (M10, M12, Sèvres-Babylone)

15 15, Place Vauban, 75007 (M8, École Militaire)

16 52, Rue Michel Ange, 75016 (M9, M10, Michel-Ange-Molitor)

**15** 沃班廣場十五號。一九三六年到一九三八年間，聖修伯里一家人就住在這間頗為現代化的公寓內。

**-1** 聖地牙哥DU CHILI廣場上的聖修伯里半身像，出自Madeleine Tezenas du Montcel之手。「聖修伯里，作家及戰時飛行員。一九四四年七月三十一日出任務時，為法蘭西捐軀」。

**-1** Square Santiago du Chili. 2, Avenue de la Motte Picquet, 75007 (M8, La Tour-Maubour)

**74** Hôtel de La Louisiane. 60, Rue de Seine, 75006 (M4, Saint-Germain-des-Prés)

**95** Hôtel de La Louisiane. 60, Rue de Seine, 75006 (M4, Saint-Germain-des-Prés)

# 巴紐
*Marcel Pagnol*

◆ 1895-1974，法國小說家、劇作家、電影導演
◆ 《爸爸的榮耀》、《媽媽的城堡》

馬瑟‧巴紐跟都德一樣來自外省，一九二二到一九二七年在孔多塞中學 ⑰ 教英文，當時他住在布朗雪街 ⑱，也已開始從事戲劇寫作。

巴紐後來搬到穆哈大道一二二號 ⑲，公寓僅約七坪大小，他在此地寫下《托帕茲》（*Topaze*）一劇。一九三二年，《芬妮》（*Fanny*）造成轟動，同時搬上大銀幕。

⑲ 穆哈大道一二二號。巴紐住的公寓僅僅七坪，他在此寫下《托帕茲》一劇。

一九三三到四八年間，巴紐先把工作室設在幸運路十三號 ⑳，之後搬到喬治五世大道五十三號 ㉑。到了一九七〇年代，五十三號搖身成為亞歷山大酒吧，吉姆‧莫理森經常來喝上兩杯，給起小費也毫不手軟。酒吧於一九九〇年拆除，如今為路易威登旗艦店。

一九五七年，巴紐出版《爸爸的榮耀》（*La Gloire de Mon Père*）和《媽媽的城堡》（*Le Château de ma mère*），也是迄今最廣為人知的「普羅旺斯童年四部曲」中，大家最熟悉的兩部著作。

巴紐同時也是位導演。他曾數度將季諾（Jean Giono）的小說改編成電影。比如一九三八年的《麵包師的妻子》（*La Femme du boulanger*），就是改編自季諾的短篇小說《新來的尚》（*Jean le Bleu*）。

順帶一提，經常描寫外省小人物生活的季諾，一九二九到三七年間待在巴黎時，經常入住龍街三十六號的龍旅館 ➊。他曾在《真正的財富》如此寫道：「我初來乍到的那晚已是如此遙遠，出於哪個陰沉的理由，讓我不可解地選了以兇殘和噴火為名的這條街、這家旅館？」

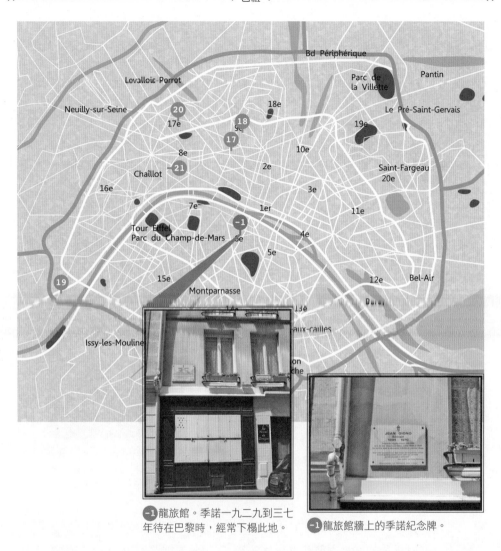

-1 龍旅館。季諾一九二九到三七
年待在巴黎時，經常下榻此地。

-1 龍旅館牆上的季諾紀念牌。

-1 Hôtel du Dragon. 36, Rue du Dragon, 75006 (M10, Mabillon)

17 Lycée Condorcet. 8, Rue du Havre. 75009 (M3, M12, M13, M14, Saint-
Lazare)

18 Rue Blanche, 75009 (M2, Blanche)

19 122, Boulevard Murat, 75016 (M9, Porte de Saint-Cloud)

20 13, Rue Fortuny, 75017 (M3, Malesherbes)

21 53, Avenue Georges V, 75008 (M1, Georges V)

# 納博科夫
*Vladimir Nabokov*

◆ 1899-1977，俄裔美籍小說家
◆ 《蘿麗塔》

俄裔美籍的弗拉基米爾‧納博科夫是位奇才。他既是蝴蝶收藏家、網球高手、專業棋手，英法文更是一把罩，甚至還是《愛麗絲夢遊仙境》的俄文翻譯！納博科夫和妻子結縭五十二年，一路守貞，直到一九七七年過世為止。

一九三二年秋天時，納博科夫曾住在賈克碼瓦街的姪兒家22，隨後也住過伊亞豐達明斯基旅館23。一九三六和三七年時則住過凡爾賽大道一三〇號24。基本上，納博科夫到巴黎時幾乎都住在訥伊－奧特伊－帕西一帶，這一帶也是巴黎最富裕的住宅區。訥伊一帶有許多裝飾藝術風格的建築。

24 凡爾賽大道一三〇號。納博科夫於一九三六和三七年入住。

一九三九年，納博科夫曾入住凡爾賽皇家旅館25與布瓦洛街五十九號26。

一九五五年，納博科夫名著《羅麗塔》（*Lolita*）在法國出版，三年後於美國出版。從此以後，這個腳著白襪、單腳金雞獨立，身高一米四八的小妖精，就此席捲全球，徹底顛覆了男性心目中性幻想對象的原型。

㉔凡爾賽大道一三〇號外觀。納博科夫一九三六和三七年時住過此地。

㉕勒莫洛街三十一號，昔日凡爾賽皇家旅館所在地，納博科夫於一九三九年入住。

㉒ 9, Rue Jacques-Mawas, 75015 (M12, Convention)

㉓ 1, Rue Chernoviz, 75016 (M6, Passy)

㉔ 130, Avenue de Versailles, 75016 (M10, Chardon-Lagache)

㉕ 31, Rue Le Marois, 75016 (M9, Porte de Saint-Cloud)

㉖ 59, Rue Boileau, 75016 (M9, M10, Michel Ange-Molitor)

## 盧布朗
### *Maurice Leblanc*

◆ 1864-1941，法國推理小說家

◆ 「亞森羅蘋」系列

　　「亞森羅蘋之父」莫里斯・盧布朗是盧昂人，打著念法律的旗號來到巴黎，實則穿梭於戲劇和藝文界，從而結識了馬拉美等文人。盧布朗在巴黎時，一度入住克萊培宏街十八號 ㉗。

　　一九〇五年，盧布朗開始在出版家皮耶拉菲特（Pierre Laffitte）的《我無所不知》（*Je sais tout*）月刊中撰寫連載偵探故事。該連載故事也就是後來的《亞森羅蘋被捕記》（*L'Arrestation d'Arsène Lupin*）。盧布朗原本還寫得心不甘情不願，沒想到一炮而紅，從此揭開「亞森羅蘋」系列序曲，亞森羅蘋成為「法國的福爾摩斯」，他自己則變成了「法國的柯南道爾」。

　　雖然盧布朗於一九四一年在法國南部的佩皮尼昂過世之後，最終安葬在巴黎的蒙巴納斯墓園第十區，但其實盧布朗在巴黎留下的行腳並不多，因為他的大本營首推上諾曼第西北方的艾特達，此地也是亞森羅蘋全集《奇巖城》（*L'Aiguille creuse*）中的藏寶地點。

　　盧布朗晚年都住在艾特達，還把家中布置成亞森羅蘋故事中的場景，其故居現已成為對外開放的亞森羅蘋博物館，開放一般民眾參觀。

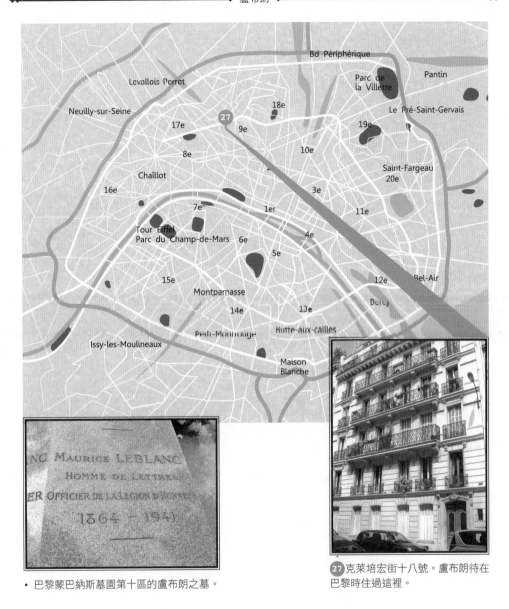

• 巴黎蒙巴納斯墓園第十區的盧布朗之墓。

**27** 克萊培宏街十八號。盧布朗待在
巴黎時住過這裡。

**27** 18, Rue Clapeyron, 75008 (M2, Rome)

# 勒胡

*Gaston Leroux*

◆ 1868-1927，法國通俗小說家、密室推理之父
◆ 《歌劇魅影》、《黃色房間的祕密》

　　二十世紀初，法國出了好幾位揚名全球的通俗小說家，卡斯頓・勒胡便是其中之一。

　　勒胡於一八六八年五月六日在聖馬丁郊區街六十六號❷❽出生，主要作品有一九〇七年的《黃色房間的祕密》（*Le Mystère de la chambre jaune*），被奉為最早期的密室推理小說經典，還有一九一一年發行《方托馬斯》（*Fantômas*）。

　　一九一〇年的《歌劇魅影》（*Le Fantôme de l'Opéra*）❷❾則是勒胡最膾炙人口的作品。該劇於一九八六年被韋伯（Andrew Lylod Webber）改編成百老匯音樂劇，受到全球各界人士的歡迎，至今不衰。

　　勒胡和「亞森羅蘋之父」盧布朗稱得上頗有淵源。出版家皮耶拉菲特慧眼識英雄，不但發掘了盧布朗，到一九二四年止還出版了二十四本勒胡的小說，其中就包括鼎鼎大名的《歌劇魅影》。

　　此外，據說盧布朗《奇巖城》中的伯特雷一角人物原型，就是來自於在勒胡的《黃色房間的祕密》和《黑衣女子的香氣》（*Le Parfum de la dame en noir*）中，擔綱偵探角色的十八歲青年記者胡爾達必。

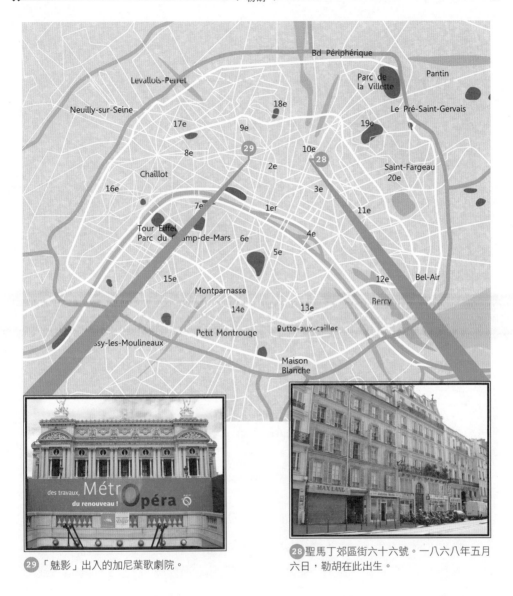

29 「魅影」出入的加尼葉歌劇院。

28 聖馬丁郊區街六十六號。一八六八年五月
六日，勒胡在此出生。

28 66, Rue du Faubourg Saint-Martin, 75010 (M4, Château d´Eau)
29 Opéra Garnier. 10, Rue Halévy, 75009 (M7, M9, Chaussée
   d´Antin-La Fayette)

## 西默農
### Georges Simenon

◆ 1903-1989，比利時偵探小說家
◆ 「馬戈探長」系列、《雪上污痕》

　　喬治・西默農雖然是比利時人，卻跟巴黎關係密切。巴黎是他筆下馬戈探長辦案的城市、巴黎讓他功成名就，更是他的第二個故鄉。

　　一九二二年，西默農待在聖奧諾黑郊區街二四八號 ㉚。該年十二月到隔年一月間，則跟新婚妻子緹姬（Tigy）住在貝爾塔旅館 ㉛。接下來夫婦兩人又住回聖奧諾黑郊區街上，但這次改住二三三之一號 ㉜。

　　西默農一直到一九二四年才決定靠搖筆桿過活，跟妻子住進夫人街四十二號的美好逗留旅館 ㉝，並在這段期間寄了好幾個小故事給柯蕾特，希望能有機會發表。

　　收入漸豐後，西默農堂而皇之地搬進孚日廣場二十一號 ㉞。孚日廣場二十一號在十七世紀時屬於樞機主教黎胥留所有 ㉗（參見25頁），一八七七年則有來自普羅旺斯的都德入住 ⑰（參見133頁），房子本身即有相當輝煌的歷史。

　　西默農是無人可敵的數據保持人。他每天可以寫八十頁，共有二十五個筆名，出版了四百部小說。他還睡過一萬個女人，其中包括八千位妓女，每天則抽兩百管菸斗外加兩瓶紅酒。

　　除此之外，他的小說至今翻譯成五十七種語言，發行全球四十個國家，共賣出七億本。連海明威都在《流動的饗宴》中提到，他看西默農的小說來消磨白天或夜晚的閒暇時光。

　　西默農並未因菸酒和女人而罹患肺癌、酒精中毒或感染性病，反而好端端活到八十六高壽，「在睡夢中極其安詳地溘然長逝」。

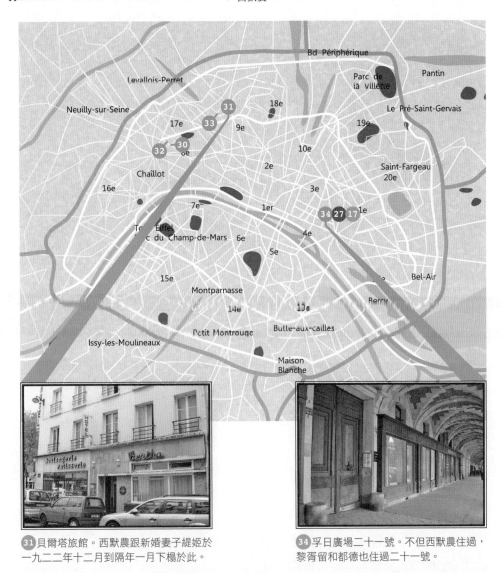

③1 貝爾塔旅館。西默農跟新婚妻子緹姬於一九二二年十二月到隔年一月下榻於此。

③4 孚日廣場二十一號。不但西默農住過，黎胥留和都德也住過二十一號。

27 21, Place des Vosges, 75004 (M8, Chemin Vert)
17 21, Place des Vosges, 75004 (M8, Chemin Vert)
30 248, Rue du Faubourg-Saint-Honoré, 75008 (M2, Ternes)
31 Hôtel Bertha. 1, Rue Darcet, 75017 (M2, M13, Place de Clichy)
32 233 bis, Rue du Faubourg-Saint-Honoré, 75008 (M2, Ternes)
33 42, Rue des Dames, 75017 (M2, Rome)
34 21, Place des Vosges, 75004 (M8, Chemin Vert)

# 尤瑟娜

*Marguerite Yourcenar*
*(Marguerite de Crayencour)*

◆ 1903-1987，法蘭西學院首位女院士
◆《哈德良回憶錄》、《苦煉》
◆ 一九六八年費米娜文學獎得主

　　瑪格麗特‧尤瑟娜本名瑪格麗特‧德‧克哈延庫爾，於一九○三年六月八日誕生於比利時的布魯塞爾。出生短短十天母親便撒手人寰，留下小尤瑟娜與父親相依為命。一九一二年，父女倆搬到巴黎。

　　一九二一年，尤瑟娜年方十八，自費出版長詩〈幻想園〉（Le Jardin des chimères），嶄露頭角，隨後將自己姓氏「克哈延庫爾（Crayencour）」去掉字首C，重組成「尤瑟娜（Yourcenar）」作為筆名。

　　一九二九年後，尤瑟娜周遊列國。一九三二到三九年間長住希臘，北上巴黎時往往在瓦格罕旅館 ③⑤ 歇腳，也就是當年王爾德和新婚妻子康斯坦絲度蜜月的地方 ⑤② （參見150頁），可惜該旅館後因火災而遭拆除。

　　尤瑟娜只用法語寫作。創作之外，她早在一九三七年就翻譯過維吉尼亞‧伍爾芙（Virginia Woolf）的作品，還專門到倫敦求教於伍爾芙。尤瑟娜於一九四七年成為美國公民，但五○年代她前往巴黎時，都住在聖詹姆斯與阿爾巴尼大飯店 ③⑥ 。

‧ 尤瑟娜手稿，一封她於一九二九年十一月二十九日寫給朋友的信函。

　　尤瑟娜的作品中，以歷史小說的成就最高，其中又以榮獲法蘭西學院大獎的《哈德良回憶錄》（*Mémoires d'Hadrien*），和獲得費米娜文學獎《苦煉》（*L'Œuvre au noir*）為代表作，兩書分別出版於一九五一年和一九五八年。

　　一九八○年，尤瑟娜成為法蘭西學院成立三百多年來首位女院士。

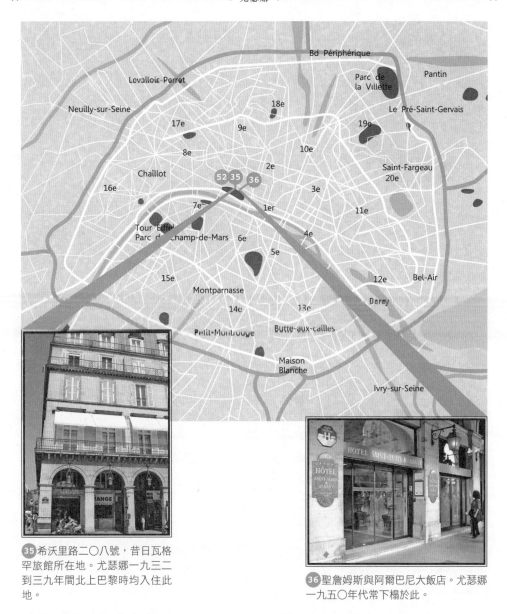

**35** 希沃里路二〇八號，昔日瓦格罕旅館所在地。尤瑟娜一九三二到三九年間北上巴黎時均入住此地。

**36** 聖詹姆斯與阿爾巴尼大飯店。尤瑟娜一九五〇年代常下榻於此。

**52** 208, Rue de Rivoli, 75001 (M1, Tuileries)
**35** 208, Rue de Rivoli, 75001 (M1, Tuileries)
**36** Hôtel Saint James et Albany. 202, Rue de Rivoli, 75001 (M1, Tuileries)

# 莒哈絲
*Marguerite Duras*

◆ 1914-1996，法國女作家、電影導演
◆ 《情人》、《廣島之戀》
◆ 一九八四年龔古爾文學獎得主

　　法國傳奇女作家莒哈絲於一九一四年在越南胡志明市出生，父親是數學老師，母親則是當地小學的老師。她在越南度過了童年與青少女年代，這段日子也成為她一生的創作靈感來源。

　　莒哈絲的文學作品包括了四十多部小說和十多部劇本，作品並多次被改編成電影，如一九五八年的《如歌的中板》（*Moderato cantabile*）。她也撰寫電影劇本，像是一九五八年的《廣島之戀》（*Hiroshima mon amour*）和一九六一年《如此漫長的缺席》（*Une aussi longue absence*）。

　　另一方面，由莒哈絲親自執導的電影包括了一九七九年的《夜舶》（*La Navire Night*）、一九八一年的《大西洋男人》（*L'Homme altantique*）與《艾嘉莎或無盡的閱讀》（*Agatha ou les lectures illimitées*）。當然，她最為華人世界熟知的作品，自然是一九八四年獲得龔古爾文學獎、並被翻拍成電影的《情人》（*L'Amant*）。

　　另一方面，在二次大戰德軍占領巴黎期間，莒哈絲、先生安特爾摩、情人馬斯科羅等人在伯諾瓦街祕密抗德，成立了所謂的「伯諾瓦街幫」，還於一九四一年年底發行地下刊物《戰鬥報》，由卡繆負責，沙特和馬斯科羅則是主筆。

　　莒哈絲自一九四二年四月起，跟安特爾摩一起搬進了聖伯諾瓦街五號 **37** 的小公寓，並一直住到一九九六年過世為止。當安特爾摩被捕時，馬斯科羅就是把地下組織「伯諾瓦街幫」的文件藏入這裡。

　　一九六三到一九九六年間，莒哈絲也經常入住位於諾曼第特胡維爾海灘的黑石旅館。黑石旅館建造於一八六六年，當年普魯斯特也常來此度假。（參見158頁）該旅館於一九五九年改成公寓出售。如今旅館外的紀念牌上刻著莒哈絲的一句話：「看著大海就是看著一切。」

　　莒哈絲於一九九六年三月三日辭世，過世後安葬於巴黎的蒙巴納斯墓園第二十一區。愛她的人都叫她「M.D」。

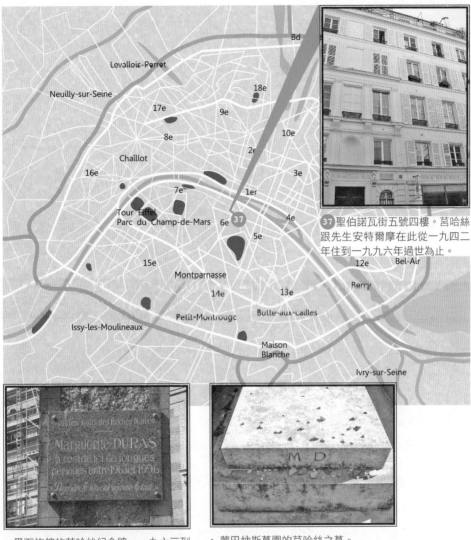

聖伯諾瓦街五號四樓。莒哈絲
跟先生安特爾摩在此從一九四二
年住到一九九六年過世為止。

• 黑石旅館的莒哈絲紀念牌。一九六三到
一九九六年間，莒哈絲經常入住這間位於
諾曼第的公寓。

• 蒙巴納斯墓園的莒哈絲之墓。

37 5, Rue Saint-Benoît, 75006 (M4, Saint-Germain-des-Prés)

# 海明威
## *Ernest Hemingway*

◆ 1899-1961，美國作家

◆ 《老人與海》、《戰地鐘聲》

◆ 一九五三年普立茲獎得主、一九五四年諾貝爾文學獎得主

　　一九二一年十二月耶誕節前夕，海明威以加拿大《多倫多星報》駐歐特派員的身分，與首任妻子赫德莉（Hadley Richardson）抵達巴黎。小倆口在歌劇院附近高級的和平咖啡館  享用豐富的耶誕大餐，豈料用餐完畢阮囊羞澀，海明威只好把赫德莉當成「人質」，趕緊跑回旅館拿錢贖人。

38 和平咖啡館。海明威與赫德莉一九二一年十二月初抵巴黎時，在此享用耶誕大餐。

　　初抵巴黎，夫婦倆在美國老鄉、作家安德森（Sherwood Anderson）的介紹下，住進位於雅各布街四十四號，月租僅三十美金、物美價廉的雅各布旅館 。雅各布旅館今已改名為英國旅館，雖然貌不驚人，當年可是班傑明‧富蘭克林（Benjamin Franklin）和約翰‧亞當斯（John Adams）逐字斟酌美國「獨立宣言」的所在。美國文學之父華盛頓‧歐文（Washington Irving）也於一八○五年左右住過此地。

　　海明威跟其他奮鬥中的藝術家一樣，到事業有所突破為止，都是靠著懂法文的妻子赫德莉過日子，赫德莉的小額信託基金每年會有三千美金入帳，扣掉每月房租，一天生活費約有七塊美金上下，再加上海明威掙來的一些零碎稿費，雖不

39 雅各布街四十四號，海明威與赫德莉初抵巴黎的住所。當年的雅各布旅館今已改名為英國旅館。

㊶歐德翁街十二號，昔日莎士比亞書屋所在地。此地空餘牆上紀念牌，已不見書屋當年風流。話說一七八二年巴黎第一條人行道就是鋪設在歐德翁街。

㊵教士綠地餐廳。海明威與赫德莉剛來巴黎時最愛的餐館

富裕，但日子還算過得去。但誠如海明威在晚年回憶錄中所說：「那年頭，兩個人一天有五塊美金，可以在歐洲過得很消遙，還能外出旅行。」海明威不但常常在咖啡館寫作，雙人世界的生活也過得頗為愜意。這段期間，小倆口最愛的餐館是位於住處附近、波拿巴路三十號的教士綠地餐廳㊵。

一九二一年十二月二十八日，在美國同鄉安德森的建議之下，海明威初次踏進位於歐德翁街十二號的莎士比亞書屋㊶，遇見了海明威口中所說「對他最好的人」：希薇亞·畢區（Sylvia Beach）。

海明威在兼具書屋與圖書館的莎士比亞書屋裡，大量閱讀屠格涅夫、勞倫斯、托爾斯泰、杜思妥也夫斯基、艾略特、亨利·詹姆斯（Henry James）、福樓拜、斯湯達爾等人的作品，並學習對話的藝術，拿捏「說」與「不說」的分寸。畢區小姐不但讓海明威賒帳、充當他的收信人，還常常接濟「中午沒錢吃飯時就到盧森堡公園逛兩個鐘頭，回家騙妻子說已經吃過了」的海明威。

同樣在安德森的建議下，海明威於一九二二年三月八日第一次跨進葛楚·史坦（Gertrude Stein）位於盧勒須斯街二十七號的沙龍㊷。從此以後經常於下午五點準時上門，史坦則隨時歡迎他。

身為小說家兼收藏家的史坦，一九〇三到一九三七年間都與同性愛人艾莉絲（Alice Toklas）住在盧勒須斯街，家中堆了許多塞尚、馬諦斯、畢卡索的畫作。公

**42** 盧勒須斯街二十七號。老大姊史坦的沙龍所在地，海明威與一眾文人經常出入此地。

**-1** 5, Rue Christine, 75006 (M4, Saint-Michel)

**59** 39, Rue Descartes, 75005 (M10, Cardinal Lemoine)

**38** Café de la Paix. 5, Place l´Opéra, 75009 (M3, M7, M8, Opéra, RER A, Auber)

**39** 44, Rue Jacob, 75006 (M4, Saint-Germain-des-Prés)

**40** le Pré-aux-Clercs. 30, Rue Bonaparte, 75006 (M4, Saint-Germain-des-Prés)

**41** 12, Rue de l´Odéon, 75006 (M4, M10, Odéon)

**42** 27, Rue de Fleurus, 75006 (M4, St. Placide)

**43** 74, Rue du Cardinal Lemoine, 75005 (M10, Cardinal Lemoine)

**44** 39, Rue Descartes, 75005 (M10, Cardinal Lemoine)

**45** 113, Rue Notre-Dame-des-Champs, 75006 (M4, Vavin)

**46** 159, Boulevard du Montparnasse, 75006 (RER B, Port Royal)

**47** Harry´s New York Bar. 5, Rue Daunou, 75002 (M3, M7, M8, Opéra, RER A, Auber)

**48** Le Sélect. 99, Boulevard du Montparnasse, 75006 (M4, Vavin)

**49** Le Dôme. 108, Boulevard du Montparnasse, 75014 (M4, Vavin)

**50** La Closerie des lilas. 171, Boulevard du Montparnasse, 75005 (RER B, Port-Royal)

**51** 10, Rue Delambre, 75014 (M4, Vavin)

**52** Église Saint Honoré d´Eylau. 9, Place Victor Hugo, 75116 (M2, Victor Hugo)

**53** 69, Rue Froidevaux, 75014 (M13, Gaîté)

**54** 6, Rue Férou, 75006 (M4, St. Sulpice)

**55** Bar Falstaff. 42, Rue du Montparnasse, 75014 (M4, Vavin)

**56** Hôtel Ritz. 15, Place Vendôme, 75001 (M8, M12, M14, Madeleine)

**73** 71, Rue du Cardinal Lemoine, 75005 (M10, Cardinal Lemoine)

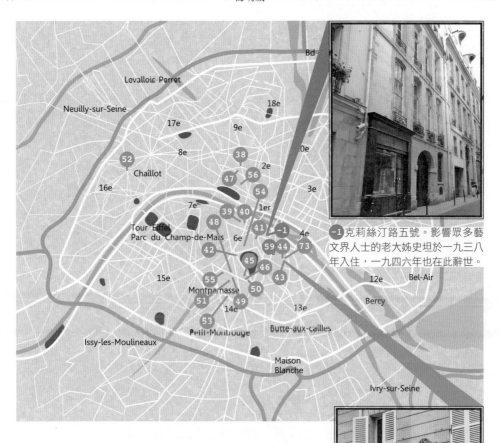

**-1** 克莉絲汀路五號。影響眾多藝文界人士的老大姊史坦於一九三八年入住，一九四六年也在此辭世。

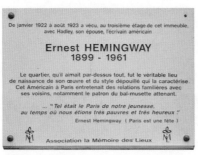

**43** 勒莫那紅衣主教街七十四號的紀念牌，上面寫著海明威《流動的饗宴》中的話：「這就是我們年輕時的巴黎；窮歸窮，卻很快樂」。

**43** 勒莫那紅衣主教街七十四號。海明威和赫德莉一九二二年一月到八月的住所。

④ 笛卡爾街三十九號。海明威一九二二年前後租下此樓某房間，權充寫作工作室。

⑤ 今日的田野聖母街一一三號。一九二四年時，海明威夫婦和長子約翰住在這裡的鋸木廠二樓。龐德也住在同一條街上。

寓內豪華舒適，還有好酒好菜供當時多半苦哈哈的文人畫家們大快朵頤，成為名噪一時的「藝文沙龍」。史坦和艾莉絲後來於一九三八年搬到克莉絲汀路五號 ⑪，並於一九四六年在該處病逝。

而從一九二二年一月到八月期間，海明威和妻子赫德莉都住在勒莫那紅衣主教街七十四號 ④，跟住在正對面七十一號的法國詩人拉爾博（Valéry Larbaud）當鄰居。愛爾蘭大作家喬伊斯一家借住拉爾博家時 ⑬，海明威還透過引薦，與喬伊斯見過面。（參見230頁）七十四號住所每月租金六十美元，海明威說：「是個有小廚房，沒有廁所，只有便桶的兩房公寓。」

不久後，為了寫作，海明威在住家附近的笛卡爾街三十九號 ④ 租了個小房間，而三十九號正是詩人魏爾倫一八九六年過世的地方 ⑲。（參見105頁）

美國同鄉安德森是首先讓海明威的作品刊登在文學期刊上的人。在這樣的鼓舞下，海明威要赫德莉把他所有的手稿從巴黎帶到《多倫多星報》派他前往的瑞士洛桑，看看是否有出版的機會。豈料赫德莉卻在巴黎里昂車站將裝滿手稿的手提箱弄丟了，海明威當時雖然怒不可抑，事後回想起來卻覺得，「掉了搞不好是件好事」。

當時，海明威在巴黎的良師益友除了帶領他進入巴黎現代主義運動的老大姊史坦，意象派創始人埃茲拉‧龐德（Ezra Pound）也是非常重要的貴人。海明威曾

**47** 哈利的紐約酒吧。海明威愛喝的「血腥瑪麗」雞尾酒,最初就是這裡的調酒師發明的。

**48** 菁英咖啡館,當年美國作家的最愛,海明威也不例外。

說:「龐德一半時間都是對的,當他錯了的時候,就會錯到你絕對不會懷疑的地步。史坦則老是對的。」史坦這位「蒙巴納斯的鵝媽媽」也是海明威長子約翰的教母。

在龐德的教誨和史坦的敦促下,海明威於一九二三年在巴黎的羅伯特‧麥卡蒙(Robert McAlmon)出版了他的第一本書《三個故事和十首詩》(*Three Stories and Ten Poems*),並於一九二四年一月辭去《多倫多星報》記者一職,專心從事寫作。

一九二四年,海明威夫婦與年僅一歲的兒子約翰搬進蒙巴納斯一帶的田野聖母街一一三號二樓 **45**,一家三口住在鋸木廠樓上,該棟樓房現已拆除。當時海明威的巴黎貴人龐德也住在這條田野聖母街上,龐德以幫海明威改手稿來交換拳擊課程。這段期間海明威最愛的餐廳,則非蒙巴納斯大道一五九號的「圖廬茲黑人」 **46** 莫屬。

而蒙巴納斯一帶的小酒吧和咖啡館,如「哈利的紐約酒吧」 **47**、如菁英咖啡館 **48** 與多姆咖啡館 **49**,更是海明威早年流連忘返之處。他還在最愛去的丁香園咖啡館 **50** 寫下了首部小說《太陽依舊升起》(*The Sun Also Rises*),於一九二六年發表。這部半自傳式小說僅僅花了他六週時間,雖然相當成功,卻遭抨擊說有費茲傑羅一九二五年甫出版的《大亨小傳》影子。

**50** 丁香園咖啡館。海明威在此寫下首部小說《太陽依舊升起》。

**51** 德朗布荷街十號，昔日丁哥酒吧所在地，現已改名為威尼斯客棧。海明威和費茲傑羅一九二五年四月一日在此初次見面。

事實上，一九二五年《大亨小傳》出版兩週後，海明威在德朗布荷街十號的丁哥酒吧 **51** 跟費茲傑羅初次見面。兩人一見如故，成為好友，自此經常交換手稿，當時已是大作家的費茲傑羅也盡量幫助尚名不見經傳的海明威。

一九二七年，海明威再度來到巴黎，但身邊女伴已換成《時尚》雜誌的編輯波琳（Pauline Pfeiffer）。兩人在艾洛聖譽教堂 **52** 完婚後，搬進弗華德沃街六十九號五樓 **53** 居住，可惜該樓現已不存。一九二九年，為了可以就近到盧森堡博物館欣賞心儀的塞尚畫作，再度遷居到費胡街六號 **54**。

一九二九年，海明威在《多倫多星報》結識的記者朋友卡拉漢（Morley Callaghan）到訪巴黎，和自小學拳的海明威在法斯塔夫酒吧 **55** 比拳，由費茲傑羅負責計時兼裁判。當時已爛醉如泥的費茲傑羅不知是有意或無意，讓海明威白挨了好幾記老拳、傷了嘴唇後，才說：「我的天，我讓時間超過了四分鐘。」

海明威常跟龐德和費茲傑羅窩在老大姊史坦的寓所內，史坦稱他們為「失落的一代」。此稱號後來在海明威的《太陽依舊升起》與《流動的饗宴》（*A Moveable Feast*）二書中被發揚光大。另一方面，隨著海明威漸漸崛起，他與費茲傑羅之間的友誼也漸漸變質，兩人後來還成為競爭敵手。

費茲傑羅的妻子薩爾妲倒是打從一開始就不喜歡海明威，公開形容他像「假貨」、「騙子」，還說海明威雄糾糾的男子氣概只不過是表面而已。事實是，海明

55法斯塔夫酒吧。一九二九年，海明威和老友卡拉漢在此比拳，由費茲傑羅當裁判。

威高一米八不止，體重介於七十七到一百二十公斤之間，二十三歲起就留著一把落腮鬍，前額還留有一九二〇年代末在巴黎留下的傷疤。總之，薩爾妲深信海明威不但是同志，還跟自己的先生有斷背情。

有趣的是，海明威除了在蒙巴納斯一帶各大咖啡館（尤其是丁香園）勤喝加了奶精的咖啡，在雞尾酒的貢獻亦功不可沒，好幾種雞尾酒都受到海明威的啟發，其中最著名則非「血腥瑪麗」莫屬。

話說「血腥瑪麗」最初是由「哈利的紐約酒吧」調酒師發明的，該酒吧是海明威一九二〇年代經常光顧店家之一，海明威很喜歡喝這種由一半烈酒伏特加和一半番茄汁混合而成、喝下去聞不出任何酒味的雞尾酒。海明威晚年回到巴黎之後，由於醫囑不准多喝酒，又受到第四任妻子瑪麗（Mary Welsh）的嚴加控管，遂在麗池大飯店❺❻上演了血腥瑪麗的傳奇。

話說海明威晚年再去麗池大飯店時，還在地窖裡發現了兩只寫著他名字的皮箱，箱子裡有自一九二八年以來的老舊手寫筆記，一些中途放棄了的小說，還有幾篇當年寫下的報導。

# 費茲傑羅
*Scott Fitzgerald*

◆ 1896-1940，美國小說家
◆ 《大亨小傳》、《夜未央》

巴黎孕育了海明威，但史考特‧費茲傑羅卻沒這麼好的運氣。

費茲傑羅的祖先寫下了美國國歌歌詞，父親有深植於美國南方的老根，母親則來自愛爾蘭。費茲傑羅為了自己出生太晚，未能成為一名出色的軍人參與第一次世界大戰而懊悔不已。十二歲時更因看到父親失業在家深感羞恥。

費茲傑羅從二十三歲起就開始煮字療飢，靠著幫《週末郵報》寫文章，再加上他那版稅少得可憐的小說維生。巴黎與蔚藍海岸是他心儀的創作地點，同時也在兩地遇見了美國同儕。「美國人在巴黎——這就是美國人所能做的最好的事。」費茲傑羅說。

57 聖詹姆斯與阿爾巴尼大飯店。費茲傑羅夫婦一九二一年首趟巴黎行的下榻處。

跟同期的美國同胞一樣，費茲傑羅夫婦看上美元的強勢，來到相對便宜許多的法蘭西，「浸淫在文化的氛圍中」。一九二一到一九三一年間，費茲傑羅共有過四趟法蘭西之旅。

一九二一年春天，他在巴黎的聖詹姆斯與阿爾巴尼大飯店待過一陣子 57 ，是為首趟巴黎行。一九二二年，發表《美麗與毀滅》（*Beautiful and Damned*）。

到了一九二四年，費茲傑羅改住歌劇院附近的兩世界旅館 -1 ，可惜該旅館現已不存。這年夏天他的寫作步調突然變快了，一九二三年七月才開始動工的傳世鉅作《大亨小傳》（*The Great Gatsby*）在巴黎宣告完成，僅耗時一年左右。但另一方面，這年夏天對費茲傑羅來說相當難熬，因為妻子薩爾妲（Zelda）跟法國海軍飛行官墜入情網，讓他大傷腦筋。

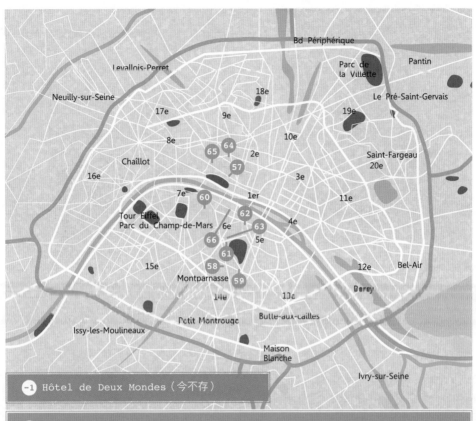

-1 Hôtel de Deux Mondes（今不存）

57 Hôtel Saint James et Albany. 211, Rue Saint-Honoré, 75001 (M1, Tuileries)

58 10, Rue Delambre, 75014 (M4, Vavin)

59 La Closerie des lilas. 171, Boulevard du Montparnasse, 75005 (RER B, Port-Royal)

60 53, Rue de Varenne, 75007 (M12, Rue du Bac)

61 27, Rue de Fleurus, 75006 (M4, St. Placide)

62 12, Rue de l´Odéon, 75006 (M4, M10, Odéon)

63 58, Rue de Vaugirard, 75006 (M4, St. Sulpice)

64 Harry´s New York Bar. 5, Rue Daunou, 75002 (M3, M7, M8, Opéra, RER A, Auber)

65 【舊】Prunier
【今】Goumard. 9, Rue Duphot, 75001 (M8, M12, M14, Madeleine)

66 【舊】Michaud
【今】Le Comptoir des Saints Pères. 29, Rue des Saints Pères, 75006 (M4, Saint-Germain-des-Prés)

**60** 瓦罕尼街五十三號。普立茲獎得主華頓的寓所，華頓榮獲一九二一年普立茲獎的《純真年代》就是在此完成的。費茲傑羅常參與華頓在此舉辦的沙龍。

**63** 沃吉哈路五十八號。費茲傑羅一家人一九二八年四月到十月的住所。

　　一九二五年四月，費茲傑羅一家又來到巴黎。他聽到有人提起海明威，美國文學雙傑便在德朗布荷街的美式酒吧丁哥酒吧 **58** 見了面，兩人見面的情景後來還被海明威寫在《流動的饗宴》中。費茲傑羅曾在丁香園 **59** 的露天座上把《大亨小傳》的手稿拿給海明威看，受到後者極度讚賞。海明威晚年在《流動的饗宴》寫道：「他能寫出《大亨小傳》這麼好的一本書，我確定他就能寫出更好的。」

　　而從一九二五年起，費茲傑羅便常常出入以《純真年代》榮獲普立茲獎的女作家華頓（Edith Wharton）位於瓦罕尼街五十三號的寓所 **60**。華頓跟史坦一樣，早在二十世紀初就移居巴黎，是比「失落的一代」更早就抵達巴黎的美國藝文界「前失落的一代」。費茲傑羅也常常到史坦家 **61** 與畢區的莎士比亞書屋 **62** 走動。

　　一九二八年四月到十月中，費茲傑羅一家在巴黎的落腳處位於沃吉哈路五十八號 **63**，他也在這段期間結識了喬伊斯等人。愛喝兩杯的他，自然更是哈利的紐約酒吧 **64** 常客。而位於杜佛街的李樹餐廳（今改名為古瑪爾德餐廳） **65**，不論是普魯斯特、海明威還是費茲傑羅，都很喜歡這邊的佳餚。

　　雖然費茲傑羅一臉好爸爸樣，但很容易便可從他過激的言行舉止中，在人群裡認出他來。而且即使他並不樂意，但在經濟因素考量下，他還是繼續幫《週末郵報》等報章撰寫短篇小說，夫妻倆在巴黎的物質生活還算不錯。

　　不過，夫妻倆的精神狀況卻不好，小倆口經常爛醉如泥，也雙雙變得瘋瘋癲

❻❺杜佛街九號，昔日李樹餐廳所在地，現已改名為古瑪爾德餐廳。費茲傑羅和海明威都很喜歡吃這裡的菜色。

❻❻聖父街二十九號，昔日米修餐廳所在地，現已改名為「聖父的櫃台」。費茲傑羅曾在此向海明威傾吐「男人的祕密」。

癲。薩爾姐曾經為了想知道一個人是否真能被鋸子鋸成兩半，找了一位酒保企圖實地驗證。而當費茲傑羅找海明威去雅各布街和聖父街交叉口的米修餐廳❻❻時，並不是要請他吃飯，而是為了跟海明威傾吐「男人的祕密」，也就是尺寸問題。

　　而且，自從薩爾姐與法國飛行員交往之後，巴黎的快活日子變得不堪忍受。費茲傑羅小說的成功，也讓在舞蹈、文學、繪畫多管齊下、一心想成名的薩爾姐很不是滋味，逐漸出現精神分裂的症狀，最後終於住進了療養院。

　　為了治療妻子的瘋病，費茲傑羅漸漸散盡千金，心力交瘁之下，耗費了九年才寫出《夜未央》（*Tender is The Night*）一書，被後世視為是他最好的一部作品。一九四〇年，費茲傑羅年僅四十四歲，即因酗酒過度而於美國好萊塢辭世。

# 喬伊斯
## *James Joyce*

◆ 1882-1941，愛爾蘭現代主義作家
◆ 《尤利西斯》、《都柏林人》

　　愛爾蘭作家詹姆斯・喬伊斯在一九〇〇年時寫了一篇關於易普生（Henrik Ibsen）的文章，並在後者的鼓舞下，開啟了他對歐洲文學及語言興趣的大門。

　　打著去歐洲研習醫學的旗號，實則抱著探險的心態，喬伊斯在一九〇二年底首度來到巴黎，並在高乃依旅館 67 找了個房間。高乃依旅館離盧森堡公園很近，是當年沒錢英國佬愛住的旅館之一。喬伊斯當時也常去位於王子先生街四十一號的波麗多餐廳 68 用餐，並頻繁出入國家圖書館及聖潔納維耶芙圖書館 69。

　　一九〇三年四月，由於母親病重，喬伊斯返回都柏林。他於一九〇四年再度離開老家，此後只在一九〇九及一九一二年回去過。封閉保守的愛爾蘭容不下喬伊斯的書，於是他就把老家愛爾蘭的政治、宗教與道德一古腦兒給壓進了箱底，但作品中仍不斷以都柏林為背景。

　　喬伊斯在銀行當過差，也教過英文。一九一三年十二月，意象派創始人龐德透過葉慈的介紹，跟喬伊斯取得聯繫，在龐德的支持下，終於把喬伊斯推向事業高峰。一次世界大戰時，喬伊斯偏安瑞士，直到一九二〇年七月才終於決定暫時定居巴黎，只消龐德把《年輕的藝術家》（*A Portrait of the Artist as a Young Man*）和《都柏林人》（*Dubliners*）翻譯成法文後，便離開巴黎。

　　沒想到喬伊斯一家來巴黎後一待就待到一九三九年，其中曾換過不少住所。剛來時住在大學街的勒諾克斯旅館 70。一家人先後於一九二〇、一九二一和一九二二年入住此地。當時喬伊斯的房間沒有桌子，他只好靠在行李箱上寫作。

70 勒諾克斯旅館。喬伊斯一家人先後於一九二〇、一九二一和一九二二年數度入住。詩人艾略特也曾於一九一〇年入住。

67 高乃依街五號，昔日高乃依旅館所在地。
喬伊斯一九〇二年首度來巴黎時就住在這裡。
離盧森堡公園很近（照片右側綠色處）。

43 74, Rue du Cardinal Lemoine, 75006 (M10, Cardinal Lemoine)

67 5, Rue Corneille, 75006 (RER B, Luxembourg)

68 Le Polidor. 41, Rue Monsieur-le-Prince, 75006 (M4, M10, Odéon)

69 Bibliotheque Sainte Geneviève. 10, Place du Panthéon, 75005 (RER B, Luxembourg)

70 Hôtel Lenox. 9, Rue de l´Université, 75007 (M4, Saint-Germain-des-Prés)

71 12, Rue de l´Odéon, 75006 (M4, M10, Odéon)

72 7, Rue de l´Odéon, 75006 (M4, M10, Odéon)

73 71, Rue du Cardinal Lemoine, 75005 (M10, Cardinal Lemoine)

74 Le Lutétia. 45, Boulevard Raspail, 75006 (M10, M12, Sèvres-Babylone)

後來靠著龐德的關係，喬伊斯於一九二○年七月結識了莎士比亞書屋 **71** 的老闆希薇亞·畢區與亞德里安妮·莫尼耶。

喬伊斯的傳世名作《尤利西斯》（*Ulysses*）寫於一九一四到一九二一年間，一九一八年起開始在美國雜誌連載。一九二○年連載到第十三章時，因書中大量描寫主角手淫的情節，被美國有關部門指控為淫穢，旋即在英美遭禁。但在愛好現代主義文學的畢區幫助下，《尤利西斯》終於得以在巴黎完整出版。據說雙方達成出版協議後，在現已不存的布麗耶大舞廳先慶祝了第一攤，隨後再轉往丁香園續攤。

《尤利西斯》英文版於一九二二年二月問世，由畢區出版。該年十二月七日，歐得翁街七號的書友之家書屋 **72** 舉辦了一場由法國詩人拉爾博主持的慶祝晚會。一九二九年，莫尼耶出版法文版。「天殺的最棒的一本書。」海明威在《尤利西斯》出版時如此說道。

隨著《尤利西斯》的出版，一九○四年六月十六日──喬伊斯與妻子諾拉初次約會的那天──也隨著《尤利西斯》成為不朽。但事實上，這一天對喬伊斯另有意義。喬伊斯在該年八月寫給諾拉的信中提到，兄弟姊妹中只有一人有能力了解他，雖未指名道姓，其實就是指小他三歲的弟弟史坦尼斯勒斯（Stanislaus），而一九○四年六月十六日正是史坦尼斯勒斯的忌日。

另一方面，幸虧有許多大方的朋友慷慨解囊，還有妻子娘家的資助，喬伊斯一家人在巴黎的生活方得飲食無憂。作家兼出版商羅伯特·麥卡蒙常「搶著」買單不說，每個月都「借」喬伊斯一百五十美元，直到《尤利西斯》出版為止。威佛（Weaver）小姐甚至連喬伊斯的喪葬費都包辦了。

一九二一年六月，喬伊斯一家人舉家遷往拉爾博位於勒莫那紅衣主教街七十一號的住所 **73**，成為住在正對面七十四號 **43** 的海明威鄰居。（參見219、220頁）等拉爾博秋天回到巴黎後，一家人再度搬進勒諾克斯旅館的小房間。還到法國南部去住了一段時間，隨後才於一九二五年回到巴黎。

喬伊斯在巴黎期間很少去探望當時的美國教母史坦，因為他對「女知識份子」敬謝不敏，娶清潔工諾拉為妻便是一大證明，也因此讓史坦對他有點不滿。而身為愛爾蘭人，喬伊斯對所謂的人道活動並不熱中，除了在愛爾蘭民族主義運動缺席，即便他後來往社會主義傾斜，一九三○年代也待在巴黎，卻從未參加過任何作家與藝術家發起的反納粹大會，未曾表示過身為知識份子的反法西斯立場。另一方面，喬伊斯相當勤於筆耕，花了七年寫下曠世鉅作《尤利西斯》，更花了十七年撰寫《為芬尼根守靈》。寫作之餘也沒忘了妻子諾拉與一雙兒女喬治與露西亞。

❼露德希亞大飯店。喬伊斯一九三九年住過這裡。

一九三二年，喬伊斯芳齡二十五的女兒露西亞精神出現問題，身為父親的他深感自責，其實當時他自己的眼睛也有狀況，接近失明。但這些都不妨礙他繼續《為芬尼根守靈》（*Finnegans Wake*）的創作。直到一九三九年出版之前，該書書名都暫定為「進行中」。

一九三三年十二月，紐約法院甫判決《尤利西斯》非淫穢之作，不到十分鐘後，美國出版商藍燈書屋就讓印刷機轟隆隆地動了起來！喬伊斯的《尤利西斯》被奉為二十世紀最偉大的作品，更是納博科夫認為一生必得一看的奇書，但並沒有幾個人真正把整本書看完。一九四〇年五月喬伊斯出版《為芬尼根守靈》後，太太諾拉對他說：「吉姆，我從沒看過你的書，不過有一天我會的；既然你的書賣得很好，它們應該不賴吧。」但諾拉也問過喬伊斯：「你幹嘛不寫些大家看得懂的書呢？」就連喬伊斯臨終時躺在床上時都不免感嘆：「沒人懂嗎？」

一九三九年，喬伊斯曾入住露德希亞大飯店 ❼ 一段時間。一九四〇年後，隨著二戰戰事爆發，喬伊斯一家也離開了法國，再度避居瑞士。

喬伊斯於一九四一年與世長辭，過世時雙眼近乎全盲。

## 米勒
*Henry Miller*

◆ 1891-1980，美國小說家
◆ 《北回歸線》、《南回歸線》

　　若畢區和史坦為「前失落的一代」，海明威和費茲傑羅為「失落的一代」，一九二八年才首度踏上巴黎的亨利‧米勒，則是「後失落的一代」。

　　一九二八到一九三○年，米勒和夫人瓊（June）入住位於德朗布荷街的各校格蘭旅館（現改名勒諾柯思旅館）**75**，一九二八年也住過位於波拿巴路二十四號的巴黎旅館 **76**，可惜該旅館現已消失。但他在一九三○年代住過的波拿巴路三十六號的聖日耳曼得珮旅館 **77** 與緬因街一之一號的中央旅館 **78**，如今則依然安在。

　　一九三一年，米勒住在中央旅館的三十八號房，一九三二年春天則搬到四十號。對於米勒來說，中央旅館是他在巴黎相當重要的一個地址，這裡不但是他跟阿奈伊絲‧南（Anaïs Nin）幽會之處，也是他決定動筆寫《北回歸線》的地方。一九三一年八月二十四日，米勒寫給好友施奈爾拉克（Schnellock）的信中說：「我明天開始寫這本巴黎的書：第一人稱，毫不遮掩，不拘任何形式——大幹一場！」他跟南的私情則始於一九三二年三月八日。該日晚上，兩人先在現已不存的維京咖啡館展開一番熱烈的交談，接著南便隨同米勒回到他中央旅館四十號房，兩人之間文學與情色並重的實證探索，於焉隆重展開。

　　住在中央旅館時，米勒常從旅館樓上觀察愛德加‧基奈大道的妓女如何跟客人討價還價，他也很喜歡去附近的自由咖啡館 **79** 用餐。而他經常出入的地方，除了蒙巴納斯一帶的咖啡館跟海明威等「失落的一代」前輩相同，其他多半不盡相同，比如說他就不常去莎士比亞書屋。

　　經過了一段在巴黎市區便宜小旅館與朋友家到

**78** 中央旅館。米勒在這裡觀察街上攬客的妓女，也在此決定開始動筆《北回歸線》。

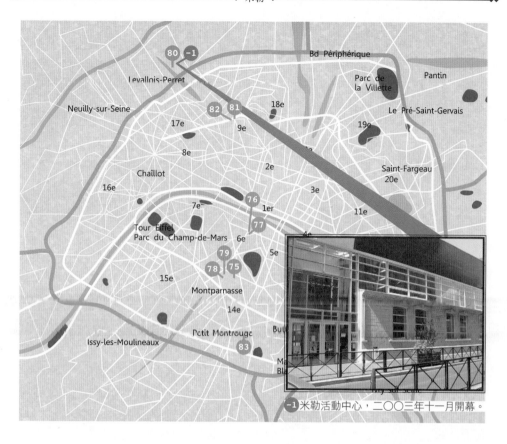

-1 米勒活動中心，二○○三年十一月開幕。

-1 3, Rue du Docteur Calmette, 92110, Clichy (M13, Porte de Clichy)

75 【舊】Grand Hôtel des Écoles
【今】Hôtel Lenox. 15, Rue Delambre, 75014 (M4, Vavin)

76 24, Rue Bonaparte, 75006 (M4, Saint-Germain-des-Prés)

77 Hôtel Saint-Germain des Prés. 36, Rue Bonaparte, 75006 (M4, Saint-Germain-des-Prés)

78 Hôtel Central. 1 bis, Rue du Maine, 75014 (M6, Edgar Quinet)

79 Café de la Liberté. 1, Rue de la Gaîté, 75014 (M6, Edgar Quinet)

80 4, Avenue Anatole France, 92110, Clichy (M13, Porte de Clichy)

81 Place de Clichy, 75009 (M2, M13, Place de Clichy)

82 Welper. 14, Place de Clichy, 75009 (M2, M13, Place de Clichy)

83 18, Villa Seurat, 75014 (M4, Alésia)

⑧⓪ 阿納托‧佛朗士大道四號，「黑蕾
絲實驗室」所在地。米勒於一九三二
年入住，並在此完成《北回歸線》。

⑧① 克利希廣場。由於臨近紅燈區，一九三〇年代
的克利希廣場非常熱鬧，米勒喜歡在此觀察妓女與
路人。

處打地鋪的日子後，米勒終於在一九三二年安頓下來。但他沒選在文人雅士愛住的蒙巴納斯、拉丁區或聖日耳曼德珮落腳，而是跑到較偏遠的巴黎西北郊克利希一帶，跟好友佩勒斯（Alfred Perlès）在阿納托‧佛朗士大道四號合租了一間兩房的小公寓 ⑧⓪。這間小公寓雖然貌不驚人，米勒卻在此完成了驚世駭俗之作《北回歸線》（*Tropic of Cancer*），並著手寫作《黑色的春天》（*Black Spring*）和《南回歸線》（*Tropic of Capricorn*）。

而米勒和佩勒斯之所以搬到市郊，說穿了無非是為了省錢。他們兩個人分擔三百法郎的租金，比住在市區的破爛小旅館划算許多。米勒不時還會下廚做他最拿手的傳統法國家常菜蔬菜牛肉濃湯，並為了做這道菜專程買了個大鍋子。情人南也經常造訪此地。由於米勒跟佩勒斯的房間中間有客廳相隔，米勒和南也就不會受佩勒斯打擾（也不會打擾到佩勒斯），兩人可以盡情從事南口中的「深入核心的性交」，並因此稱呼這間小公寓為「黑蕾絲實驗室」。

米勒在「黑蕾絲實驗室」中盡情發揮創作靈感，他在房間牆上掛滿了大張褐色包裝紙，上面寫滿了小說梗概的筆記和圖解，此外還有照片、他從書上撕下來的扉頁、異國風情的詞語等等，以便日後放進小說之中。他的打字機一邊嗒嗒嗒打個不停，他一邊大口吞吐藍色高盧牌香菸。當時他可說文思泉湧，一天可以生產出二十頁的《北回歸線》。

住在克利希的這段時間裡，米勒每天前往《芝加哥論壇報》上班時都會穿越克利希廣場 ⑧①，他也經常去廣場附近的維勒普爾餐廳 ⑧② 報到。米勒認為，這段日子

82 維勒普爾餐廳。米勒住在克利希一帶時，經常在這間餐廳用餐。

83 秀拉別墅十八號一樓。米勒於一九三四年九月一日《北回歸線》出版那天入住。

是他這輩了最快樂的時光，他在《黑色的春天》中寫道：「今天我坐在克利希廣場，這個世界是對是錯，是好是壞，全都不重要了。」

一九三〇年代的克利希廣場一帶非常熱鬧。由於皮卡勒紅燈區就在附近，因此克利希廣場周遭的咖啡館裡，常常可以看到皮條客邊玩牌邊監視手下的小姐做生意。其中最吸引米勒的是一名一腿裝了木頭義肢的妓女，她每晚都會在高蒙電影院旁的角落拉客，米勒甚至還帶情人南去看她。

米勒於一九三四年離開克利希，之後又換過好幾個地址，終於在一九三四年九月於秀拉別墅安定下來。秀拉別墅以點描派畫家秀拉命名，在一九二〇年代以藝術村形式聞名巴黎，住過此地的藝術家除了米勒和南，還有達利、蘇汀（Chaïm Soutine）、德朗（André Derain）等人。

米勒於一九三一年夏天首度住進秀拉別墅十八號一樓 83 。當時與友人合住的米勒就睡在客廳角落的地板上，兩人之間進行過許多有趣的對話，從而給了米勒不少《北回歸線》的靈感。米勒曾在信中向好友施奈爾拉克坦承：「我就是從秀拉別墅開始迷失自我的。」秀拉別墅也成了《北回歸線》裡貝加斯別墅的原型。

一九三四年九月一日，米勒二度住進秀拉別墅，也就是出版《北回歸線》的同一天。他搬進十八號頂樓的小套房裡，一待就待到一九三九年五月。每月七百法郎的房租還是情人南幫他討價還價爭取來的。

二〇〇三年十一月，紀念米勒的「米勒活動中心」於卡爾麥特醫生街三號 →1 開幕，就位在當年克利希一帶的米勒住家附近。

## 福克納
*William Faulkner*

◆ 1897-1962，美國小說家
◆ 《熊》、《聲音與憤怒》
◆ 一九四九年諾貝爾文學獎得主

來自美國密西西比河流域的威廉・福克納本姓「Falkner」，因為某位編輯錯將他的名字拼為Faulkner，多了個u，福克納遂將錯就錯使用下去。 二十九歲的福克納自一九二五年七月起前往歐陸旅行，歷經義大利、瑞士、倫敦、布列塔尼、諾曼第，終於在該年秋天來到巴黎，住進聯合公國旅館 84。福克納遊歷過這些一次大戰烽火地後的心情就跟費茲傑羅一樣，為了自己未能躬逢其盛而甚感可惜。

一心想浸淫在巴黎自由氛圍中的福克納開始留起落腮鬍，一副波希米亞詩人的裝扮。最令他流連忘返的地方非盧森堡公園 85 莫屬，有時還會在那邊待上一整天，並費心描寫在稍晚的小說《聖殿》裡。雖然福克納同樣屬於「失落的一代」，但他並未結識畢區、史坦、海明威等人，而是跑去聖緒皮斯教堂望彌撒。

為了賺錢，福克納寫了低俗的類型小說《聖殿》（*Sanctuary*），並於一九三一年在美國出版。《聖殿》邪惡、墮落腐敗的主題對通俗文學的影響持續至今，出版後不但造成小小的轟動，也為福克納帶來了些許名聲。巴黎的伽利瑪出版社於一九三三年出版此書。

一九五〇年，福克納在前往斯德哥爾摩領取諾貝爾文學獎時，順道再訪巴黎，但僅短暫停留了三天。後來又在一九五二、一九五四和一九五五年分別去過巴黎。一九五四年那次，福克納還因憂鬱症與酗酒造成酒精中毒，住進巴黎西北郊的美國醫院。

福克納當年在斯德哥爾摩發表的得獎感言是諾貝爾文學獎最精彩的感言之一。他說：「我拒絕認為人類已經走到了盡頭……人類能夠忍受艱難困苦，也終將獲勝。」這席發言和他的性格十分吻合。他也捐獻自己的獎金，希望「成立一個基金以支持鼓勵文學新人」，最後建立了國際筆會福克納小說獎。

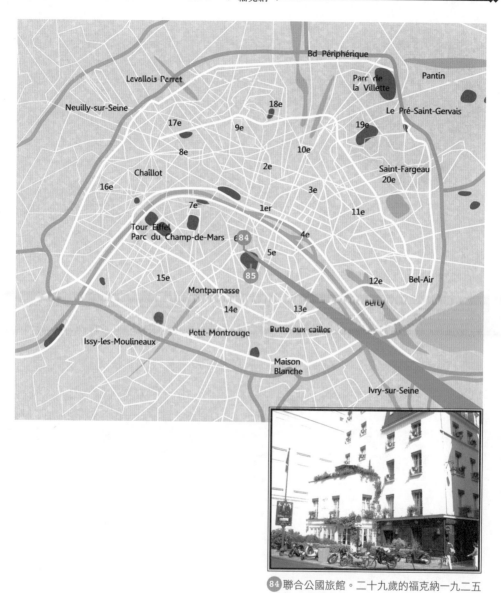

84 聯合公國旅館。二十九歲的福克納一九二五年首度來巴黎時住的地方。

# 貝克特
*Samuel Beckett*

◆ 1906-1989，愛爾蘭詩人、小說家、劇作家
◆ 《等待果陀》
◆ 一九六九年諾貝爾文學獎得主

　　山謬‧貝克特的作品中隨處可見迷惘的靈魂，他本人行事則一向低調，連在巴黎也不例外。他於一九二八到三〇年在巴黎高等師範學院當外籍英文教師，並在朋友的引見下，與愛爾蘭作家喬伊斯結識。

　　一九三六年，貝克特在蒙巴納斯大茅屋街九號的自由旅館落腳，該旅館現已改名為藝術村旅館 **86**。

　　一九三八年一月，貝克特在街上遭到一名向他要錢的陌生男子攻擊，被刺了一刀，緊急送往布胡塞醫院 **87**。病癒後，貝克特到監獄探望刺傷他的男子，問及為何要攻擊他，該名罪犯回答：「我也不知道，先生。」這種無厘頭式的回答，對貝克特日後作品不無影響。

　　隔年春天，貝克特與妻子一起搬進十五區的法沃希特街六號七樓 **88**，並在此待到一九六一年，才又搬到位於十四區的美式法斯塔夫酒吧附近的聖賈克大道三十八號 **89**。

　　貝克特也曾在特里亞儂宮殿大飯店租過一個房間，該旅館現已改名為特里亞儂大飯店 **90**。

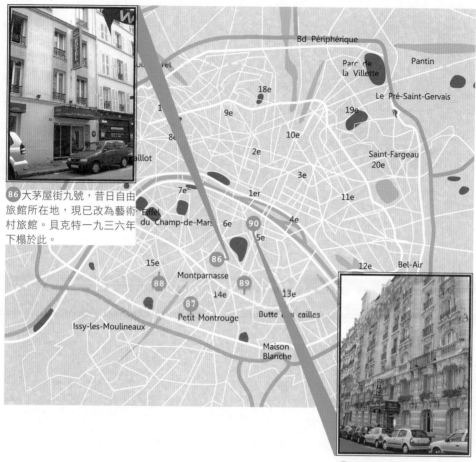

86 大茅屋街九號，昔日自由旅館所在地，現已改為藝術村旅館。貝克特一九三六年下榻於此。

90 沃吉哈路一之一號，昔日特里亞儂宮殿大飯店所在地，現已改名為特里亞儂大飯店。

86 【舊】Hôtel Libéria
　　【今】Hôtel la Villa des Artistes. 9, Rue de la Grande Chaumière, 75006 (M4, Vavin)
87 Hôpital Broussais. 96, Rue Didot, 75014 (M13, Plaisance)
88 6, Rue des Favorites, 75015 (M12, Vaugirard)
89 38, Boulevard St. Jacques, 75014 (M6, St. Jacques)
90 【舊】Hôtel Trianon Palace
　　【今】Hôtel Trianon. 1 bis, Rue Vaugirard, 75006 (RER B, Luxembourg)

# 歐威爾

*George Orwell*
*(Eric Arthur Blair)*

◆ 1903-1950，英國作家
◆ 《動物農莊》、《一九八四》

　　英國作家歐威爾以諷刺寓言小說《動物農莊》（*Animal Farm*）和《一九八四》（*1984*）傳世，原名艾里克・阿瑟・布萊爾的他出生於印度，但這個「沒錢的中產階級」孩子自小便飽受富家子弟歧視之苦。

　　一九二一年，歐威爾自伊頓公學畢業，考取公職前往緬甸當大英帝國警察，但殖民地人民被奴役的悲慘生活卻使他更加良心不安。這段經歷也為他日後淪落巴黎和倫敦兩地，過著跟流浪漢混居的落魄生活埋下了伏筆。

　　一九二八年春天，歐威爾跨越英吉利海峽，住進巴黎鐵鍋街六號❾❶一間現已不存在的旅館。歐威爾在巴黎待了一年半，但這段期間的資料甚少，僅知他曾以教英文維生，甚至還在洛堤大飯店❾❷當過洗碗工，並幫諸如《世界報》、《解放報》在內的左傾大報撰寫文章。

　　一九二九年十二月，歐威爾離開法國回到英國，並於一九三三年以「喬治・歐威爾」為筆名，發表《巴黎倫敦落魄記》（*Down and Out in Paris and London*）一書。在這本自傳體的小說中，歐威爾描述了他在巴黎和倫敦這兩個城市時，混跡於小偷、騙子、流浪漢、洗碗工和臨時工等嘈雜人群的故事。除了洛堤大飯店，歐威爾也在小說中提到，一九二九年他曾想去錄事大飯店❾❸打工，卻不得其門而入。

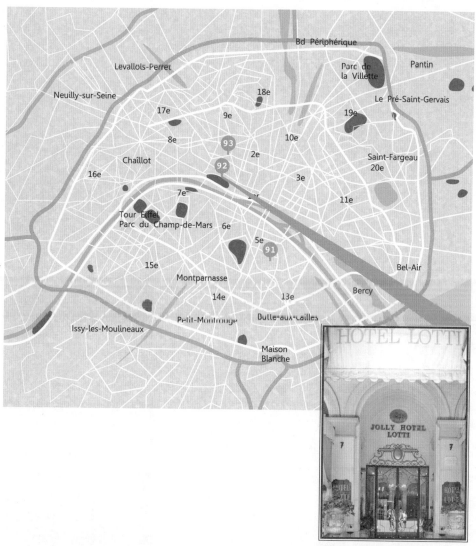

**92** 洛堤大飯店。歐威爾在這裡當過洗碗工。

**91** 6, Rue du Pot de Fer, 75005 (M7, Place Monge)

**92** Hôtel Lotti, 7, Rue de Castiglione, 75001 (M1, Tuileries)

**93** Hôtel Scribe. 1, Rue Scribe, 75009 (RER A, Auber)

# 莎士比亞書屋

提到一九二〇、一九三〇年代在巴黎的「失落的一代」，除了海明威、費茲傑羅、喬伊斯、史坦、龐德外，不得不提及由美國人希薇亞・畢區（Sylvia Beach）創設的莎士比亞書屋。

話說畢區某次在圖書館找資料時，在一本法文雜誌裡偶然看到法國書商亞德里安妮・莫尼耶（Adrienne Monnier）於一九一五年在歐德翁街七號開設「書友之家」書屋 ❶ 的訊息，是女性在法國開立書屋的先驅者。她決定親自前往歐德翁街一探究竟。

出乎畢區意料之外，莫尼耶是位年輕的姑娘，而且熱情款待她。「她穿著灰和白色的衣裙；就跟她的書屋一樣。」畢區在回憶錄中寫到。莫尼耶認出畢區是美國人，當場就說：「我很喜歡美國人。」畢區則回答她也很喜歡法蘭西。於是乎，兩人長達三十多年的戀情從而展開，一直持續到一九五五年莫尼耶自殺為止。

在莫尼耶的幫助下，畢區開起了她自己的英文書屋「莎士比亞」。莎士比亞書屋是一間以莫尼耶原有的書友之家為樣板而打造出來的多功能書屋，除了買賣書籍，也兼具出借英文書籍的圖書館功能。

隨後因為業務擴充，原來位於杜布特罕街八號 ❷ 的地點過於狹隘，不敷使用，遂於一九二一年擴遷至歐德翁街十二號 ❸，對面就是莫尼耶的書友之家書屋。當時兩人還在這條街上的十八號 ❹ 租屋而居。畢區也不遺餘力地舉辦美法作家聯誼，因此享有「美國駐法文學大使」的美名。頓時間，歐德翁街才

❶ 歐德翁街七號，書友之家書屋昔日所在地。

❷ 杜布特罕街八號，莎士比亞書屋最早開設於此，一九二一年才因不敷使用而搬遷。

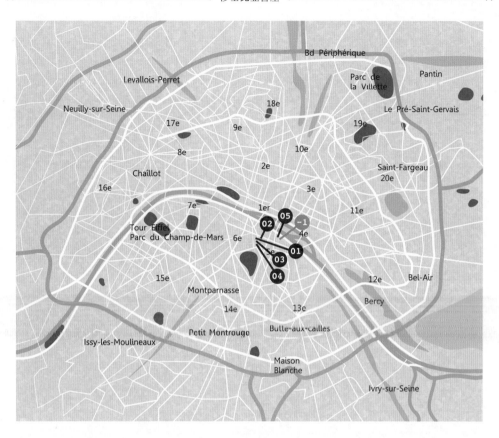

**-1** Le Square René-Viviani-Montebello, 75005 (M4, Saint-Michel)

**01** 7, Rue de l´Odéon, 75006 (M4, M10, Odéon)

**02** 8, Rue Dupuytren, 75006 (M4, M10, Odéon)

**03** 12, Rue de l´Odéon, 75006 (M4, M10, Odéon)

**04** 18, Rue de l´Odéon, 75006 (M4, M10, Odéon)

**05** 37, Rue de la Bûcherie, 75005 (M4, Saint-Michel)

03 歐德翁街十二號。莎士比亞書屋一九二一年搬遷到這裡後，轟動一時，歐德翁街成為才子佳人雲集之地，更是「失落的一代」的重要場景。

03 歐德翁街十二號的紀念牌：「一九二二年，就是在這棟屋子裡，希薇亞・畢區小姐出版了詹姆斯・喬伊斯的《尤利西斯》。」

子佳人雲集，兩家書屋成為「談笑有鴻儒、往來無白丁」的最佳寫照。

海明威筆下的畢區有著「活潑、線條分明的臉龐」，而根據將成為法國國家檔案中心負責人的安德烈・強森（André Chamson）的描繪，莫尼耶眼睛明亮，聲音溫柔，身穿類似僧侶穿的厚重布料製成的灰色長裙，也帶點她老家法國東南部薩瓦地區的感覺。

一九三六年時，畢區曾想結束營業，當時紀德組織了一群作家參加莎士比亞書屋之友會，每人每年支付兩百法郎會費來幫助她。莎士比亞書屋之友會的會員人數受到嚴加控管，以不超過兩百名為限——因為那是書屋所能容納的最多人數。該組織吸引了許多美法藝文界人士的加入。畢區猶記當年「我們接待這麼多的名作家、還有新聞界的朋友，感到好光榮。生意也開始好轉」。莎士比亞書屋也得以繼續在巴黎營業。

第二次世界大戰巴黎淪陷後，畢區因為不願把最後一本喬伊斯的《為芬尼根守靈》賣給納粹軍官，從而被囚禁半年（幸好她事先把很多書都藏在樓上的住家公寓裡），莎士比亞書屋也在一九四一年關上了大門。海明威曾在一九四四年象徵性地「解放」這家書屋，但「莎士比亞」卻從未再打開過大門。

不過，畢區最令後世紀念的卻是她獨排眾議、大膽出版喬伊斯《尤利西斯》完整版。一九二二年《尤利西斯》首版付梓印刷後，畢區全力抵抗來自各方的抨擊與

05 柴堆路三十七號。今日的莎士比亞書屋所在地，就在聖母院對面，由美國詩人惠特曼的孫輩喬治‧惠特曼所開設。

-1 荷內－維維安尼方場內的刺槐，據說但丁曾在樹下祈禱。

壓力，一心鋪書，反倒無心打理書屋的財務狀況。在她的努力與堅持下，終於讓全法國都認識了喬伊斯這位曠世大師，自己也成了當時法蘭西最出名的美國名女人。

接下來，畢區跟莫尼耶一起想辦法將《尤利西斯》翻譯成法文，並於一九二九年由莫尼耶的書友之家書屋出版法文版。極其複雜的《尤利西斯》讓譯者傷透腦筋，譯作經拉爾博和喬伊斯親自審定後，才算大功告成。

一九五一年，美國詩人惠特曼的孫輩喬治‧惠特曼（George Whitman）在巴黎開了一家書屋，原名為「密斯托拉風」（Le Mistral），後經畢區首肯，遂沿用「莎士比亞」一名。喬治‧惠特曼還把自己的獨生女取名為希薇亞以茲紀念。這家很有味道的書屋位於柴堆路三十七號 05，就在聖母院對面，現已成為愛書人士到巴黎朝聖必去之處。

值得一提的是，書屋旁邊的荷內－維維安尼方場 -1 內種了一棵刺槐，是巴黎最老的樹之一，據說但丁曾在這棵栽種於一六八〇年的刺槐下祈禱。

# 人名中文索引

## 人名原文索引

米開朗基羅路　Rue Michel Ange
米榭伯爵街　Rue Michel le Comte
米霍梅尼爾街　Rue de Miromesnil
老奧古斯丁旅館　Hôtel Vieux-Augustins
老鴿棚街　Rue du Vieux-Colombier
自由咖啡館　Cafe de la Liberté
自由旅館　Hôtel Libéria
自由塔　La Tour de la liberté
色當　Sedan
艾洛聖譽教堂　Église Saint Honoré d'Eylau
艾特達　Étretat
艾斯特帕德街　Rue de l'Estrapade
艾德蒙羅斯登廣場　Place Edmond Rostand
西哈諾咖啡館　Café Cyrano
西科爾爾摩大道　Avenue des Sycomores
西班牙旅館　Hôtel d'Espagne
西雷莊園　Cirey

### ・七畫

亨利四世中學　Lycée Henri IV
伯伊埃勒迪厄廣場　Place Boïeldieu
伯西丹格拉街　Rue Boissy-d'Anglas
伯諾瓦街　Rue Saint-Benoit
佛蘭德旅館　Hôtel de Flandre
克利希大道　Boulevard de Clichy
克利希大街　Avenue de Clichy
克利希街　Rue de Clichy
克利希廣場　Place de Clichy
克婁塞勒街　Rue Clauzel
克萊培宏街　Rue Clapeyron
克萊蒙中學　Collège de Clermont
克魯尼旅館　Hôtel Cluny
利希咖啡館　Café Riche
利普酒館　Brasserie Lipp
孚日廣場　Place des Vosges
希沃里路　Rue de Rivoli
快活街　Rue de la Gaîté
抒情劇院　Théâtre lyrique
李樹餐廳　Prunier
杜佛街　Rue Duphot
杜耶街　Rue de Douai
杜隆街　Rue Dulong
杜鴻餐廳　Drouant
沃吉哈路　Rue de Vaugirard
沃班廣場　Place Vauban
秀拉別墅　Villa Seurat
罕尼街　Rue de Rennes
貝伊　Pension Bailly
貝杜尼堤岸　Quai de Béthune
貝拉夏斯街　Rue de Bellechasse
貝爾塔旅館　Hôtel Bertha
貝屬頓街　Rue Berton
里斯本旅館　Hôtel Lisbonne
里爾人旅館　Hôtel des Lillois
里爾街　Rue de Lille

### ・八畫

亞爾勒　Arles
亞歷山大酒吧　Le Bar Alexandre
依夫度迪克街　Rue Yves Toudic
兩世界旅館　Hôtel de Deux Mondes
協和廣場　Place de Concorde
和平咖啡館　Café de la Paix

坦吉老爹的店　La Boutique du Père Tanguy
宜必思奧爾納諾旅館　Hôtel Ibis Ornano
帕維街　Rue Pavée
幸運路　Rue Fortuny
拉弗瑞爾街　Rue Laferrière
拉封丹街　Rue Jean de La Fontaine
拉若許弗寇街　Rue La Rochefoucauld
拉馬丁路　Rue Lamartine
拉菲特街　Rue Laffitte
拉榭思街　Rue de la Chaise
拉榭思墓園　Cimetière du Père-Lachaise
拉維尼昂街　Rue de Ravignan
東街　Rue de l'Est
松果之家　Maison de la Pomme de Pin
林木隱修院　Abbaye-aux-bois
法沃希特街　Rue des Favorites
法國國家美術協會　Société nationale des Beaux-arts
法斯塔夫酒吧　Bar Falstaff
法蘭西信使出版社　Mercure de France
法蘭西旅館　Hôtel de France
法蘭西評論社　La Nouvelle revue française
法蘭西學院　Collège de France
波卡朵爾街　Rue du Boccador
波布街　Rue Beaubourg
拿破崙中學　Lycée impérial Bonaparte
波拿巴路　Rue Bonaparte
波特炙伊街　Rue Beautreillis
波特萊爾旅館　Hôtel Daudelaire
波納宅邸　Hôtel de Beaune
波納街　Rue de Beaune
波瑞耶旅館　Hôtel du Poirier
波雷出版社　Pollet
波蔻布咖啡館　Café Procope
波麗多餐廳　Le Polidor
舍爾薛街　Rue Schoelcher
花神咖啡館　Café de Flore
花堤岸　Quai aux Fleurs
阿戎堆街　Rue d'Argenteuil
阿姆斯特丹路　Rue d'Amsterdam
阿姆蘭街　Rue Hamelin
阿納托・佛朗士大道　Avenue Anatole France
阿爾鐸街　Rue d'Artois
阿維亞堤克旅館　Hôtel Aviatic
阿赫古中學　Collège Harcourt
雨果之家　Maison d'Hugo

### ・九畫

侯傑特街　Rue de la Roquette
侯蘭街　Rue Rollin
保羅・朗傑凡方場　Square Paul Langevin
保羅・潘樂維廣場　Place Paul Painlevé
信使旅館　Hôtel Mercure
南特旅館　Hôtel de Nantes
哈利的紐約酒吧　Harry's New York Bar
哈茲威爾街　Rue Radziwill
哈斯拜耶大道　Boulevard Raspail
城堡街　Rue du Château
威尼斯客棧　Auberge de Venise
威尼斯路　Rue de Venise
屋頂上的牛　Bœuf sur le Toit
拱廊街　Rue de l'Arcade
柏桑松　Besançon
柯爾柏街　Rue Colbert

雅各布旅館　Hôtel Jacob
雅各布街　Rue Jacob
雅克班讓街　Rue Jacques-Bingen
雅典街　Rue d'Athènes
馮德諾伊之家　Le Fontenoy
黑十字網球廳　la Croix Noire
黑石旅館　Hôtel des Roches noires

・十三畫

圓亭咖啡館　La Rotonde
圓頂餐廳　La Coupole
塔伯爾山路　Rue du Mont-Thabor
塞佛荷街　Rue de Sèvres
塞納街　Rue de Seine
塞勒街　Rue Cels
塞爾塔咖啡館　Café Certa
塞維涅街　Rue de Sévigné
奧布松旅館　Hôtel d'Aubusson
奧特伊　Auteuil
奧特伊街　Rue d'Auteuil
奧斯汀旅館　Hôtel Austin
奧斯曼大道　Boulevard Haussmann
奧爾良　Orléans
奧爾納諾大道　Boulevard Ornano
奧維涅塔街　Rue de la Tour d'Auvergne
新橋街　Rue du Pont-Neuf
溝渠大道　Avenue des Fossés
端努瓦爾街　Rue Raynouard
義大利人大道　Boulevard des Italiens
聖日耳曼大道　Boulevard Saint-Germain
聖日耳曼昂萊　Saint-Germain-en-Laye
聖日耳曼得珮旅館　Hôtel Saint-Germain-des-Prés
聖日耳曼德珮　Saint-Germain des Prés
聖日耳曼德珮廣場　Place Saint-Germain des Prés
聖父的櫃台　Le Comptoir des Saints Pères
聖父街　Rue des Saints-Pères
聖吉庸姆街　Rue Saint-Guillaume
聖多明尼克街　Rue Saint-Dominique
聖安娜街　Rue Sainte-Anne
聖安端門劇院　Théâtre de la Porte Saint-Antoine
聖安端街　Rue Saint-Antoine
聖安德烈商店街　Cour du Commerce-Saint-André
聖安德烈藝術街　Rue Saint André des Arts
聖米榭大道　Boulevard Saint-Michel
聖米榭堤岸　Quai Saint-Michel
聖艾蒂安教堂　Paroisse Saint Etienne du Mont
聖伯諾瓦街　Rue Saint-Benoît
聖拉薩街　Rue Saint-Lazare
聖昆汀旅館　Hôtel Saint-Quentin
聖保羅花園街　Rue des Jardins Saint-Paul
聖約瑟夫街　Rue Saint-Joseph
聖馬丁大道　Boulevard Saint-Martin
聖馬丁郊區街　Rue du Faubourg Saint-Martin
聖馬汀門劇院　Théâtre de La Porte Saint-Martin
聖馬汀路　Rue Saint Martin
聖喬治街　Rue Saint-Georges
聖普拉西德街　Rue Saint-Placide
聖雅克街　Rue Saint-Jacques
聖塔納斯塔茲街　Rue Sainte-Anastase
聖奧古斯丁街　Rue Saint-Augustin
聖奧諾黑郊區街　Rue du Faubourg-Saint-Honoré
聖殿大道　Boulevard du Temple
聖殿街　Rue du Temple

聖詹姆斯與阿爾巴尼大飯店　Hôtel Saint James et Albany
聖賈克大道　Boulevard St. Jacques
聖路易中學　Lycée Saint-Louis
聖路易島　île Saint-Louis
聖路易街　Rue Saint Louis
聖維克多街　Rue Saint Victor
聖緒皮斯教堂　Saint-Sulpice
聖潔納維耶芙圖書館　Sainte Geneviève
聖潔納維耶芙廣場　Place Sainte-Geneviève
聖熱爾韋教堂　St. Gervais
聖盧教堂　Église Saint-Loup
聖薩班街　Rue Saint Sabin
聖寵谷軍醫院　Hôpital Val de Grâce
聖譽街　Rue Saint-Honoré
賈克碼瓦街　Rue Jacques-Mawas
路易大帝中學　Lycée Louis le Grand
路易斯安那旅館　Hôtel de la Louisiane
路易‧菲立浦街　Rue Louis Philippe
雷蒙‧龐加萊大道　Avenue Raymond Poincaré

・十四畫

圖爾　Tours
圖爾納爾街　Rue des Tournelles
圖爾農咖啡館　Café Tournon
圖爾農街　Rue de Tournon
圖盧茲黑人餐廳　Le Nègre de Toulouse
槌球場街　Rue du Mail
歌劇院廣場　Place l'Opéra
漢堡旅館　Hôtel de Hambourg
瑪扎罕圖書館　Bibliothèque Mazarine
瑪古農場　Ferme Magu
瑪尼餐館　Magny
瑪度罕街　Rue des Mathurins
瑪格藝廊　Maeght
瑪黑區　Quartier marais
瑪黑劇院　Théâtre du Marais
瑪德蓮廣場　Place de la Madeleine
瑪澤街　Rue Mazet
福洛丘街　Rue Frochot
維克多‧雨果大道　Avenue Victor Hugo
維克多‧雨果廣場　Place Victor Hugo
維克多‧庫贊街　Rue Victor Cousin
維利耶大道　Avenue de Villiers
維勒居斯特街　Rue Villejust
維勒柯特雷　Villers-Cotterêts
維勒普爾餐廳　Welper
維荷訥伊街　Rue de Verneuil
維斯康堤街　Rue Visconti
維維安街　Rue Vivienne
網球博物館　le Jeu de Paume
蒙大拿旅館　Hôtel Montana
蒙巴納斯大道　Boulevard du Montparnasse
蒙巴納斯街　Rue du Montparnasse
蒙馬特市郊街　Rue du Faubourg Montmartre
蒙馬特門咖啡館　Café de la Porte de Montmartre
蒙莫朗西　Montmorency
蒙莫朗西宅邸　Hôtel de Montmorency
蒙莫朗西別墅　Villa Montmorency
蒙彭席耶街　Rue de Montpensier
蒙錫街　Rue Moncey
蓄水池旅館　Hôtel des Réservoirs
蓋布瓦咖啡館　Café Guerbois

# 作品與文獻

## ·一到三畫

《一九八四》　1984
《一八四五年的沙龍》　Le Salon de 1845
《一八四六年的沙龍》　Le Salon de 1846
《一個世紀兒的懺悔》　Confession d'un enfant du siècle
〈一個弒親者的孝心〉　"Sentiments filiaux d'un parricide"
《丁香評論》　Revue Lilas
《九十三》　Quatre-vingt-treize
《人道報》　L'Humanité
《人類境況》　La Condition humaine
《三個故事和十首詩》　Three Stories and Ten Poems
《三劍客》　Les Trois Mousquetaires
《大西洋男人》　L'Homme altantique
《大亨小傳》　The Great Gatsby
《大遺言集》　Le Testament
《女人的一生》　Une Vie
《女賓》　L'Invitée
《小王子》　Le Petit Prince
《小弟佛羅蒙與大哥萊勒》　Fromont jeune et Risler aîné
《小東西》　Le Petit chose
《小氣財神》　A Christmas Carol
《小遺言集》　Le Lais

## ·四畫到五畫

《公民的感情》　Sentiment des citoyens
《反叛者》　L'Homme révolté
《天堂的孩子》　Les Enfants du paradis
《太陽依舊升起》　The Sun Also Rises
《尤利西斯》　Ulysses
《巴黎人雜誌》　Revue parisienne
《巴黎之腹》　Le Ventre de Paris
《巴黎回聲報》　L'Écho de Paris
《巴黎的憂鬱》　Le Spleen de Paris
「巴黎風情畫」　Tableaux parisiens
《巴黎倫敦落魄記》　Down and out in Paris and London
《巴黎晚報》　Paris Soir
《巴黎鄉巴佬》　Le Paysan de Paris
〈幻想園〉　"Le Jardin des chimères"
《幻滅》　Illusions perdues
《心病者》　Malade imaginaire
《文學》　Littérature
《方托馬斯》　Fantômas
《方法論》　Discours de la méthode
《月曜日故事集》　Contes du lundi
《月曜日漫談》　Causeries du lundi
《父與子》　Pères et le fils
《世界報》　Le Monde
《包法利夫人》　Madame Bovary
《北回歸線》　Tropic of Cancer
《卡門》　Carmen
〈古美人歌〉　"Ballade des dames du temps jadis"
《巨人傳》　Pantagruel
《民約論》　Contrat Social
《白色評論》　Revue Blanche

## ·六畫到七畫

《交際花盛衰記》　Splendeurs et Misères des Courtisanes
《伊雷娜》　Irène
《光榮之路》　The Road to Glory
《冰島兇漢》　Han d'Islande

《地下鐵》　Le Dernier Métro
《地心歷險記》　Voyage au centre de la Terre
《地球報》　Le Globe
《地獄裡的一季》　Une saison en enfer
《在已知和未知世界中奇妙的漫遊》　Voyages extraordinaires
《在少女們的身旁》　A l'ombre des Jeunes filles en fleurs
《在斯萬家那邊》　Du côté de chez Swann
《多倫多星報》　The Toronto Star
《她與他》　Elle et lui
《如此漫長的缺席》　Une aussi longue absence
《如果一粒麥子不死》　Si le Grain ne meurt
《如歌的中板》　Moderato cantabile
《存在與虛無》　L'Être et le néant
《安蒂亞娜》　Indiana
《安德烈·瓦爾特筆記》　Les Cahiers d'André Walter
《安慰集》　Les Consolations
《年輕的藝術家》　A Portrait of the Artist as a Young Man
《托帕茲》　Topaze
《死刑犯的最後一天》　Le Dernier jour d'un condamné
《百科全書》　Encyclopédie, ou dictionnaire raisonné des sciences, des arts et des métiers
《艾那尼》　Hernani
《艾嘉莎或無盡的閱讀》　Agatha ou les lectures illimitées
《艾爾莎的眼睛》　Les Yeux d'Elsa
《西拿》　Cinna
《亨利三世與其宮廷》　Henri III et sa Cour
《佛特漢》　Vautrin
《作品》　L'Œuvre
《克倫威爾》　Cromwell
《克萊芙王妃》　La Princesse de Clèves
《克羅汀娜上學去》　Claudine à l'école
《呂克蘭斯·鮑夏》　Lucrèce Borgia
〈吸血鬼的化身〉　"Les Métaphoses du Vampire"
〈忘川〉　"Le Léthé"
《我的一生》　Histoire de ma vie
《我的祖父》　Mon Grand-père
《我們的心》　Notre coeur
《我無所不知》　Je sais tout
《沉思集》　Méditations poétiques
《私生子》　Fils naturel
《貝姨》　La Cousine Bette
《邦斯舅舅》　le Cousin pons

## ·八畫到九畫

《亞眠的聖經》　Le Bible d'Amiens
《亞森羅蘋被捕記》　L'Arrestation d'Arsène Lupin
《亞歷山大》　Alexandre
《兩世界評論》　La Revue des deux mondes
《兩兄弟》　Pierre et Jean
《兩岸晃遊者》　Le Flâneur des deux rives
《夜未央》　Tender is The Night
《夜長夢多》　The Big Sleep
《夜航》　Vol de nuit
《夜間訪客》　Les Visiteurs du soir
「夜歌」系列　Les Nuits
《奇巖城》　L'Aiguille creuse
〈孤兒的新年禮物〉　"Les Étrennes des orphelins"

《孤雛淚》　*Oliver Twist*
《拉芳法羅》　*La Fanfarlo*
《拉摩的侄兒》　*Le Neveu de Rameau*
《昂朵瑪格》　*Andromaque*
《明智》　*Sagesse*
《東方集》　*Orientales*
《波利耶克特》　*Polyeucte*
《波斯書簡》　*Lettres persanes*
《法意》　*L'Esprit des Lois*
《法蘭西信使》　*Mercure de La France*
《爸爸的榮耀》　*La Gloire de Mon Père*
《牧神的午後》　*L'Après-midi d'un faune*
《牧神的午後前奏曲》　*Prélude à l'après-midi d'un faune*
《芬妮》　*Fanny*
《阿大拉》　*Atala*
《阿萊城姑娘》　*L'Arlésienne*
《阿道爾夫》　*Adolphe*
《雨果一生的見證人口中的雨果》　*Victor Hugo raconté par un témoin de sa vie*
《俊友》　*Bel Ami*
《俄狄浦斯王》　*Œdipe*
《南回歸線》　*Tropic of Capricorn*
《哈特拉船長探險記》　*Aventures du Capitaine Hatteras au pôle nord*
《威尼斯之夜》　*La Nuit Vénitienne*
〈枯葉〉　"*Les Feuilles mortes*"
《查德歸來》　*Le Retour du Tchad*
〈毒藥〉　"*Le Poison*"
《流動的饗宴》　*A Moveable Feast*
《為芬尼根守靈》　*Finnegans Wake*
《紅與黑》　*Le Rouge et le noir*
《美麗與毀滅》　*Beautiful and Damned*
《背上背包》　*Sac au dos*
《背德者》　*L'Immoraliste*
〈致一位過於快活的女子〉　"*À Celle qui est trop gaie*"
〈風景〉　"*Paysage*"
〈首飾〉　"*Les Bijoux*"

· 十畫到十一畫

《剛果之行》　*Voyage au Congo*
《哲學通信》　*Lettres philosophiques*
《埃及夢》　*Rêve d'Égypte*
《娜娜》　*Nana*
《娜嘉》　*Nadja*
《宴會》　*Le Banquet*
《朗基先生的罪行》　*Le Crime de Monsieur Lange*
《格雷的畫像》　*Portrait of Dorian Gray*
《格爾尼卡》　*Guernica*
《格蘭特船長的兒女》　*Les Enfants du capitaine Grant*
《氣球上的五週》　*Cinq semaines en ballon*
《海底兩萬里》　*Vingt mille lieues sous les mers*
《真正的財富》　*Les Vraies Richesses*
《破曉》　*Le Jour se lève*
《神父》　*La Curée*
《神祕島》　*L'Île mystérieuse*
《窄門》　*La Porte étroite*
《索多瑪一百二十天》　*Cent vingt journées de Sodome*
《紐倫堡的名歌手》　*Les Maîtres chanteurs de Nuremberg*

《脂肪球》　*Boule de suif*
《草地上的午餐》　*Le Déjeuner sur l'herbe*
《茶花女》　*La Dame aux camélias*
《茶花女》　*La Traviata*
《逆流》　*À rebours*
《追憶似水年華》　*À la recherche du temps perdu*
《酒店》　*L'Assommoir*
《高盧人》　*Les Gaulois*
《偽幣製造者》　*Les Faux monnayeurs*
《勒內》　*René*
《動物農莊》　*Animal Farm*
《基度山恩仇記》　*Le Comte de Monte-Cristo*
《基督教真髓》　*Le Génie du Christianisme*
《婦女的樂趣》　*Au bonheur des dames*
《情人》　*L'Amant*
《情欲》　*Volupté*
《情感教育》　*L'Educaton sentimentale*
《晨報》　*Le Matin*
《梅塘夜譚》　*Les Soirées de Médan*
《現代》　*Les Temps modernes*
《異鄉人》　*L'Étrange*
《第一個回合花了二百法郎》　*Le Premier accroc coûte deux cents francs*
《第二性》　*Le Deuxième sexe*
《累斯博斯》　"*Lesbos*"
《莎孚》　*Sapho*
《莫班小姐》　*Mademoiselle de Maupin*
〈被詛咒的女子〉　"*Femmes Damnées*"
《被詛咒的詩人》　*Poètes maudits*
《都柏林人》　*Dubliners*

· 十二畫到十三畫

《最後的偶像》　*La Dernière idole*
〈最高塔之歌〉　"*la Chanson de la plus haute tour*"
《惡之華》　*Les Fleurs du mal*
《悲慘世界》　*Les Misérables*
「普魯斯特問卷」　*le Questionnaire de Proust*
〈湖〉　"*Le Lac*"
《湯姆歷險記》　*The Adventures of Tom Sawyer*
《焦點》　*Le Point*
《無可挽回》　"*L'Irréparable*"
《無言的浪漫曲》　*Romance sans paroles*
《無路可出》　*Huis-clos*
《猶有似無》　*To Have and Have Not*
《琪琪》　*Gigi*
《等待果陀》　*En atteandant Godot*
《舒昂黨人》　*Les Chouans*
《街道與園林之歌》　*Les Chansons des Rues et des bois*
《費加洛報》　*Le Figaro*
《賀拉斯》　*Horace*
《超現實主義宣言》　*Manifeste du surréalisme*
《鄉村先知》　*Le Devin du village*
《黃色房間的祕密》　*Le Mystère de la chambre jaune*
《黑色的春天》　*Black Spring*
《黑衣女子的香氣》　*Le Parfum de la dame en noir*
《催眠啟示錄》　*Révélation magnétique*
《塔拉斯孔城的達達蘭》　*Tartarin de Tarascon*
《塊肉餘生錄》　*David Copperfield*
《奧菲》　*Orphée*
《奧菲的遺囑》　*Le Testament d'Orphée*
《媽媽的城堡》　*Le Château de ma mère*

〈感應〉 "Correspondances"
《愛彌兒》 Emile
《愛麗絲夢遊仙境》 Alice's Adventures in Wonderland
《新月曜日》 Nouveaux lundis
《新來的尚》 Jean le Bleu
《溫柔鄉之戀》 Mont-Oriol
《當代帕納斯》 Le Parnasse contemporain
《義大利繪畫史》 L'Histoire de la peinture
《聖殿》 Sanctuary
《解放報》 La Libération
《詩人之血》 Le Sang dun poète
《達官貴人》 Les Mandarins
《雷麗亞》 Lélia
《頌詩集》 Odes et poésies diverses
《頌歌與民謠集》 Odes et Ballades

《蘇聯歸來》 Retour d'URSS
《鐘樓怪人》 Notre Dame de Paris
《麵包師的妻子》 La Femme du boulanger
《歡愉與時日》 Les Plaisirs et les jours
《戀愛中的女人》 Les Amoureuses
《攪水女人》 La Rabouilleuse
《蘿麗塔》 Lolita
《讓・桑德伊》 Jean Santeuil
《驢皮記》 La Peau de chagrin

· 十四畫到十五畫

《像死一般堅強》 Fort comme la mort
《嘔吐》 La Nausée
《圖像集》 Calligrammes
《墓外回憶錄》 Mémoires d'outre-tombe
《夢幻之潮》 Une vague de rêves
《歌劇魅影》 Le Fantôme de l'Opéra
《熙德》 Le Cid
《磁場》 Les Champs magnétiques
《綠色評論》 Revue Verte
《魯蟲》 Huis-clos
《駁聖伯夫》 Contre Sainte-Beuve
《齊瓦哥醫生》 Le Docteur Jivago
《廣島之戀》 Hiroshima mon amour
《德巴依德》 Thébaïde
《憂鬱詩篇》 Poèmes saturniens
《瘟疫》 La Peste
《論人類不平等的起源》 Discours sur l'origine et les fondements de l'inégalité
《論文學》 De la littérature
《論科學與藝術的昌明會敦化或敗壞風俗》 Discours sur les sciences et les arts
《論現代興奮劑》 Traité des excitants modernes
《論德國》 De l'Allemagne
〈醉舟〉 "Le Bateau ivre"

· 十六畫到十九畫

《戰鬥報》 Combat
〈燃燒的天空〉 "Ciel Brouillé"
《盧貢—馬卡爾家族》 les Rougon-Macquart
《磨坊書簡》 Lettres de mon moulin
《親愛的》 Chéri
〈貓〉 "Les Chats"
《隨筆》 Essais
《牆》 Le Mur
《環遊世界八十天》 Le Tour du monde en quatre-vingt jours
《薛西弗斯的神話》 Le Mythe de Sisyphe
〈邀遊〉 "L'Invitation au voyage"
《黛爾芬》 Delphine
《薩朗波》 Salammbô
《藍色麥子》 Le Blé en herbe
《壞小子洛朗梭》 Lorenzaccio
《羅馬、那不勒斯和佛羅倫薩》 Rome, Naples, Florence
《霧港》 Quai des brumes

· 二十畫以上

《懺悔錄》 Les Confessions

巴黎文學散步地圖

| 作　　者 | 繆詠華 |
| 責任編輯 | 陳詠瑜 |
| 校　　對 | 聞若婷 |
| 地圖繪製 | 安　莉 |
| 版面構成 | 洪伊奇 |
| 封面設計 | 洪伊奇 |

| 總 編 輯 | 陳穎青 |
| 社　　長 | 陳穎青 |
| 出 版 者 | 貓頭鷹出版 |
| 發 行 人 | 涂玉雲 |
| 發　　行 | 英屬蓋曼群島商家庭傳媒股份有限公司城邦分公司 |
| | 104台北市民生東路二段141號2樓 |
| 劃撥帳號 | 19863813 |
| 戶　　名 | 書虫股份有限公司 |
| 城邦讀書花園 | www.cite.com.tw |
| 購書服務信箱 | sevice@readingclub.com.tw |
| 購書服務專線 | 02-2500-7718；02-2500-7719 |
| | （週一至週五上午09:30-12:00；下午13:30-17:00） |
| | 24小時傳真專線：02-2500-1990；2500-1991 |
| 香港發行所 | 城邦 (香港) 出版集團｜電話：852-2508-6231｜傳真：852-2578-9337 |
| 馬新發行所 | 城邦 (馬新) 出版集團｜電話：603-9057-8822｜傳真：603-9057-6622 |
| 印 製 廠 | 成陽印刷股份有限公司 |
| 初　　版 | 2012年06月 |
| 定　　價 | 新台幣380元 |
| Ｉ Ｓ Ｂ Ｎ | 978-986-262-086-1（平裝） |

讀者意見信箱：owl@cph.com.tw
貓頭鷹知識網：www.owls.tw
歡迎上網訂購；大量團購請洽專線 02-2500-7696 轉2729

國家圖書館出版品預行編目(CIP)資料

巴黎文學散步地圖｜繆詠華著｜初版｜臺北市：貓頭鷹出版：家庭傳媒城邦分公司發行｜
2012.06｜272面｜17 x 23公分｜ISBN 978-986-262-086-1（平裝）｜1.遊記 2.旅遊文學 3.法國巴黎｜
742.719｜101007936